中国艺术研究院基本科研业务费资助项目

乡村文化境况与活力

程惠哲　著

中国出版集团有限公司
研究出版社

图书在版编目 (CIP) 数据

乡村文化境况与活力 / 程惠哲著. -- 北京：研究
出版社，2023.8

ISBN 978-7-5199-1526-1

Ⅰ.①乡… Ⅱ.①程… Ⅲ.①农村文化 - 文化史 - 娄
烦县 Ⅳ.①K292.54

中国国家版本馆CIP数据核字(2023)第126583号

出 品 人：赵卜慧
出版统筹：丁　波
责任编辑：寇颖丹

乡村文化境况与活力

XIANGCUN WENHUA JINGKUANG YU HUOLI

程惠哲　著

研究出版社 出版发行

（100006　北京市东城区灯市口大街100号华腾商务楼）

北京隆昌伟业印刷有限公司印刷　新华书店经销

2023年8月第1版　2023年8月第1次印刷

开本：710毫米×1000毫米　1/16　印张：26

字数：382千字

ISBN 978-7-5199-1526-1　定价：89.00元

电话（010）64217619　64217652（发行部）

中国的乡村是广阔而巨大的，全国有2000多个县级行政区，4万多个乡镇级行政区，60多万个行政村级区域。中国的乡村是多样而多态的，面积有大有小，经济有穷有富，资源、资产、人口有多有少，交通有通达有闭塞、有要冲有偏僻。中国的乡村文化是多姿多彩的，百花争艳、异彩纷呈、千姿百态。研究中国的乡村文化，是个宏大的题目、庞大的工程，应当有所聚焦。本书的研究对象，设定为乡村文化的境况和活力问题。研究的方法，一是点面结合，以点为主。选取一个县作为研究基点，对全县的行政村进行研究，同时选取其他地方的若干村子作为研究的参照、对比。二是问卷调查和现场调研相结合。设计民情村况信息表，联系有关村子实地调研，发放、收回信息表，既要第一手的实证资料，又要接地气的理论思考。

PREFACE | 前言

在一位长者的支持下，2013年底，我有机会去山西省太原市娄烦县挂职，任副县长，分管司法、金融等工作，协管文化工作。于是，才有了《某省某县某乡镇某村民情村况信息表》的设计，以及信息表在县里的发放、填写与收回，乃至在邻近县选择村子填写、比较的尝试。同样在这位长者的关心下，2016年初，在中国艺术研究院基本科研业务费中，我有了一个立项课题，《文化扶贫实证分析与解困路径的深化与编辑出版》，使我得以有更好的条件走到更多的地方、联系更多的乡村、联络更多的人士来填写信息表，这都为这部书稿提供了更坚实的基础。在此，借前言的背景性、说明性文字，向这位长者表达诚挚的感激和敬意，也向所有为本书的调研、写作、出版等提供帮助的人士致以衷心的感谢。还要特别感谢全国政协常委、全国政协副秘书长（兼）、民盟中央专职副主席、中国美术馆馆长、中国美术家协会副主席吴为山先生，欣然题写书名，使本书增色。封面、封底照片，均由笔者近年拍摄，分别为北京市密云区、福建省武夷山市、重庆市巫溪县和巫山县的乡村山野景色。

这本书稿，虽然不尽人意，还是有其特点的。

这是一本用时较久、不断调整的书。

从2014年设计民情村况信息表，到此后不断地联系、发放、收回、整理，再到现在紧赶慢赶拿出书稿，已近10年了。在当今比产量、比时效、比早比巧的环境中，可谓用时长、成书慢，"十年磨一剑"了。遗憾的是，慢工并没有出成细活，尽管在这一过程中不断思索、不断调整。当初的书稿名，拟用《基层文化

1

困境与文化扶贫路径》。这一名称的优势，是与当时的脱贫攻坚工作主动靠近，明确提出文化扶贫路径问题；不足之处是，调研的范围、关注的重点实际上是乡村文化。基层文化，除了乡村文化以外，还有城市的基层文化，如社区文化、街道文化、大学校园文化、企事业单位文化等。这样看，书名的指称就不是很准确了。

后来，书稿名又拟用《基层文化困境与解困》。这一名称的好处，是摆脱了对时政热词的简单迎合；不足之处，还是基层文化的范围依然宽泛，远大于乡村文化。

此后，还尝试过用《乡村文化境况与文化振兴之道》《乡村文化境况与昌明之道》等名称。可取之处在于，研究范围接近本意，限定到了乡村文化上；不足之处在于，与社会热词简单捆绑的问题依然存在，学理独立性不明显。

经过多次调整，现拟用《乡村文化境况与活力》作为书名，研究范围接近本意，又有学理性、思想性，以及话题的持久性。

这是一本真材实料的书。

关于乡村文化的境况与活力，本书所呈现的一些理论思考和论述，主要立足于调研所及的161个行政村；除逐一列出民情村况信息述要外，还选择将其中31个村子的民情村况信息表"原物"呈上，一睹真容。

书中所用的调研材料、民情村况信息，都是实地调研得来的一手材料，是有温度的、保真保实的。书中所用的阅读材料，大多是经过精读的，也是用心思考过的。讲真话不容易，请人提供真实信息也不容易。在这一求真、务实的过程中，得到了很多人的帮助。在此，再表谢意、敬意！

书中源自民情村况信息表的数据和信息，考虑到填表人对村情的掌握情况，以及担心引来麻烦而不据实填写等心态，不一定完全准确。例如，村子大小、耕地面积，特别是村干部个人收入、村集体收入情况等，当事人有所顾忌也很正常。当然了，这些内容主要是村民自己填写的，不会太离谱，也不会相差太远。

这是一本需要充分展开的书。

第一，在调研上，理想的情况是，除港澳台和山西外，全国其他30个省区市，每个地方至少能联系到2个村子，进行实地调研，并请有关人员填写民情村况信息表。这方面，还有很多工作要做。为完成课题结项任务而赶进度成书之后，应当继续调研，继续写作。第二，在阅读材料上，准备了很多参考书籍，还没有充分研读，没有充分消化，假以时日，还要继续认真研读，有效消化。第三，在写作上，由于要赶时间赶进度，来不及深入思考，来不及字斟句酌，来不及精雕细琢。如果有更多时间，它可以更好的面貌呈现出来。第四，在时间上，这本书是赶进度写出来的，时间上仍显仓促。因为要赶科研课题结项的时间，还要赶年度考核完成的时间，所以是在赶工状态中写作的，并没有从容展开。

这是一本有生活气息的书。

这本书写得比较辛苦。在某些时间段，日间能写作时，也要随时停下来，给孩子拿吃的拿喝的。其间，因为新冠疫情多发，幼儿园多次被迫停学，让幼儿们居家照顾。小孩子的吃喝拉撒学玩，都要陪伴、照顾，所以，这是一本成于日常生活之中的，即停工即开工的书。为了照顾孩子，每晚先陪孩子睡觉，待孩子入睡后，再去写作。最后阶段，为了赶时间、赶进度，时常到凌晨三四点钟才去睡觉。

这是一本带着时代印迹的书。

一本书，能够在表现时代印迹、体现学理探析上有所求、有所为，也就有所值了。

2020、2021、2022这三年，对人们生活影响最大的，当数新冠疫情，它改变了人们的出行方式、交往方式，乃至工作方式、生活方式，也使人们透过承平时期的梦幻光影，再度看到了本质的生活，也就是人们最基本的生存需要，便是吃饱穿暖，有吃有喝，健康平安地活着。很多封控在家的人，能不能自由活动逐渐不重要了，有没有饭吃、有没有水喝、有没有药用，才是生存的第一需要。多年来，我们对"天时不如地利，地利不如人和"的说法耳熟能详。这几年，生活静下来了，也慢下来了，认真思考才发现这句话主要是从"事在人为"的角度说的，它强调的是人的主观能动性，本质上是意识对物质的反作用。但是，用唯物主义的观点看,物质是决定意识的,"时势造英雄",因此,更客观的现实是,天时重于地利,地利重于人和。处于什么历史时期、什么季节时令、什么阴晴圆缺的时间,这些天时,我们是不能选择的,只能去接受、面对。处于什么地理位置、地理环境,我们可以选择,可以迁移。和什么样的人在一起、和什么样的人共事,我们选择起来会更容易一些。谋事在人,成事在天。这话似更周全。谋事在人,英雄要多谋善断,建功立业。成事在天,即英雄在时势中出现、产生,就要顺应时势,合乎历史潮流。

2020年至2022年这3年,我们只能面对;这3年中不同的地域,有不同的应对之道;不同的人,有更为多样的活法。这就是天时重于地利,地利重于人和。因此,作为人,还是要敬天畏地、象天法地的。

这是一本礼敬乡村文化的书。

乡村文化是默默无闻、寂寂无声的,然而,又是绵绵不绝、生生不息的。乡村文化是民族文化的原野,是文化传统的河床。要认识乡村文化,有很多角度、很多方式;要阐释乡村文化,千言万语也不为多。在此,谨以思接千载、视通万里的追求,高山仰止、景行行止的敬意,通过有代表性的几句话,先行品味乡村文化的厚重与丰富、博大与精深。"天道至临,周行不殆。""天行健,君子以自强不息;地势坤,君子以厚德载物。"这里有周行的天道、自强的人事、厚载的德行。"人心惟危,道心惟微。惟精惟一,允执厥中。""子产治郑,民不能欺;子贱治单父,民不忍欺;西门豹治邺,民不敢欺。"这里有危殆的人、微妙的道,这里有明察秋毫、贤良教化、严刑峻法的治政之道与相应的民生之理。

乡村广大,原野广袤,千里沃野,上有浩瀚星辰,下有人间烟火,无论何时何地,我们还是应扎根乡土,立足民间,建设乡村文化,赓续民族文脉。以敬重、虔诚之心植根乡土、直面乡村、礼遇乡民,将是时代之幸、民族之幸、文化之幸。

程惠哲

2023年5月10日再改

CONTENTS | 目录

上 篇

民情村况信息表中的乡村文化 / 001

第一章 161个行政村民情村况述略 / 002

　　一、娄烦县142个行政村民情村况述略 / 003

　　二、其他地方19个行政村民情村况述略 / 043

第二章 民情村况信息表中的乡村情形及文化境况述要 / 051

　　一、民情村况信息表中的乡村情形选析 / 051

　　二、民情村况信息表中的乡村文化境况管窥 / 055

中 篇

乡村文化的视角、架构与活力 / 061

第三章 政治、革命视角中的乡村与乡村文化 / 064

　　一、战争年代对乡村和乡村文化的重视 / 064

　　二、新时代对乡村和乡村文化的重视与振兴 / 067

第四章　社会学视角中的乡村与乡村文化　/　078

一、乡土社会的特性及其时代之变　/　080

二、乡土社会的结构及其时代之变　/　083

三、乡土社会的结构单位及其时代之变　/　085

四、乡土社会的治理文化及其时代之变　/　086

五、乡土社会的文化接受与传播及其时代之变　/　090

六、乡土社会的文化意识及其时代之变　/　092

第五章　文化、学术视角中的乡村与乡村文化　/　095

一、文化比较视野中的中国文化特质　/　095

二、中国文化的自信自强之路　/　097

第六章　乡村文化的主要构成与活力源泉　/　104

一、乡村文化的重要性　/　104

二、乡村文化的主要构成与文化色彩　/　106

三、乡村文化的若干特性　/　110

四、乡村文化的主要活力源泉　/　114

第七章　文化扶贫与乡村文化活力　/　125

一、乡村文化贫困的表现及成因　/　125

二、文化贫困的标准或尺度　/　128

三、摆脱文化贫困的（外部）因素及作用　/　132

四、文化自身在文化扶贫解困中的地位和作用　/　138

五、长期开展乡村文化扶贫解困工作　/　142

下 篇
民情村况信息表选录 / 147

第八章　民情村况信息表及相关事宜 / 148

一、民情村况信息表相关事项说明 / 148

二、关于对乡村文化坚持进行长期调查研究的说明 / 149

第九章　民情村况信息表选录原则及信息表选录 / 154

娄烦县静游镇河杨树底村民情村况信息表 / 156

娄烦县静游镇峰岭底村民情村况信息表 / 164

娄烦县静游镇上静游村民情村况信息表 / 172

娄烦县盖家庄乡择石村民情村况信息表 / 180

娄烦县盖家庄乡南峪村民情村况信息表 / 188

娄烦县米峪镇乡柴厂村民情村况信息表 / 196

娄烦县米峪镇乡曹家掌村民情村况信息表 / 204

娄烦县天池店乡兑集沟村民情村况信息表 / 212

娄烦县天池店乡白家滩村民情村况信息表 / 220

娄烦县杜交曲镇策马村民情村况信息表 / 228

娄烦县杜交曲镇龙尾头村民情村况信息表 / 236

娄烦县庙湾乡盐市崖村民情村况信息表 / 244

娄烦县庙湾乡双井村民情村况信息表 / 252

娄烦县娄烦镇凤凰村民情村况信息表 / 260

娄烦县娄烦镇杜家岭村民情村况信息表 / 268

山西省吕梁市方山县北武当镇庙底村民情村况信息表 / 276

山西省忻州市静乐县丰润镇李家会村民情村况信息表 / 284

山西省吕梁市岚县东村镇坡上村民情村况信息表 / 292

北京市大兴区魏善庄镇吴庄村民情村况信息表 / 300

山东省即墨市（今青岛市即墨区）龙山街道办前东葛村民情村况
    信息表 / 308

湖北省保康县马桥镇尧治河村民情村况信息表 / 316

内蒙古自治区鄂尔多斯市伊金霍洛旗阿勒腾席热镇瓦窑圪台村民情
    村况信息表 / 324

内蒙古自治区乌兰察布市集宁区白海镇黄土场村民情村况
    信息表 / 332

江苏省镇江市丹徒区上党镇古祠社区民情村况信息表 / 340

四川省泸州市合江县尧坝镇白村民情村况信息表 / 348

四川省泸州市合江县尧坝镇团结村民情村况信息表 / 356

广东省开平市赤坎镇小海村民情村况信息表 / 364

福建省南平市武夷山市吴屯乡际村民情村况信息表 / 372

福建省南平市武夷山市星村镇星村民情村况信息表 / 380

重庆市巫山县双龙镇巴村民情村况信息表 / 388

重庆市巫山县抱龙镇洛村民情村况信息表 / 396

上 篇

民情村况信息表中的
乡村文化

县域治理，是治国理政的基础和关键。首先，秦汉以来，县级政权长期存在、政区大体稳定，很多县在风俗习惯、历史文化等方面富有特色，俨然自成体系。其次，无论是中央政府的政策还是朝廷的旨意，都要落实到县级政权去进一步执行。封建王朝的县官，不同于管官之官，被定位为管民之官、亲民之官、百姓父母官，是要直接面对百姓、处理民众俗务的。聚焦一个县的乡村文化，可以收到由点及面、以小见大的效果，窥一县而观全国，察一域而省全局。本书选取山西省太原市娄烦县作为研究基点，对全县142个行政村进行调研、分析，同时选取其他地方的19个行政村作为研究参照。

第一章

161个行政村民情村况述略

以民情村况信息表等调研材料为基础，本章对山西省娄烦县的142个行政村，以及邻县和其他省区市的19个行政村的民情村况进行简述，作为全书的基础。对民情村况的详细呈现，则在后边附录的相关民情村况信息表中进行。

在本篇中，村名一般用原名。2020年以后调研的村名，一般取原村名中的一个字。县市名，都用原名。之所以这样做，是因为时间比较近的，为避免对当事人产生不必要的困扰，参照社会学、人类学的治学理念，借鉴田野调查、学术研究的通行做法，对村名略做处理。

在下篇选录民情村况信息表时，对村名、县名做同样处理。对人名，则一律只用姓、不用名。

一、娄烦县142个行政村民情村况述略

娄烦县位于山西省中部偏西,吕梁山区腹地,属省会太原市,县城在太原市区西北方向,与太原市相距约一百公里。全县总面积约1290平方千米,东依古交市,南毗交城县,西邻方山县,北与岚县相连,东北与静乐县接壤。境内群山环绕,峰峦叠嶂,沟壑纵横,丘陵起伏;地势西南高东北低,海拔最高2700多米,最低1030米。全年干旱少雨,昼夜温差大,属温带大陆性季风气候。[①]

山西的地形地势,大体是两山夹一谷,东有太行山系,西有吕梁山系,中间基本是纵贯南北的、不太宽的河谷平原地带,这些特征在全省中部更为明显。娄烦县处在西边的吕梁山系,境内有汾河水库。地处深山的娄烦县,曾是国家级贫困县,也是太原市唯一的国家级贫困县。2014年前后,全县人口12万多人,下辖三镇五乡142个行政村。县城在娄烦镇。

娄烦县有两个重要乡镇:一个是静游镇,有大型煤矿;一个是马家庄乡,有大型铁矿。有大型矿藏就有相应的煤企、铁企,而且是省上的。虽然企业的管理权限不在县里,但是给县里带来的贡献还是很多的,其所在乡镇,自然也是县里的富裕乡镇、重点乡镇、重点依靠对象。

2014年初,挂职工作之余,萌生了进行深入调研的想法,开始设计民情村况信息表,希望通过问卷调研的方式,深入细致了解乡村的情况,特别是乡村文化的境况。为增强工作的针对性、实效性,在信息表设计、完善过程中,与一些乡村干部进行了交流,多方听取了他们的意见建议,后期确实也收到了较好的效果。娄烦县这142个村子的调研,基本是在2014年进行的。相关调研材料,也主要是在2014年先后发放、收回的。在本书的第三部分,将选录县内部分村子的民情村况信息表,供大家了解、参考。

2014年7月22日,组织了一次文化工作座谈会,请全县8个乡镇分管文化工

---

①　参见《娄烦县志》,中华书局1999年版,第1页。

作的乡镇领导参会，介绍本乡镇的文化工作情况，既讲取得的成就，也讲问题和困难。在这次文化工作座谈会上，娄烦县三镇五乡（娄烦镇、静游镇、杜交曲镇和盖家庄乡、马家庄乡、米峪镇乡、天池店乡、庙湾乡）除了娄烦镇、庙湾乡，其他乡镇都提交了书面材料。后根据当时各乡镇的发言材料，以及提供的书面材料，整理形成相关乡镇的文化工作情况、文化发展态势。在此，作为文化乡情、文化镇情放在各村的民情村况述略之前，一并供研究、参考之用。

以娄烦县142个行政村的民情村况信息表为基础，梳理形成各村的民情村况述略，力求言简意赅，使大家简单明了地了解基本村情。呈现顺序，综合考虑当地惯例及相关事宜的时间先后等因素。

（一）静游镇文化镇情及26个行政村民情村况述略

静游镇，位于娄烦县北部，是个富裕的大镇，有一定的文化资源，有高君宇故居和纪念馆（高君宇是中国共产党早期重要人物之一，故居和纪念馆是重要红色文化资源）。但是，静游镇在文化方面并不突出，还存在不少问题：一是文化活动场所有限；二是文化方面资金投入量少，相关的设施、设备欠缺；三是基本没有配备文化管理人员；四是文化活动内容不丰富。

静游镇的文化发展思路，一是把镇文化活动站用起来，发挥全镇文化的带头带动作用。二是加强、壮大村级文化大院，建设村文化活动阵地。近期确实建设不了的，也要积极开展形式多样的文化活动。三是围绕高君宇故居和纪念馆，弘扬红色文化，打造红色旅游基地。

静游镇秦家崖村，2014年有513人，163户。全村耕地面积1100亩。村支书56岁，高中文化，常年在村种地，任职6年，年职务收入9600元。村主任43岁，大专学历，常年在村种地，任职9年，年职务收入9600元。村班子8人，工资、补助来自煤运办公经费、转移支付。村集体累计收入45万，主要来自煤运办公经费、转移支付。村里有50平方米的文化活动室。村中有娘娘庙、孔子庙。

静游镇常庄村，2014年有768人，203户。全村总面积2153亩，耕地820亩。村支书65岁，初中文化，常年在村务农，任职42年，年职务收入5000元。村主任

55岁，高中文化，常年在村务农，任职24年，年职务收入5000元。村班子6人。村中有种植公司，年产值30多万元。村集体累计收入40多万元，主要来自转移支付、煤运。村小学有3个年级。村中有娘娘庙、龙王庙。村发展思路是，流转土地发展养殖业、种植业，煤矿停产后发展运输业。

静游镇河杨树底村，2014年有731人，238户。全村面积3300亩，耕地1080亩，林地1100亩。村支书46岁，大专学历，每年大半时间在外经营运输，任职3年，年职务收入8400元。村主任54岁，大专学历，每年大半时间在外经商，任职18年，年职务收入8400元。村班子6人，年补助总额38400元，主要来自煤矿转让协议补贴。村中有煤矿、铝钒矿。村集体累计收入80万元，主要来自煤矿转让协议补贴。现款45万多元，镇财会所代管。2013年，全村人均收入4600元，户均收入1.5万元。村小学有1个年级。村发展思路是，以高科技农业引导群众致富。

静游镇新庄则村，2014年有126人，54户。全村耕地面积318亩。村支书、村主任一肩挑，52岁，高中文化，年在村2个月。村班子7人。村集体累计年收入100万元，主要来自煤运上交办公费。2013年，全村人均收入2900元，户均收入2万元。村小学已停用。

静游镇山庄头村，2014年有159人，57户。全村面积5931亩，耕地325亩，林地3100亩。村中有煤矿。村支书69岁，初中文化，常年在村务农，任职42年，年职务收入1.2万元。村主任44岁，初中文化，常年在村务农，任职3年，年职务收入7000元。村班子7人，年工资、补助1.3万元。村集体累计收入10万元，主要来自煤运上交费用。2013年，全村人均收入1500元，户均收入1万元。村小学已停用。村里有90平方米的文化活动室，村自筹约5万元建设；无文化广场。村发展思路是，发展种植业、养殖业。

静游镇半沟村，2014年有276人，105户。全村耕地面积1510亩。村支书52岁，高中文化，任职29年。村主任46岁，小学文化，任职10年。村班子6人。村中有龙王庙、娘娘庙。

静游镇井子村，2014年有283人，120户。全村耕地面积600亩。村支书46

岁,大专学历,常年在外经商。村主任48岁,初中文化,常年在村种地。村班子3人。2013年,全村人均收入1000元。村中无小学。村里无文化活动室,无文化广场。村发展思路是,吃水困难,需要移民。

静游镇岩头村,2014年有750人,298户。全村耕地面积600亩。村中有煤矿。村支书暂时空缺。村主任41岁,初中文化,常年在村,任职3年,年职务收入6000元。村班子8人,年工资、补助3.8万元,主要来自煤运拨付办公费。村集体累计收入40万元,主要来自煤运拨付办公费。2013年,全村人均收入1500元,户均收入3775元。村小学1个年级。

静游镇梁儿上村,2014年有613人,276户。全村面积6400亩,耕地2400亩。村支书、村主任现为一肩挑,51岁,初中文化,常年在村务农,任职分别为4年、11年,年职务收入5000元。村班子3人,年工资、补助来自转移支付。村里无小学,无文化活动室、无文化广场。村发展思路是科学种粮。

静游镇阳坡村,2014年有263人,109户。全村耕地面积1480亩。村班子5人,年工资、补助6500元,来自转移支付。村集体累计收入2.5万元,来自财政转移支付。村小学校舍闲置。村发展思路是,发展林业、畜牧业。

静游镇石槽村,2014年有478人,217户。全村耕地面积2000亩。村中有铝矿。村支书49岁,高中文化,常年在村务农,任职23年,年职务收入5000元。村主任46岁,初中文化,经常在村经营,任职6年,年职务收入5000元。村班子5人。村集体累计收入2万多元,来自转移支付。村中有真武庙。村发展思路是,发展养殖业。

静游镇河岔村,2014年有1246人,486户。村支书52岁,专科学历,常年在村,任职9年。村主任32岁,中专学历,常年在村。村班子6人。村中有种植企业,年产值近50万。村集体累计收入5万元,主要来自转移支付。2013年,全村人均收入2900元,户均收入2万元。村小学停用。村里有800平方米的文化广场,由村自筹4万元建设;无文化活动室。村中有龙王庙,由村民集资27万元修建。村发展思路是,发展养殖业、种植业。

静游镇下静游村,2014年有4435人,1750户。全村耕地面积2750亩。村支书62岁,初中文化,常年在村种植,任职3年。村主任59岁,高中文化,常年在村种植,任职3年。村班子12人,年工资、补助97200元,来自村级经费。村中有煤矿。村集体累计收入100万元(股份60万元,矿务办公费40万元),主要来自煤矿股份款、办公费和村级经费。村小学6个年级。村里有60平方米的文化活动室,1200平方米的文化广场。村中有狐爷庙。村发展思路是,推进新农村建设,发展种植业。

静游镇峰岭底村,2014年有3164人,1028户。全村面积15723亩,耕地2000亩,林地4923亩。村支书61岁,大专学历,任职9年,年职务收入5000元。村主任48岁,大专学历,常年在村经营蔬菜大棚,任职6年,年职务收入5000元。村班子9人,年工资、补助5万元,主要来自转移支付。村中有煤矿、青石矿,有核桃树2000亩。村中有养殖场,年产值数百万元。村集体累计收入8万元,主要来自上级转移支付款。2013年,全村人均收入2000元,户均收入1万元。村小学有6个年级。村里有800平方米的文化活动室,1万平方米的文化广场,共计投入80万元。新中国成立前,大将徐海东在村短期居留。村中有高君宇故居和纪念馆。有娘娘庙,村民集资50万元复建。村发展思路是,开发红色旅游。

静游镇东六度村,2014年有1697人,628户。全村面积4平方千米,耕地4080亩。村支书62岁,初中文化,常年在村种植、养殖,任职31年,年职务收入5300元。村主任54岁,高中文化,常年在村种植、养殖,任职14年,年职务收入5300元。村班子7人,年工资、补助1.4万元,主要来自转移支付。村中有养殖专业合作社,有洗煤厂。2013年,全村人均收入2900元,户均收入11500元。村小学3个年级。村里有32平方米的文化活动室,700平方米的文化广场。村发展思路是,发展种植业、养殖业。

静游镇新庄村,2014年有836人,384户。全村面积7959亩,耕地2381亩,林地3338亩。村支书40岁,初中文化,任职6年,年职务收入9600元。村主任48岁,大专学历,常年在村务农,任职9年,年职务收入9600元。村班子6人。村中有种植企业,年产值10万元。村集体累计收入3万元,来自转移支付。2013年,全村人均收入2300元,户均收入5200元。村中有180平方米的文化广场。村发展思路是，大力发展种植业、养殖业，建造大棚100间，养殖牛羊数量1.5万只。

静游镇曼咀岩村，2014年有379人，143户。全村面积1158亩，耕地392亩。村支书44岁，高中文化，常年在村务农，任职3年。村主任38岁，初中文化，常年在村务农，任职3年。村班子6人。2013年，全村人均收入1000元，户均收入5000元。

静游镇西六度村，2014年有984人，399户。全村面积6829亩，耕地1956亩，林地2414亩。村支书68岁，初中文化，任职3年。村主任43岁，初中文化，常年在村务农，任职3年，年职务收入5000元。村班子6人，年工资、补助来自转移支付。村集体累计收入12.7万元，主要来自转移支付、铁路项目部占地费。村小学1个年级。

静游镇上静游村，2014年有1722人，685户。全村面积5723亩，耕地2300亩，林地950亩。村支书52岁，高中文化，常年在村经商，任职5年，年职务收入8200元。村主任43岁，高中文化，常年在村经商，任职3年，年职务收入8200元。村班子10人，年工资、补助5.6万元，来自村级经费。村中有油坊，年收入30万元。村集体累计收入75万元，主要来自上级拨款、征地拆迁款。2013年，全村人均收入4600元，户均收入11564元。村小学5个年级。村里有120平方米的文化活动室，投入12万元；600平方米的文化广场，投入20万元，都来自征地拆迁款和上级拨款。村发展思路是，依托静静铁路、太兴铁路、太佳高速交会于村中的优势，建设物流集散地。

静游镇辽庄村，2014年有1205人，315户。全村耕地面积596亩。村支书63岁，不识字，任职3年。村主任50岁，初中文化，常年在村，任职3年。村班子10人，每人年均工资、补助共4000元，来自转移支付、发包收入。村小学有4个年级。

静游镇马新村，2014年有606人，236户。全村耕地面积1900亩。村支书暂时空缺。村主任54岁，小学文化，常年在村务农，任职2年，年职务收入6000元。村班子3人。村集体累计收入1.5万元，来自政府补贴。村小学校舍空置。村里无文化活动室，无文化广场。村中有关帝庙，由村民筹资10万元修建。村发展思路是，发展种植业、养殖业。

静游镇新舍科村，2014年有975人，325户。全村耕地面积585亩。村支书高中文化，任职2年。村主任35岁，高中文化，任职2年。村班子10人。村中有观音庙。

静游镇上龙泉村，2014年有1476人，475户。全村耕地面积2112亩。村支书51岁，高中文化。村主任41岁，高中文化，经营运输。村班子10人。村中有煤矿。村集体累计收入5万元，来自转移支付。村小学有3个年级。村中有太子寺。

静游镇赤土华村，2014年有1478人，471户。全村耕地面积2100亩。村支书47岁，高中文化，务农，任职8年，年职务收入9600元。村主任也是47岁，高中文化，常年在村务农，任职2年，年职务收入9600元。村班子6人。村集体累计收入4.2万元，来自转移支付。村小学3个年级。村里有160平方米的文化活动室，7000平方米的文化广场。村中有观音庙。村发展思路是，发展草莓种植。

静游镇下龙泉村，2014年有900人，352户。全村耕地面积450亩。村支书任职2年。村主任59岁，任职2年。村班子10人。村中有观音庙。

静游镇步斗村，2014年有836人，301户。全村耕地面积2140亩。村支书37岁，中学文化，年在村5个月，任职4年。村主任38岁，高中文化，年在村3个月，任职2年，年职务收入6000元。村班子7人，工资、补助来自转移支付。村集体累计收入4.5万元，来自政府补助。2013年，全村人均收入2000元，户均收入6000元。村小学校舍空置。村里无文化活动室，无文化广场。村发展思路是，发展种植业、养殖业。

（二）盖家庄乡文化乡情及11个行政村民情村况述略

盖家庄乡位于娄烦县西北部，有11个行政村。全乡在文化工作方面的问题和困难，一是缺乏文化设施设备。例如，乐器严重缺乏，需要上级文化部门和社会力量予以关心支持。二是缺少经费，特别是人员经费。乡文化站的工作人员，没有经费保障。需要酌情安排经费补助、补贴。有些村子的文化管理员有一定经费补助。三是缺少专职工作人员。乡文化站有乡分管领导一人，有文化站长一人。文化站长实际上也是兼职，没有专职工作人员。乡镇文化站，需要配备专职专业的工作人员、管理人员。

全乡文化工作计划，一是建全乡文化长廊。从王光塔村到盖家庄村，修建365面文化墙。二是重新启用乡文化站。乡文化站一度停用，现恢复使用。文化站设有多功能室（会议、卡拉OK等）、图书阅览室（图书2万册）、棋牌室、健身室，有效发挥其文化功能。三是在全乡大量制作文化标语。四是组织、使用好村文化协管员，支持、帮助他们在村里组织开展丰富多彩的文化活动。

盖家庄乡盖家庄村，2014年有530多人，140多户。全村面积2.5万亩，耕地1600亩。村支书、村主任都是50多岁，中专学历，年职务收入均为5600元，月工资不到500元。村班子7人，工资、补助均来自上级转移支付。村里有小学，不分年级。

盖家庄乡择石村，2014年有600多人，180多户。全村面积3平方千米，耕地1500亩。村内有铁矿、石晶矿。村支书30多岁，大专，年职务收入6000元。村主任40多岁，其他情况同村支书。村班子7名干部，有补助3000元，来自转移支付。村里有鲁地选矿厂等5家选矿厂。村里累计收入25万元，主要来源是管理费用、转移支付，有10万元银行存款。2013年度，全村人均收入800元，户均收入2000元。村里有闲置校舍，无小学。村民认为小学合校后教育质量下降，原因是班里学生太多。村里有30平方米的文化活动室，300平方米的文化广场，均投资3万元，除村里支出外，县文化局各资助30%的资金。村西有皇姑山景区，海拔2300米。1941年前后，贺龙、余秋里、张宗逊等开国元勋曾在村里短期居住。村里有三神庙、龙王庙、娘娘庙，由村民个人筹资数十万元修建。全村发展思路是种植经济作物、发展旅游业，但缺少投资人。

盖家庄乡南峪村，2014年有760多人，170多户。全村面积近15500亩，耕地1700多亩。村支书50多岁，务农，常年在村；村主任30多岁，企业职工，不定期在村；二人均是大专，年职务收入2000元。村班子10人，年工资、补助共2万元。村里累计收入20多万元。2013年，全村人均收入2000元，户均收入1.2万元。村里有小学两个年级。认为乡村小学并校，两个村子保留一个完整小学最好；否则，需要给小学生交通补助，或者安排免费校车。村里有50平方米的文化活动室，投资10万元，200平方米的文化广场，投资5万元，均为村自筹。抗日战争时期，张宗逊、余秋里等120师将士在村里驻留两年多时间。村里有观音庙，由村民个人筹资复建并管理。村民修有《李氏家谱》。村子发展思路主要是建设革命纪念馆，发展红色旅游。

盖家庄乡榆树掌村，2014年有930多人，300户出头。全村耕地1600亩，有铁矿。村支书、村主任均50多岁，高中学历，任职均10多年，年职务收入各7500元。村班子10人，年工资、补助共2.2万元，来源是土地征用款。村里累计收入60多万元，来源是土地征用款，主要用于村民福利发放、清洁工程等。村里有小学2个年级。

盖家庄乡寺头村，2014年有660多人，200户出头。村里有铁矿。村支书50多岁，高中学历；村主任40多岁，初中学历。二人均务农，年职务收入各8000元。村班子10人。村里有小学，一个年级。认为乡村学校并校后孩子想家，上学路上增加危险；希望仍然一个村子一所小学。村里有50平方米的文化活动室，企业赞助建成。村里有关公庙，村民集资修建。村子发展思路是注重倡导良好的生活作风、健康的生活情趣，提倡增产节约，勤俭持家。

盖家庄乡孔家峪村，2014年有320多人，近90户。全村面积6500亩，耕地1500亩。村里有铁矿，洞采。村支书60岁左右，任职30多年了，小学学历，务农，年职务收入6000元。村主任近30岁，任职约3年，大学学历，自主创业，年职务收入也是6000元。村班子9名干部，年工资、补助由村集体开支。修建村支部、村委会办公室时，欠外债7万多元。2013年，全村人均收入2200元，户均收入8000元。村里有近50户，年收入不足1万元，原因是供学生致贫。村里有小学2个年级。认为乡村学校合并后，小学生上学交通不便利，出行不安全，班级人数过多，希望并镇不并校。村里有30平方米的文化活动室，投资10万元，村集体自筹。有2400平方米的文化广场，投资10万元，由财政扶持。村里发展思路是发展养殖业、种植业，困难是资金不足，技术不好，缺乏带头人。

盖家庄乡新窑村，2014年有近290人，近90户。全村总面积3万亩，耕地600多亩，荒山、荒沟、荒坡2.3万多亩。村支书50多岁，任职十几年，高中学历，务农,年职务收入7000元。村主任近40岁,任职约5年,初中学历,务农,年职务收入7000元。村班子6名干部,年工资、补助是上级转移支付的。2013年,全村人均收入3700元,户均收入1.1万多元。村里有小学2个年级。认为村小学合并后,家长们要花费更多的时间、金钱供孩子上学,增添了不便。村里有600平方米的文化广场,投资2万元,由县文广局拨付资金。

盖家庄乡周家窑村,2014年有约730人,近200户。全村耕地面积2000多亩。村支书50多岁,任职约16年,大专学历,常年在村,年职务收入约7500元。村主任近50岁,任职约14年,大专学历,常年在村,年职务收入约7500元。村班子7名干部,年工资、补助来自上级转移支付。村里有种植专业合作社,年产值20万元。有养羊、养牛大户3家,年产值各约20万元。村集体累计收入6.5万元,主要来源是转移支付,主要用途是村福利、清洁工程。2013年,全村人均收入2700元,户均收入8500元。村小学有18间房,1名教师,6名学生。村小学及操场现主要用作文化广场。

盖家庄乡万子村,2014年有680多人,180多户。全村面积14500亩,耕地1300亩。村支书暂空缺。村主任50多岁,已经任职约25年,高中学历,常年在村务农。村班子5名干部,工资、补助来自转移支付。村集体累计收入5万元,主要来自转移支付,主要用于人畜吃水、清洁卫生。2013年,全村人均收入800元,户均收入6000元。村里无小学。村里无文化活动室,无文化广场。村发展思路是种植药材,发展养殖业。

像万子村这样无文化活动室、无文化广场的村子,还不多见。

盖家庄乡寺明庄村,2014年有330多人,130多户。全村面积近5000亩,耕地面积800多亩。村支书50多岁,高中学历。村主任无信息。村班子5名干部。

盖家庄乡王光塔村,2014年有近250人,近90户。全村有耕地1100亩,矿产有石灰石。村支书近50岁,任职十几年,高中学历,务农及从事短途运输,年职务收入4000元。村主任任职约2年,初中学历,务农及打短工,年职务收入4000元。村班子6名干部,工资、补助来自财政转移支付。村集体累计收入20多万元,主要来自垃圾填埋场管理费。2013年,全村人均收入700元,户均收入3000

元。村小学有一个年级。认为村小学被合并后，外地租房上学，增加经济负担；专人照顾学生，影响农业生产；班级学生增多，学习质量下降；希望就近入学，本村办学。村里有50平方米的文化活动室，由上级捐建；有300平方米的文化广场，由上级捐建。村发展思路是建立专业合作社，发展种植业，带动农产品加工；发展养殖业，发展特色产业，开拓绿色产业。困难是种植业缺少灌溉设施，缺少资金，靠天吃饭，旱涝不保。村民修有《景氏家谱》。村里面临的问题是，饮用水受到污染，危及村民健康，应加以解决。

（三）米峪镇乡文化乡情及16个行政村民情村况述略

米峪镇乡，地处娄烦县西南，云顶山脚下。云顶山为娄烦县最高峰，海拔近3000米，山顶为高山草甸。全乡面积212平方千米，耕地4万亩。2014年时，下辖16个行政村、27个自然村，2425户、11289人。2013年，农民人均纯收入4746元。这个乡属山区纯农业类型，种植业、养殖业和劳务收入在全乡总收入中占很大比重。由于经济基础薄弱，财政收入少，严重制约了全乡的文化发展：文化投入经费少，重要文化活动设施建设缓慢，基层文化工作薄弱，文化产业发展不足，文化干部队伍人员不健全、素质待提高，文化站无人员配置等。

米峪镇乡的重要文化资源是米峪镇战斗遗址。抗日战争时期，八路军120师贺龙的部队在这里发起战斗，伏击、消灭了部分日军。现在，米峪镇战斗纪念地，是山西省青少年德育示范基地，以及县级重点文物保护单位。工作的着力点，是加强文物和文化资源的活化利用，强化组织领导、资金投入、体制创新等。

全乡文化发展的重点，一是多渠道争取、筹措资金，加大乡村两级文化基础设施建设力度，以乡文化站、村文化室为基础，构建布局合理、设施到位、全乡一体的文化活动网络。二是主动对接，争取机会并配合上级开展送文化下乡活动，同时组织发动群众，蓬勃开展群众性文化艺术活动。三是做好基层文化市场的监管工作，使低价演出、色情演艺在乡村文化市场无容身之地，使不良文化没有自由空间，没有法外之地，没有空子和漏洞可钻。

米峪镇乡独石河村，2014年有461人，147户。全村面积56678亩，耕地约1812亩，林地约37629亩。村支书56岁，初中文化，常年在村种植、养殖，任职3年，年职务收入8500元。村主任53岁，初中文化，常年在村种植，年职务收入8500元。村班子8人，工资、补助来自上级转移支付。村里有养殖专业合作社，年产值3万元。2013年，全村人均收入4890元，户均收入12800元。村里无小学，校舍闲置。认为租房到外村外地上学，开销大，荒废耕地。村里有110平方米的文化广场，无文化活动室。村发展思路是招商引资，开发云顶山旅游，兴办农家乐；发展养殖业。

米峪镇乡康家沟村，2014年有697人，212户。全村面积9600亩，耕地2700亩，林地2600亩。村支书47岁，高中文化，常年在村种植，任职14年，年职务收入6000元。村主任39岁，高中文化，常年在村养殖鹌鹑，任职6年，年职务收入6000元。村班子8人。村里有种植专业合作社，年产值5万元；养殖专业合作社，年产值10万元。2013年，全村人均收入2300元。村小学有2个年级。村里无文化活动室，无文化广场。村发展思路是一村一品，发展特色养殖、科技种植，种养结合。

米峪镇乡郭家庄村，2013年有1050人，286户。全村面积2.5万亩，耕地3090亩。村支书42岁，大专学历，务农，任职3年，年职务收入7200元。村主任38岁，初中文化，常年在村养殖蛋鸡，任职3年，年职务收入7200元。村班子8人。2013年，全村人均收入2400元，户均收入8000元。村小学有2个年级。村里有40平方米的文化活动室，1500平方米的文化广场，由县财政援建。新中国成立前，开国元勋刘少奇曾在村中短期居住。村子发展思路是，发展特色种植、特色养殖。

米峪镇乡柴厂村，2014年有956人，304户。全村面积15000亩，耕地4800亩，林地6340亩。村支书50岁，高中文化，常年在村务农，任职3年，年职务收入7200元。村主任58岁，高中文化，常年在村务农，任职3年，年职务收入7200元。村班子10人。2013年，全村人均收入2600元，户均收入1万元。村小学有1个年级。村里有30平方米的文化活动室，1000平方米的文化广场，均为县财政援助。村里有天主教堂，由教会筹资30万元建设。村发展思路是着眼一村一品，为村民提供种植技术培训，发展种植业。

米峪镇乡米峪镇村，2014年有1650人，420户。全村耕地面积1470亩。村支书48岁，大专学历，常年在村经营餐饮，任职2年，年职务收入8000元。村主任48岁，大专学历，常年在村务农，任职2年，年职务收入8000元。村班子8人，年工资、补助约2万元。村中有中药材合作社，年产值16万元；有香油加工专业合作社，年产值60万元。2013年，全村人均收入2700元，户均收入6000元。乡联校在本村。村里有60平方米的文化活动室、360平方米的文化广场，分别投资6万元、15万元，为县财政支持加上村自筹建设。村发展思路是，发展特色种植业，形成一村一品。

米峪镇乡石峪村，2014年有519人，235户。全村耕地面积1572亩。村支书52岁，初中文化，常年在村种地，任职3年，年职务收入6000元。村主任56岁，高中文化，常年在村种地，任职6年，年职务收入6000元。村班子6人。2013年，全村人均收入1628元。村小学3个年级。村里有60平方米的文化活动室，200平方米的文化广场，为上级财政分别援助10万元、5万元建设。村发展思路是，发展特色干果种植。

米峪镇乡娄儿上村，2014年有495人，185户。全村耕地面积1200亩。村支书57岁，初中文化，常年在村种地，任职5年，年职务收入6000元。村主任47岁，初中文化，常年在村种地，任职3年，年职务收入6000元。村班子6人，工资、补助来自上级财政。村中有养殖专业合作社，年产值5万元。2013年，全村人均收入1238元。村里有80平方米的文化活动室、200平方米的文化广场，为上级财政分别援助10万元、5万元建设。村发展思路是，成片规划、集中发展特色干果经济林。

米峪镇乡窑庄村，2014年有325人，110户。全村耕地面积1700亩。村支书38岁，初中文化，平时打工为生，任职3年。村主任50岁，初中文化，常年在村务农，任职3年。村班子6人。2013年，全村人均收入2100元，户均收入8000元。村里无小学。村里有60平方米的文化活动室，为县财政援建。村发展思路是，培训农业技术人员,发展种植业、养殖业。

米峪镇乡白刁岭村,2014年有540人,149户。全村面积11800亩,耕地2500亩,林地5000亩。村支书、村主任都是高中文化,常年在村务农,任职分别为11年、8年,年职务收入都是8200元。村班子7人。2013年,全村人均收入2500元。村里无文化活动室,有100平方米的文化广场,为村自筹加上县财政援助共1万元建设。村发展思路是,提高农民种植技术,发展一村一品。

米峪镇乡曹家掌村,2014年有765人,215户。全村耕地面积2260亩。村支书51岁、村主任38岁,都是高中文化,常年在村种地,均任职3年,年职务收入均8500元。村班子8人,年工资、补助4.7万元;其中,村"两委"主干职务收入来源于工资,大学生村官职务收入来源于中央、省、市财政生活补贴。村中有养鸡专业合作社,年产值80万元。村集体累计收入3万元,主要来自转移支付。2013年,全村人均收入2400元,户均收入6000元。村小学有3个年级。村里有60平方米的文化活动室,为村自筹5万元建设;860平方米的文化广场,为上级拨付2.6万元建设。村中有观音庙,为村民个人出资20万元建设。村发展思路是,发展集中连片的规模化种植。

米峪镇乡国练村,2014年有1021人,312户。全村面积12600亩,耕地2600亩,林地6000亩。村支书56岁,任职12年,村主任55岁,任职9年,都是初中文化,常年在村务农,年职务收入8000元。村班子9人。村中有蔬菜种植加工专业合作社,年产值80万元。2013年,全村人均收入2500元。村里无小学。村里无文化活动室;有120平方米的文化广场,为县财政援助2万元建设。村发展思路是,推进高效农业规模化、产业化,增加村民收入。

米峪镇乡兴旺庄村,2014年有1050人,276户。全村耕地面积2300亩。村支书53岁,高中文化,常年在村务农,任职23年,年职务收入7200元。村主任33岁,本科学历,大学生村官,任职3年。村班子7人。2013年,全村人均收入2600元。村小学2个年级。村里有60平方米的文化活动室,投资6万元,有300平方米的文化广场,投资5万元,资金来源都是县财政援助加上村自筹。村中有圣母娘娘庙,为村民个人筹资200万元修建。村发展思路是,打造蔬菜种植品牌,发展特色农业。

米峪镇乡下石村，2014年有765人，235户。全村面积1.2万亩，耕地2300亩，林地5000亩。村支书38岁，大专学历，常年在村务农，任职9年，年职务收入8200元。村主任38岁，初中文化，常年在村务农，任职3年，年职务收入8200元。村班子9人。2013年，全村人均收入2600元。村里无文化活动室；有120平方米的文化广场，为县财政援助2万元建设。村发展思路是，加强技术培训，选育优良品种，发展种植业。

米峪镇乡岔儿上村，2014年有745人，199户。全村面积16450亩，耕地1350亩，林地2300亩。村支书41岁，村主任48岁，都是初中文化，常年在村种地，任职3年，年职务收入8500元。村班子7人，年工资、补助2万元，来自转移支付。村中有种植专业合作社，年产值50万元。村集体累计收入3万多元，主要来自转移支付。2013年，全村人均收入2480元，户均收入5300元。村小学6个年级。村里无文化活动室，有530平方米的文化广场，投资10万元。村发展思路是，发展养殖业。

米峪镇乡晋阳掌村，2014年有323人，84户。全村面积1.1万亩，耕地900亩，林地1500亩。村支书45岁、村主任50岁，都是初中文化，常年在村务农，任职6年，年职务收入6000元。村班子6人。村里无小学。村里有20平方米的文化活动室，为扶贫资金1万元建设；无文化广场。村发展思路是种养结合，发展科技种植、特色养殖。

米峪镇乡青阳沟村，2014年有380人，104户。全村面积1万亩，耕地860亩，林地1900亩。村支书61岁，小学文化，村主任51岁，高中文化，都是常年在村务农，任职8年。村班子10人。村中有铁矿、石墨矿。村里有20平方米的文化活动室，180平方米的文化广场，为上级援助建设。村发展思路是修路、治滩，发展养殖业。

（四）天池店乡文化乡情及20个行政村民情村况述略

天池店乡，包括文化资源在内的各种资源并不突出，但是，在文化工作上不仅不落人后，还有些亮点。这主要是因为有专职文化工作人员，而且是热爱文化的人在做所热爱的文化工作。

天池店乡位于娄烦县南部,面积168平方千米。2014年时,全乡辖20个行政村,有3785户,12920人。由于是纯山区乡,种植业、养殖业和外出务工是群众收入主要来源。天池店乡有煤矿,还有很多核桃树,发展核桃种植、加工有一定基础。

乡领导中有一人分管文化工作,有乡文化站长1名。文化设施方面,有乡综合文化站1个、村级文化活动室20个、文化广场20个、农民书屋20个、农家书屋4个。也就是说,在这个乡,村村有文化活动室、文化广场、农民书屋。这个乡的文化工作人员坚持发挥政府在文化工作文化服务方面的重要作用,坚持文化发展为了人民、文化成果惠及人民、文化建设依靠人民,不仅一定程度上改善了文化基础设施,而且积极组织开展文化活动,丰富群众精神文化生活。

当然了,由于天池店乡基础薄弱,条件一般,乡里的文化工作也遇到不少困难,面临不少问题,很多还是共性的。一是文化投入少,文化经费短缺。乡镇财力有限,对文化的投入很少,乡里开展文化活动没有固定经费来源,文化设施建设没有固定经费来源。没有工作经费,现有文化设施不能有效利用,文化资源闲置;乡文化站不能正常运转,功能基本消失;农家书屋不能添置新书,文化活动不能正常开展。二是文化人才少,专业人员紧缺。乡村文化干部的素质和数量,一定程度上决定了乡村文化工作的质量和水平。现实情况是,乡村文化工作者往往是素质一般,数量不足。第一,乡里文化专职干部调动频繁,一些非专业同志被用作文化专职干部。第二,文化专职干部兼职过多。乡镇机构改革,人员大量精简。人少的结果,就是文化专职干部不专职,身兼数职是常态。分身无术,结果就是文化专职干部只能把一部分时间、精力用到文化工作上。第三,缺乏专业培训。乡村文化工作者很少有机会参加专业培训,不能及时充电,没有机会接触、接受新的专业知识,就没有能力提供新的专业服务。第四,乡村文化文艺人才年龄老化,创作型、表演型文艺人才越来越少,后继乏人,主要原因是年轻人进城务工,不愿回村,更无意从事乡村的、乡土的文化工作。三是文化活动形式单一、内容单调。乡镇文化站所组织管理功能日益弱化，难以尽到组织引导、举办活动、艺术辅导的职责，难以帮助群众享受丰富的文化娱乐生活。农民自发组织的艺术团生存困难，越来越少，乡村文化生活活力减弱。

天池店乡文化工作人员结合发展思路，立足本地实际，提出了进一步做好乡村文化工作的建议。一是加大文化投入。把乡村文化投入、文化建设纳入考核目标，继续加大乡镇文化站、村文化活动室文化广场文化大院建设。对现有图书资源进行整合，让图书在乡村之间流动起来、使用起来；购进乡村适用的文化、科技、卫生、教育类书刊。二是建立健全乡村文化工作队伍。理顺乡镇文化站管理体制，创造条件配备专职文化工作人员，明确工作职责，提供培训进修机会。注意乡村文化工作者的专业水平问题，有效调动其积极性、创造性、主动性。以有能、有为的乡村文化工作队伍，巩固并扩大乡村文化阵地。三是因地制宜开展丰富多彩的文化活动。形式多样化，便于群众参与。内容多样化，为群众提供喜闻乐见、丰富多彩的文化活动，满足民众多层次、多样化的需求。四是发展乡村文化产业，满足民众多样化文化需求。用好乡村文化资源，引导农民树立经济效益意识，从事文化经营，发展农耕文化、医药文化、饮食文化，经营文化用品、娱乐场所，从事工艺品加工制作销售，进行乡土文化演艺，将文化经营、文化产业作为村民副业或主业，增加收入的同时，大力弘扬先进文化，自觉摒弃落后文化，坚决抵制腐朽文化，压缩不良文化的生存空间。五是扎实做好给乡村送文化的工作。鼓励将送文化下乡列入年度计划，列入年度考核指标，文化经费列入县乡年度财政预算。送文化下乡，不只是送演出，还要送优惠政策，送资金资源、设施设备，送电影电视、图书杂志，送科技信息、实用技术，送医疗保健、体育健身等。

天池店乡大树村，2014年有800多人，240多户。全村面积约4万亩，耕地约6000亩。村支书60多岁，任职已经35年，小学学历，以植树造林谋生，在村时间半年，年职务收入8000元。村主任50多岁，任职约3年，高中学历，平时务农及养猪，常年在村，年职务收入8000元。村班子7名干部，工资、补助来自转移支付。2013年，全村人均收入1800元，户均收入5600元。村小学有3个年级。村里无文化活动室，无文化广场。村子发展思路是改造坡地，治理河滩，打坝。

天池店乡河北村，2014年有540多人，近150户。全村面积近4700亩，耕地1200亩。村支书60岁，任职已经30年，初中学历，常年在村务农，年职务收入6000元。村主任60多岁，任职近30年，高中学历，常年在村务农，年职务收入6000元。村班子7名干部，工资、补助来自转移支付。2013年，全村人均收入2100元，户均收入无数据。村小学有2个年级。村里有200平方米的文化活动室，投资30万，有1000平方米的文化广场，投资约40万，均为村里自筹。村里有圣母娘娘庙，投资100万元，为村民自筹。村发展思路是发展以牛、羊为主的养殖业，以药材为主的种植业。

天池店乡下冶南村，2014年有380多人，近110户。全村面积2800多亩，耕地近1200亩。村支书高中学历，任职已经30年，村主任初中学历，任职10年，两人均务农，年职务收入都是8000元。村班子6名干部，工资、补助来自政府转移支付。2013年，全村人均收入2600元，户均收入2.8万元。村小学有2个年级。认为并校后，学生伙食费过高，家长负担增加了。希望一个村一个完整小学。

天池店乡上冶南村，2014年有约470人，140多户。全村面积2万多亩，耕地2700多亩。村支书40岁，任职约6年，初中学历，外出打工，半年在村，年职务收入7000元。村主任近60岁，任职11年，高中学历，常年在村务农，年职务收入7000元。村班子5名干部，工资、补助来自上级转移支付款。村集体累计收入3万元，主要渠道是上级转移支付款。2013年，全村人均收入4200元，户均收入近1.4万元。全村近50户贫困户，贫困主因是学生上学、缺劳力、伤病等。村小学有2个年级。村里无文化活动室，有360平方米的文化广场，投资1万元，来自县文化局。村发展思路是整地2000亩，打造成农业示范田，发展种植大户（种植合作社）、养殖大户。

天池店乡孔河沟村，2014年有740多人，近200户。全村耕地2700多亩。村支书、村主任，一初中生、一高中生，都是年近50岁，任职2年多，常年在村务农，年职务收入6000元。村班子8人，工资、补助来自转移支付。村集体累计收入

3万多元,主要来自转移支付、扶贫,由乡政府会计代理。2013年,全村人均收入3500元,户均收入1.2万元。村小学有3个年级。村民认为并校后,小学生年龄太小,自理能力太弱,家长需要租房陪读,加重村民负担。希望农村学校保持原有格局,一村一校。不反对村里有能力者移民进城上学。村里有50平方米的文化活动室、300平方米的文化广场,均投资10万元,都是财政拨付。村里有庙,村民卖树集资修建。村发展思路是合理开发土地,搞专业合作社;推动土地流转,公司化发展。

天池店乡窑儿上村,2014年有380人,近100户。全村面积4800亩,耕地1600亩。村支书45岁,任职近10年,初中学历,常年在村务农,年职务收入8000元。村主任45岁,任职6年,高中学历,常年在村务农,年职务收入8000元。村班子5人,工资、补助来自转移支付。村集体累计收入2万元,主要来源是上级拨付、转移支付。村里有小学。认为并校给家庭造成经济压力,小学生上下学得专门接送,很不方便。希望一个村保留一个完整学校。村里有400平方米的文化广场,由上级投入3万元建成。村里有九龙寺,由村民自筹20万元修建。村发展思路是以种植为主,荒山绿化为辅;主要困难是种植业需要优良品种,以及配套资金、技术、农机具,需要扶贫工作队来指导、帮助。

天池店乡南岔村,2014年有430多人,近120户。全村面积2.2万亩,耕地5800多亩。村支书50多岁,任职已14年,大专学历,常年在村务农,年职务收入8000元。村主任50多岁,任职刚2年,初中学历,常年在村务农,年职务收入8000元。村班子6人,工资、补助来自财政补助。村里有润和美种植专业合作社,年产值30万元,南岔养殖专业合作社,年产值60万元。2013年,全村人均收入4300多元;户均收入1.5万多元。村里有贫困家庭近50户,贫困主因是上学、伤病。村小学有2个年级。村里有80平方米的文化活动室,投资10万元,渠道是自筹加上级拨付;100平方米的文化广场,投资3万元,为村里自筹。

天池店乡鹰落沟村,2014年有450多人,130多户。全村面积6500亩,耕地1200亩。村支书60岁,前后任职16年,小学毕业,常年在村务农,年职务收入8000元。村主任近50岁,任职6年,小学毕业,常年在外跑运输,很少在村里,年职务收入8000元。村班子5人，主干工资1.6万元为财政拨付；其他干部补助2600元，来自转移支付。村集体累计收入2.7万元，来自转移支付。2013年，全村人均收入3000元，户均收入1.2万元。村小学有2个年级。村里有120平方米的文化活动室，为上级组织部援建13万元建设；有240平方米的文化广场，为上级拨款2万元建设。

天池店乡韩家沟村，2014年有620多人，160户。全村面积5000多亩，耕地1300亩。村支书50多岁，任职近30年，大专学历，常年在村。村主任50多岁，任职3年，初中毕业，常年在村。村班子6人，工资、补助来自上级拨付。2013年，全村人均收入2300元，户均收入9200元。村小学有2个年级。村民认为并校的好处是，有了英语课，本村小学开不了英语课。村里有文化活动室，为上级补助建设。

天池店乡兑集沟村，2014年有428人，133户。全村面积7875亩，耕地2100亩。村里种植核桃400亩、梨树300亩、藜麦300亩。村支书46岁，任职2年，大专学历，基本在村，经商，年职务收入8000元。村主任37岁，任职3年，初中毕业，基本在村，经商，年职务收入8000元。村班子5人，年工资、补助9600元，来自乡转移支付。近年村集体累计收入85万元，分别是一事一议15万元，修排水渠、安装太阳能路灯10万元，采摘园20万元，整村开发20万元，生态环境治理20万元；由乡农经站保管。2013年，全村人均收入4300元，户均收入1.2万元。村里无小学。村里有70平方米的文化活动室，为上级教育局援建；280平方米的文化广场，投资21万，为上级支援加上村里自筹。2010年，时任中组部部长李源潮到村考察过。村里有娘娘庙、关公庙，村民集资18万元修建。村子发展思路是，发展具有农家特色的旅游，采摘园升级改造，粮油加工，养殖业、种植业调整等。

天池店乡天池店村，2014年有1000人出头，250多户。全村面积8800多亩，耕地2500多亩。村支书50岁出头，前后任职近10年，高中毕业，常年在村，年职务收入8000元。村主任年近50岁，任职约2年，小学毕业，常年在村，年职务收入8000元。村班子8人，年工资、补助2.8万元，来自财政转移支付。村集体累计收入1.5万多元，主要来自土地流转。2013年，全村人均收入4000多元，户均收入1.6万元。村小学有2个年级。认为并校后路途远，孩子生活不好、吃不好，但教学水平有提升。村里有50平方米的文化活动室，也叫农家书屋，投资5万元，来自扶贫资金；无文化广场。村里有老爷庙，由村委会组织修建。村发展思路是发展经济林，主要是核桃树。

天池店乡陈家庄村，2014年有近1000人，约290户。全村面积3.2万亩，耕地1100多亩。村内有铜矿、铁矿，未开采。村支书年近50，任职6年，中专学历，常年在村，年职务收入8000元。村主任50多岁，任职3年，中专学历，常年在村，年职务收入8000元。村班子9人，年补助1.5万元，来自财政拨款。村集体资金存放在信用社、乡核算中心；村里欠村干部个人垫款10万元。村小学有2个年级。认为500人以上的村子应保留完整小学。村里有5000平方米的文化广场，为国家扶持70万元建设；无文化活动室。村里有始建于明代的龙王庙、关帝庙。村发展思路是种养结合，种优质小杂粮，养优质肉羊。

天池店乡大娄则村，2014年有约610人，150多户。全村面积6200亩，耕地4000亩。村支书40多岁，任职15年，中专学历，日常在县城谋生，年职务收入8000元。村主任也40多岁，任职6年，高中毕业，日常在外务工，年职务收入8000元。村班子6人。村集体累计收入3万元，来自转移支付。2013年，全村人均收入2000元，户均收入8000元。村里无小学。村里建有50平方米的文化活动室，由乡政府资助建设；无文化广场。

天池店乡西舍沟村，2014年有310多人，近90户。全村耕地面积1200亩。村支书50多岁，村主任年近50岁，均任职6年，初中毕业，年职务收入8000元。村班子7人，年工资、补助共6万多元，来自转移支付。2013年，全村人均收入2500多元，户均收入9200多元。村里无小学。

天池店乡东沟塔村，2014年有400人出头，近110户。全村面积近1.1万亩，耕地1300多亩。村支书年近60岁，任职近25年，大专学历，常年在村务农，年职务收入8000元。村主任近50岁，任职不到1年，初中毕业，常年在村务农，年职务收入8000元。村班子5人，工资、补助来自上级政府财政。村集体累计收入2000元，来自转移支付，存在信用社。2013年，全村人均收入2000元，户均收入8000

元。村里无小学。村里有青龙庙，为村民自筹10万元修建。村发展思路是搬迁移民，或者平整土地，增加耕地。

天池店乡王家崖村，2014年有1300多人，近350户。全村面积约6700亩，耕地2200多亩。村支书50多岁，任职已10年，初中毕业，年职务收入7000元；村主任50岁出头，任职6年，高中毕业，年职务收入7000元；二人均常年在村务农。村班子10人，工资、补助来自转移支付。2013年，全村人均收入2100元，户均收入8000元。村小学有3个年级。认为并校后，小学生年龄小不适合寄宿，有安全隐患；极大增加了家长的经济负担、生活负担；并校不能"一刀切"，农村教育不是简单"进城"就能提高的，希望2至3个村子保留一个完整小学。村里有50多平方米的文化活动室，2000多平方米的文化广场，为自筹资金修建。村里有九龙圣母庙，为村民自筹修建。村发展思路是发展种植业，以经济林和特色农产品为主；还有集中联片改造基本农田，转移劳动力务工就业。

天池店乡圪垛村，2014年有近890人，270多户。全村面积2.7万多亩，耕地3200多亩。村支书50岁，任职16年，高中毕业。村主任50多岁，任职6年，初中毕业。村班子10人，工资、补助来自转移支付。村集体欠村干部个人垫款5万元。2013年，全村人均收入2000元，户均收入7000元。村小学2个年级。村发展思路是集中修建楼房，将村民集中居住、集中供暖；种植蔬菜，增加村民收入。

天池店乡白家滩村，2014年有623人，154户。全村方圆13公里，耕地1200亩，林地3000亩。村支书30岁，任职近3年，本科学历，女大学生村官，年8个月在村，年总收入约2.5万元。村主任53岁，任职近3年，初中毕业，常年在村务农，年职务收入8000元。村班子6人，每名主干每年8000元的工资、补助（大学生村官任村主干的除外），来源是上级组织部下拨款。村集体累计收入3万元，来自上级转移支付拨款。2013年，全村人均收入约4000元，户均收入15300元。村小学1个年级。村民们认为并校后，小学生去几公里外的村子上学，路上增加了安全风险；家长接送加重了身体负担，购置交通工具加重了经济负担；到外地上学，需要租房，耕地也要弃耕，加重了家庭负担。村民认为，并校后教育质量下降，希望5里左右保留一所完整小学。村里有30平方米的文化活动室，1000平方米的文化广场,都是上级拨款修建,偶尔使用。村发展思路是,借助扶贫单位的帮扶的有利优势,发展养殖业,养羊养牛;需要加大村民技能培训,加大招商引资力度。

白家滩村的村支书,是女大学生村官。这在娄烦县是不多见的。当时在县里也遇到个别大学毕业生,顶着村官名义,拿着大学生村官的待遇、补助,但是很少到村里,而是常年住在县城或外地。

天池店乡石家岩村,2014年有420多人,120多户。全村面积3.6万亩,耕地近2000亩,荒山、荒沟、荒坡、荒滩面积近2.4万亩。有白云岩矿、石灰石矿,未开采。村支书、村主任都是45岁上下,任职6年,初中毕业,年职务收入7400元;村主任半年在外打工,半年在村。村班子8人,年工资共2万元,来自转移支付。有一位大学生村官,任村委会副主任。2013年,全村人均收入2700多元,户均收入9300多元。村里无小学。村民认为,并校后,需要在外租房上学,吃住都要花钱,影响种地,增加开支,增加负担;教育质量无大的变化,有的还不如以前好。建议一个行政村保留一所小学。村里有48平方米的文化活动室,为上级财政拨款4万元建设;有2400平方米的文化广场,为上级财政拨款加上村里自筹共13万元建设。村子发展思路是,寻求上级政府批准村里建设一个石料加工企业。

天池店乡顺道村,2014年有1800多人。全村面积6平方千米多,耕地近700亩。村支书、村主任都是50上下,高中毕业,任职3年,从事运输业,时常在村,年职务收入7500元。村班子9人,年工资、补助共约6.5万元。村里有多家养殖场、洗煤厂,未提供年产值。村内有煤矿,实地看到过,信息表也未提供相关信息。村集体累计收入100万元,主要来自煤矿占地补偿收入,存放在乡农经站。2013年,全村人均收入1000元,户均收入3600元。村小学完整,40间房,5000平方米,有6个年级,15名教师,在校生75人。村里有50平方米的文化活动室,投资10万元,1986年建成;1500平方米的文化广场,投资70万元,1995年建成;资金均为村里自筹。村里有娘娘庙,由村集体筹资70万元修建。

顺道村应该是天池店乡最富裕、最复杂的村。因为煤矿资源,富裕的个体多,村集体也比其他村子富得多。但是,村干部出问题的也多,个别受到惩处的村干部和黑恶势力有关联,使得一些乡干部工作上有压力。

(五)杜交曲镇文化镇情及13个行政村民情村况述略

杜交曲镇在娄烦县东部,汾河水库大坝在镇境内。该镇文化干部配备情况是,一位副镇长分管文化建设工作,一名干部兼任镇文化站站长,文化站有一名专职文化员。

镇上文化设施较全,硬件配套较好。早在2006年,建成杜交曲镇综合文化站,占地面积200平方米。2014年时有藏书3000多册,配有1名专职文化人员,1名兼职文化干部,是一个集文化宣传、娱乐休闲于一体的乡镇综合文化站。在村的层级,建起村级文化设施网络,全镇13个行政村全部建有村文化活动室,并配有农家书屋管理员。

镇村文化工作存在问题和面临困难。经济发展滞后,文化工作萧条,与农民群众文化需求差距增大。一是镇村文化基础设施薄弱,与利用率不高并存。虽然镇里村村有文化活动室,但是,大多数只是加挂一块牌子,没有器乐、音响等文化设施设备,少部分有简单体育健身器材,不顶用、不够用、不好用。村里的农家书屋管理不规范,有的没有按规定登记,有的虽有登记但很少对村民开放,有的常年一把锁,没有专人管理,仅满足于应付检查。二是镇村文化投入少,与文化工作经费少并存。用于文化基础设施建设的投资很少,文化活动经费投入更少,组织开展文化活动的次数不多、形式有限。镇里文化活动只有两种,一种是参加上级组织的球赛、广场文艺汇演等文化活动,一种是参加学校组织的庆"六一"等文化活动。三是镇村文化队伍人才紧缺,与人员素质整体下降并存。镇里、村上普遍缺少有文艺专长的基本文化人才队伍,全镇没有一支乐队、腰鼓队等乡村民间文艺队伍。专职文化管理人员、文化工作人员很少且后继乏人,镇综合文化站站长是干部兼职,虽然有1名专职文化员,但无经费、少人手的状况,对全镇文化活动的开展制约很大。

乡村文化滞后的原因分析。

一是乡村文化活动的形式、方式与群众需求有差距、难融合。有线电视虽然有卫视多、频道多、信号稳定等优势，但是，年年交费且收费方式不灵活，村民不愿用。"锅盖"电视信号接收器虽然台少信号不稳定，但是，一次性购买且价格不高、使用方便，受村民欢迎却被限制使用。农家书屋有不少文学名著、高深理论书籍，供给过剩，村民不感兴趣；村民有阅读兴趣的图文并茂、生动活泼、形象直观的图书比较少，供给不足。

二是乡村文化缺少带路人、领头羊。乡村普遍缺乏爱文化、懂文化的文化管理人员，也缺少文艺领头人、文艺骨干。没有人的组织，好的文化工作设想难以实施；没有人的使用，投入再多资金，各种文化设施只是摆设；没有人的参与，难以组织出高水平文化活动。

三是乡村人员结构变化大。村民是乡村文化的参与者，也是受益者。受城镇化、工业化的影响，乡下年轻人大多找机会进城，常年在外务工经商，农村常居人口多为老人、妇女和小孩，这就需要乡村文化工作与时俱进、有的放矢作出调整，适应乡村的实际，满足乡村文化建设的实际需要。

四是乡村经济欠发达制约文化发展。乡村集体经济大多薄弱，没有财力安排专门人员管理文化设施。村里建的文化设施，大多和村支部、村委会在一起，大多由村干部代为看管。部分农家书屋虽有专门管理人员，但忙于自家农活，没有太多心思管理，只能把农家书屋一锁了之。

五是乡村干部对文化建设存在认识偏差。由于考核指标等因素，乡村干部也是普遍注重经济建设，轻视或忽视文化建设，在发展经济方面思考多、用力多，在文化工作上思考少、用力少，没有正确认识文化发展对经济建设的促进作用、长效作用。

关于乡村文化工作的建议。

乡村文化建设滞后于经济社会发展。为推进这一普遍问题的解决，应着重做好以下工作。一是勇于担当，善于作为。乡村文化建设是党和政府应有的公共责任，也是在乡村实现全面小康的应有内容。各级党委政府，特别是县乡两级要进一步提高认识，将文化工作纳入党委政府议事日程，纳入经济社会发展规划，纳入本级财政预算，确保乡村经济、文化、社会、生态协调发展。二是因地制宜，随物赋形，多元多样开展乡村文化建设。深入研究、了解村民文化需求，立足乡村实际、实力，量力而行，尽力而为，循序渐进，采取有效措施引导、培育乡村文化。重视乡村校园文化工作，推动乡村校园文化建设，提高乡村青少年文化素养。三是整合资源，激活资源，有效发挥文化阵地作用。用好电视网络，开发适合乡村、适合村民需要的电视节目，提供村民喜闻乐见的电视内容，将之作为服务村民、教育村民的重要平台、有效载体。用好公共文化服务网络、远程教育网络，提供更多适合乡村、满足村民需要的好节目、好内容、好技术、好信息。县级以上文化部门多组织、安排文化下乡活动，为村民提供更多更好文化产品、文化服务。发动相关部门，联合他们积极参与，建设乡村文化、农业文化传承平台、传播阵地。四是加强教育培训，培育乡村文化专业队伍。创造条件，引入资源，组织安排乡村文化骨干进行系统学习，参加专业培训，培育、造就有政治素质、有业务专长、有组织能力的乡村文化工作队伍，鼓励、引导、帮助他们以多种文化特长，用村民喜闻乐见的形式，丰富村民文化生活、精神世界。

杜交曲镇小河沟村，2014年有696人，259户。村支书59岁，初中文化，常年在村种植，任职3年，年职务收入6000元。村主任40岁，初中文化，半年在外跑运输，任职3年，年职务收入6000元。村班子5人。村里无小学。村里有30平方米的文化活动室、150平方米的文化广场。

杜交曲镇杜交曲村，2014年有2361人，820户。全村耕地面积2800亩。村支书69岁，初中文化，退休干部，半年在村，任职16年。村主任52岁，高中文化，半年在村种植，任职3年，年职务收入8000元。村班子9人。村小学有6个年级。村里有150平方米的文化活动室，300平方米的文化广场。

杜交曲镇下石家庄村，2014年有1170人，430户。全村耕地254亩，林地8000多亩。村支书48岁，大专学历，常年在村养殖，任职8年，年职务收入8000元。村主任48岁，高中文化，半年在村种植，任职3年，年职务收入8000元。村班子6人。村小学有6个年级。村里有50平方米的文化活动室、500平方米的文化广场。

　　杜交曲镇新建村，2014年有265人，97户。全村耕地面积1200亩。村支书37岁，任职3年，村主任58岁，任职6年，都是初中文化，常年在村种植，年职务收入6000元。村班子6人。村里无小学。村里有20平方米的文化活动室、50平方米的文化广场。

　　杜交曲镇银洞咀村，2014年有780人，250户。村支书55岁，初中文化，常年在村种植，任职9年，年职务收入8000元。村主任70岁，小学文化，常年在村种植，任职12年，年职务收入8000元。村班子5人。村里无小学。村里有30平方米的文化活动室、100平方米的文化广场。

　　杜交曲镇庆山村，2014年有291人，89户。全村耕地面积1600亩。村支书45岁，高中文化，半年在外经营运输，任职9年，年职务收入6000元。村主任38岁，高中文化，半年在外经营饭店，任职6年，年职务收入6000元。村班子4人。村里无小学。村里有30平方米的文化活动室、100平方米的文化广场。

　　杜交曲镇罗家曲村，2014年有1029人，420户。全村耕地面积3500亩，林地6000多亩。村支书56岁，高中文化，常年在村种植，任职3年，年职务收入6000元。村主任52岁，初中文化，半年在外经营运输，年职务收入6000元。村班子4人。村小学有6个年级。村里有50平方米的文化活动室、300平方米的文化广场。

　　杜交曲镇程家岭村，2014年有230人，94户。全村耕地面积2400亩，林地2800多亩。村支书49岁，初中文化，常年在村种植，任职15年，年职务收入6000元。村主任48岁，小学文化，常年在村种植，任职6年，年职务收入6000元。村班子6人。村里无小学。村里有80平方米的文化活动室、200平方米的文化广场。

　　杜交曲镇庄儿上村，2014年有254人，96户。村中林地面积1万多亩。村支书、村主任一肩挑，65岁，初中文化，常年在村种植，任职12年，年职务收入6000元。村班子4人。村里无小学。村里有30平方米的文化活动室、100平方米的文化广场。

　　杜交曲镇常里岩村，2014年有310人，130户。全村耕地面积1700亩。村支书

42岁,初中文化,常年在村种植,任职3年,年职务收入6000元。村主任68岁,高小文化,常年在村种植,年职务收入6000元。村班子3人。村里无小学。村里有20平方米的文化活动室、50平方米的文化广场。

杜交曲镇强家庄村,2014年有310人,82户。全村耕地面积1800亩、林地8500多亩。村支书42岁,高中文化,常年在村种植,任职3年,年职务收入6000元。村主任38岁,初中文化,常年在村养殖,任职6年,年职务收入6000元。村班子6人。村里无小学。村里有30平方米的文化活动室、100平方米的文化广场。

杜交曲镇策马村,2014年有618人,218户。全村耕地面积424亩。村支书59岁,初中文化,村主任60岁,小学文化,两人都是常年在村种植,均任职3年,年职务收入均6000元。村班子7人。村里无小学。村里有300平方米的文化广场,由扶贫资金30万元建设,另有100平方米的文化活动室。村中有圣水庙,建于明代嘉靖年间。

杜交曲镇龙尾头村,2014年有580人,210户。全村耕地面积2800亩,林地7700多亩。村支书、村主任一肩挑,51岁,初中文化,半年在村种植、养殖,任职12年,年职务收入9000元。村班子4人。村里无小学。村中有30平方米的文化活动室、100平方米的文化广场。

总体而言,杜交曲镇13个村的民情村况信息表,虽然都填写了,但是,普遍缺项、漏项较多。村子发展思路和规划,普遍没有填写。整体上提供信息较少,信息的真实性、准确性也有偏差。

(六)娄烦镇26个行政村民情村况述略

娄烦镇为娄烦县委、县政府所在地。没有搜集到娄烦镇全镇的文化方面信息和资料,现仅梳理、分析26个行政村的民情村况信息。

娄烦镇四家坪村,2014年有290人,98户。全村面积3000亩,耕地1500亩。村支书52岁,村主任30岁,均初中毕业,常年在村务农。村里无小学。村里有50平方米的文化活动室,无文化广场。

娄烦镇红崖头村,2014年有176人,65户。全村面积3100多亩,耕地610亩。

村支书55岁，任职已25年，小学毕业，常年在村种地。村主任53岁，任职2年，小学毕业，主要在外跑运输。村班子6人。村里无小学，无文化活动室，无文化广场。

娄烦镇凤凰村，2014年有237人，83户。全村面积1.6万亩，耕地2000亩，林地3000亩。村支书57岁，任职6年，高中学历，半年在村种地，年职务收入6000元。村主任53岁，任职11年，高中学历，半年多在村种地，年职务收入6000元。村班子5人，年工资、补助1万余元来自转移支付。村集体累计收入2万元，主要来自转移支付。2013年，全村人均收入1000元，户均收入4000元。村里有面积80平方米的文化活动室，投资3万；200平方米的文化广场，投资1万；均为政府出资。

娄烦镇我家村，2014年有212人，75户。全村面积近4000亩，耕地1300亩。村支书47岁，任职约3年，高中毕业。村主任暂缺。村班子3人。2013年，全村人均收入1000元，户均收入2000元。村里有20平方米的文化活动室、160平方米的文化广场。村里有龙王庙，由村民个人筹资7万元修建。

娄烦镇白道村，2014年有302人，76户。全村面积12900多亩，耕地510亩。村支书50岁，任职16年，初中毕业，常年在村种地，年职务收入7200元。村主任近50岁，任职约2年，初中毕业，常年在村种地，年职务收入7200元。村班子6人，工资、补助来自转移支付。村集体累计收入3.5万元，来自上级财政资金。2013年，全村人均收入3200多元，户均收入1.2万多元。村里无小学。村里有66平方米的文化活动室、400平方米的文化广场，是上级财政分别投资2万元、1.5万元建设的。

娄烦镇崖窑足村，2014年有341人，73户。全村面积16300亩，耕地1100亩。村支书、村主任都是高中毕业，常年在村务农，任职时间分别是3年、6年。村班子7人。村里无小学，无文化活动室，无文化广场。有意修村志、村史。村发展思路是畅通道路，改善居住环境。

娄烦镇杜家岭村，2014年有135人，35户。全村面积1560亩，耕地约560亩，林地约310亩。村支书、村主任都是50岁左右，任职近2年，初中学历，在外打工、不在村，年职务收入5000元。村班子5人，年工资、补助1.3万元，来自转移支付。2013年，全村人均收入600元，户均收入1800元。村里无小学。村民们认为并校的不便是，家长要专门出外租房，给小学生做饭，耽误农业生产；希望一个村保留一所小学。村里无文化活动室，无文化广场。村发展思路是，继续在土地上找出路，贷款开发贫瘠的土地。

这个杜家岭村，是村官"走读"现象的典型。村支书、村主任两个村主干，都是常年不在村里。村官长期不在村，一度成为一个需要专门整治的基层治理突出问题。

娄烦镇席岭村，2014年有338人，138户。全村面积6200多亩，耕地1500亩。村支书、村主任都是任职3年，初中毕业，支书59岁，主任27岁。村班子3人。2013年，全村人均收入260元，户均收入800元。村里无小学。

娄烦镇塔圪垛村，2014年有595人，188户。全村面积19100多亩，耕地3500多亩。村支书61岁，任职2年，初中学历，以养殖、种植谋生，年职务收入7200元。村主任66岁，任职已经22年，初中学历，以养殖、种植谋生，年职务收入7200元。村班子8人，工资、补助来自转移支付。村里有养殖类专业合作社，年产值30万元。2013年，全村人均收入1800元，户均收入3500元。村里无小学，无文化活动室和文化广场。

娄烦镇小泉沟村，2014年有184人，65户。全村面积近8000亩，耕地640亩。村支书66岁，任职3年，小学文化，在村半年务农，年职务收入7200元。村主任63岁，任职5年，初中文化，每年8个月在村务农，年职务收入7200元。村班子6人，年工资、补助17400元，来自财政。2013年，全村人均收入2000元，户均收入8000元。村里无小学。认为并校后教育质量下降了，因为进不了好学校。村里无文化活动室，无文化广场。村发展思路是，荒地荒坡多，可发展养殖业、种植业；发展有利于增加收入的农业。

娄烦镇河家庄村，2014年有880人，230户。全村面积3100亩，耕地1100亩。村支书43岁、村主任52岁，二人都是高中毕业，任职9年，个体户，常年在村，年职务收入1.5万元。村班子5人，工资、补助由国家出。村集体累计收入5.2万元，来自国家补助。2013年，全村人均收入5000元，户均收入2万元。村里有61平方米的文化活动室，村自筹资金修建。

娄烦镇新良庄村，2014年有661人，230户。全村面积3平方千米，耕地560亩。村支书49岁，任职近3年，高中毕业，常年在村，靠打工谋生，年职务收入7200元。村主任43岁，任职近3年，本科学历，常年在村，年职务收入7200元。村班子3人。2013年，全村人均收入960元，户均收入2100元。村小学有6个年级。

娄烦镇官庄村，2014年有558人，100多户。全村面积1022亩，耕地504亩。村支书38岁，任职9年，中学毕业，常年在村种地，年职务收入7200元。村主任48岁，任职已6年，中学毕业，常年在村种地，年职务收入7200元。村班子7人。村集体累计收入3.5万元，来自上级转移支付。2013年，全村人均收入2250元，户均收入7702元。村里无小学。村里有65平方米的文化活动室，无文化广场。属城中村，人多地少，耕地离村远，约5公里。村发展思路是开发旧村，改善人居环境，改善通往耕地的道路。

娄烦镇三元村，2014年有1650人，557户。全村面积1798亩，耕地1257亩。村支书31岁，任职7年，大学学历，常年在村。村主任52岁，任职5年，初中毕业，有合作社，常年在村。村班子8人，年工资、补助19000元，来自转移支付。2013年，全村人均收入750元，户均收入2221元。村小学有6个年级。村里有普净寺，投资33万多元修建。

娄烦镇城北村，2014年有552人，220户。全村面积1800亩，耕地700亩。村支书45岁，任职13年，高中毕业；村主任35岁，任职4年，中专毕业；二人靠打工谋生。村班子6人。

娄烦镇大夫庄村，2014年有1845人，524户。全村面积6534亩，耕地2040亩。村支书年近50，高中毕业；村主任50多岁，初中毕业；二人都是常年在村务农，任职6年了，年职务收入7000元。村班子9人。村小学有1个年级。

娄烦镇童子崖村，2014年有1640人，183户。全村面积4750亩。村主任45岁，任职6年，初中毕业。村班子11人。村小学有6个年级。

娄烦镇娄家庄村，2014年有1486人，472户。全村面积9900亩，耕地2200

亩。村支书53岁,任职9年,初中毕业,常年在村种植,年职务收入6000元。村主任40岁,任职3年,初中毕业,常年在村,灵活经营,年职务收入6000元。村班子11人,年工资、补助2.1万元,来自转移支付。村集体累计收入6万元,来自国家转移支付。2013年,全村人均收入2600元,户均收入9000元。村小学有6个年级。村里有40平方米的文化活动室,由上级援建;无文化广场。1940年前后,张宗逊曾在村里生活、战斗。村里有娘娘庙,村民集资15万元修建。村发展思路是依托城中村优势,利用县城扩容开发机会,加大发展商业及其他服务业。

娄烦镇姚罗村,2014年有520人,约300户。全村面积2000多亩,耕地600亩。村支书56岁,任职6年,高中毕业,常年在村种地,年职务收入7200元。村主任39岁,任职9年,初中毕业,常年在村种地,年职务收入7200元。村班子6人,工资、补助由镇财政所代发。村里贫困户约100户,家庭资产1万元左右,贫困主因是失去土地。2013年,全村人均收入约2000元,户均收入约6000元。村里有30平方米的文化活动室,村集体筹资5万元建设。村里有龙王庙,村集体筹资12万多元修建。村发展思路是依托县城,服务县城,开发商业住宅小区,走商业化发展道路。

娄烦镇西果园村,2014年有1150人,409户。全村面积1.4万亩,耕地1600亩。村支书30岁,任职2年,本科学历,年在村7个月,务工谋生,年职务收入7200元。村主任30岁,任职6年,大专学历,常年在村绿化造林,年职务收入7200元。村班子15人。

娄烦镇尹家窑村,2014年有2216人,816户。全村面积7000亩,耕地2200亩。村支书52岁,高中毕业;村主任47岁,初中毕业;二人都是任职3年,常年在村种植,年职务收入7200元。村班子11人,工资、补助来自转移支付。2013年,全村人均收入4500多元,户均收入9000元。村小学3个年级。村里有50平方米的文化活动室,投资10万元;1000平方米的文化广场,投资3万元,用的都是移民开发局的扶贫资金。村发展思路是以种植、养殖为主,发展生态旅游。

娄烦镇范家村,2014年有635人,241户。全村面积5210亩,耕地2210亩。村支书55岁,初中毕业;村主任54岁,高中毕业;二人都是任职3年,靠打工谋生。

村班子5人。

娄烦镇任家沟村，2014年有680人，310户。村支书初中文化，务农。村主任55岁，高中毕业，任职9年了。村班子7人。村里有200平方米的文化广场，用扶贫资金建设的。

娄烦镇西街村，2014年有653人，200多户。全村面积950亩，耕地450亩。村支书、村主任都是年近50，任职6年，高中毕业，常年在村。村班子7人。村里无小学，无文化活动室，无文化广场。

娄烦镇蒲峪村，2014年有1000人出头，312户。全村耕地962亩。村支书58岁，任职9年，小学文化，务农。村主任49岁，任职3年，初中毕业，务农。村班子5人。

娄烦镇向阳村，2014年有334人，127户。全村面积6540亩，耕地820亩。村支书65岁，小学文化；村主任55岁，高中毕业；二人都是任职3年，常年在村。村班子6人。

综合娄烦镇各村民情村况信息表来看，2014年前后，在这个镇，村支书、村主任作为村主干，年职务收入应是7200元，即月工资600元。

整体来看，娄烦镇各村的信息表，填写不全面、不认真的问题比较突出。有些填写的内容，不一定真实，例如，村干部年补助数额等。没有填写的，也不一定就没有，例如，村文化活动室、文化广场。

（七）庙湾乡13个行政村民情村况述略

没有搜集到庙湾乡全乡的文化方面信息和资料，这里仅梳理、分析13个行政村的民情村况信息。

庙湾乡庙湾村，2014年有1000人出头，380多户。全村面积近2700亩，耕地面积1300亩。村支书、村主任都是55岁上下，在村务农，支书高中毕业，任职5年；村主任初中毕业，任职8年，年职务收入9000元。村班子8人，工资、补助来自转移支付。2013年，全村人均收入近4000元，户均收入近1.2万元。村里无小学。村里有600平方米的文化广场，上级援建；无文化活动室。村发展思路是依托汾河水库，打造生态旅游，发展旅游业、种植业。

庙湾乡羊圈庄村，2014年有1000人出头，370多户。全村面积10平方千米，耕地2800多亩。村支书30出头，任职2年，大学毕业，大学生村官，年在村9个月。村主任45岁，任职5年，初中毕业，从事种植业，半年在村，年职务收入7000元。村班子9人。2013年，全村人均收入约2000元，户均收入6000元。村小学有1个年级，1名教师，2个学生。村里无文化活动室、无文化广场。

庙湾乡雷家庄村，2014年有870多人。全村面积12700多亩，耕地5700多亩。村支书年近70，初中毕业；村主任年近60，小学毕业；均常年在村搞种植。村班子7人，工资、补助来自转移支付。村小学2名学生。村里有240平方米的文化活动室，用扶贫资金30万元建设，用作日间照料中心；有800平方米的文化广场，由上级政府投资16万元建设。村里有龙王庙，由村民集资20多万元修建。

庙湾乡水峪村，2014年有近600人，210多户。全村耕地2000多亩。村支书40出头，任职3年，初中毕业；村主任50岁，任职6年，大专学历；均种地。村班子5人，年工资、补助5万元。

庙湾乡盐市崖村，2014年有约550人，210户。全村面积3700亩，耕地750亩。村支书40岁出头，任职11年，大学学历，常年在村种地，年职务收入8200元。村主任50岁出头，任职6年，高中毕业，常年在村种地，年职务收入8200元。村班子6人，工资、补助来自转移支付。2013年，全村人均收入4300元。村里有55平方米的文化活动室，95平方米的文化广场，均是由物产集团援建。

庙湾乡双井村，2014年有902人，372户。全村面积23200多亩，耕地5200亩。村支书、村主任都是55岁上下，高中毕业，年职务收入8200元；村支书任职约10年，常年在村种地；村主任任职14年，一年有8个月在村种树、种地。村班子4人，年工资、补助24400元，来自转移支付。村里有羊养殖场，年产值30万元；油坊、小杂粮加工厂，年产值100万元。2013年，全村人均收入2650元，户均收入8500元。村小学有3个年级。村里有28平方米的文化活动室，由村里自筹2万元建设；50平方米的文化广场，由上级投资1.2万元建设。村发展思路是平整、改造二坡耕地，能够使用机械进行机械化耕种。

庙湾乡窑儿上村，2014年有300人，约100户。全村面积近2300亩，耕地1500亩。村支书50出头，任职11年，大专学历，植树造林谋生，年职务收入8000元；村主任年近50岁，任职11年，高中毕业，常年在村种地，年职务收入8000元。村班子5人，工资、补助来自转移支付。2013年，全村人均收入2700元，户均收入6000元。村里无小学。村里有600平方米的文化广场，由村集体筹资1万多元建设；无文化活动室。村发展思路是土地流转，植树造林，或者整体搬迁。

庙湾乡神足底村，2014年有240多人，90户。全村耕地面积1200亩。村支书、村主任都是任职6年，常年在村种地，年职务收入8600元；支书35岁，初中毕业；主任年近50岁，高中毕业。村班子5人。村里有一家种植专业合作社，年产土豆8万斤。村集体的主要固定资产是平房6间、书柜3个。村里90%的家庭为贫困家庭，住土窑洞，无种地、养殖以外的其他经济来源。2013年，全村人均收入2000元，户均收入4000元。村里无小学。村里有25平方米的文化活动室，投资2万元；80平方米的文化广场，投资1万元；都是上级文化局援助。村里有娘娘庙，由村民集资约5万元修建。村发展思路是土地流转，发展养殖业、种植业。

庙湾乡走马湾村，2014年有560多人，200多户。全村面积近2万亩，耕地近3000亩。村内有煤矿，有开采。村支书、村主任一人高中毕业、一人中专毕业，都是50出头，任职6年，年职务收入8000元，常年在村种地。村班子6人，年工资、补助3.5万元，来自转移支付。2013年，全村人均收入2200元，户均收入6800元。村里无小学。村里有22平方米的文化活动室，350平方米的文化广场，共投资3万多元，由上级部门援建。村发展思路是招商引资，发展种植业、养殖业。

庙湾乡圪塔上村，2014年有560多人，210多户。全村面积5600多亩，耕地1300多亩。村支书年近60岁，任职约3年，为乡政府干部，高中毕业，经常在村。村主任40出头，任职约3年，初中毕业，常年在村，开车谋生，年职务收入8000元。村班子11人，工资、补助来自转移支付。村集体累计收入约23000元，主要来自政府转移支付。2013年，全村人均收入2300元，户均收入7000元。村里无小学。村里有55平方米的文化活动室，95平方米的文化广场，均是由物产集团援建。

庙湾乡上庙湾村，2014年有360多人，120多户。全村面积1900亩，耕地420亩。村支书、村主任都是50多岁，高中毕业，经常在村，年职务收入8000元；支书任职3年，运输业谋生；村主任任职6年，种植业谋生。村班子5人，工资、补助来自转移支付资金。2013年，全村人均收入2500元，户均收入7000元。村里无小学。认为并校后，要给在外租房上学的家庭上学租房补助款。村里有600平方米的文化广场，由上级文化局捐助8000元建设；无文化活动室。村发展思路是在汾河水库边上发展生态旅游、农家乐饭馆。

庙湾乡常家坡村，2014年有1700多人，610多户。全村耕地1600多亩。村支书50岁，任职约2年，大专毕业，乡村医生，年职务收入9000元。村主任40出头，任职约3年，高中毕业，常年在村务农，年职务收入9200元。村班子10人；村副职干部每人每年补助1000元，来自转移支付。村集体累计收入7万元，来自转移支付。

庙湾乡赤泥泉村，2014年有920多人。全村耕地2200亩。村支书60岁，任职近25年，高中毕业，常年在村种地，年职务收入8000元。村主任60多岁，任职约3年，小学毕业，常年在村种地，年职务收入8000元。村班子5人，工资、补助来自转移支付。村里有1家养殖公司，年产值20万元；1家养殖专业合作社，年产值15万元。2013年，全村人均收入2000元，户均收入6000元。村里有小学。村里有40平方米的文化活动室，由扶贫款3万元建设；无文化广场。村子发展思路是发展养殖业、种植业。

可以看出，庙湾乡各村的民情村况信息表，填写得不是很全面，信息缺项较多。

（八）马家庄乡文化乡情及17个行政村民情村况述略

马家庄乡在娄烦县西部，因为乡境内有铁矿，有省属铁矿企业，在县里属比较富裕、比较重要的乡镇。2014年时，全乡有17个行政村（28个自然村），1.4万人。

乡文化站的使用、作用问题。马家庄乡新建有乡文化站。一方面，乡文化站作为建筑未验收，没有作为文化站开放。另一方面，乡政务大厅占用了乡文化站的一楼大厅,作为办公场所。这就说明,不是这个乡文化站不能验收,也不是没有验收就不能使用,而是看愿不愿作为文化站投入使用。

全乡基本上村村有文化大院,但普遍规模较小,只有3个文化大院较大,有健身器材。

全乡有6座戏台,分布在边家庄村、马家庄村、大圣堂村、苇院坪村、张家庄村、都交曲村6个村。没有戏台的村子,也演戏。全乡有12个村,基本上年年组织唱戏。西会村的关帝庙会规模比较大,参与人数多,来看戏的人也多。

全乡17个村,都建有图书室。

全乡有大、小庙宇13座。

全乡文化工作面临的困难和问题主要有:一是文化管理人员、文艺特长人员、民间艺人缺乏,没有好的带头人。二是文化设施设备不完善,文化场所场地简陋,加上网络、电视的影响,吸引力不大,使用率不高。三是缺少专业人员引导、组织,村民自发参与的文化活动形式单调、内容简单,需要有效提升,过上更好的文化生活。四是在文化方面投入少、投资少。

做好全乡文化工作的思路:一是乡村干部要树立做好文化工作的正确意识,带头做好乡村文化工作。二是培养、引进、使用文化管理人才、文艺专业人才,创造条件使他们成为乡村文化带头人。三是加大乡村文化活动场所的建设力度,配备管理人员,提高管理水平。四是对乡村文化加大投入力度,纳入财政预算;吸引、鼓励社会力量投资乡村文化建设。五是争取上级文化部门的支持帮助。

乡村文化工作,必须讲究工作对象,讲究工作方式工作方法。以马家庄乡而言,全乡1.4万人,平时生活在乡村的,应该只有一半左右,而且主要是老人、小孩、妇女,这就是乡村文化工作的对象群体。当前的乡村文化工作,应当重点研究他们、关注他们、服务他们、引导他们。否则,就可能事倍功半。

马家庄乡苇院坪村,2014年,村支书、村主任一肩挑,44岁,大专学历。村班子10人。村发展思路是发展教育,发展种植业、养殖业。

马家庄乡西会村，2014年，村支书50岁，大专学历，务农。村主任54岁，初中文化，务农。村班子10人。村发展思路是重点发展教育，培养职业技能。

马家庄乡马家庄村，2014年，村支书30岁，本科学历。村主任32岁，初中文化。村班子9人。村发展思路是，发展经济作物。

马家庄乡边家庄村，2014年，村支书46岁，高中文化，务农。村主任29岁，初中文化，务农。村班子8人。

马家庄乡潘家庄村，2014年，村支书51岁，大专学历，务农。李主任53岁，小学文化。村班子10人。

马家庄乡张家庄村，2014年，村支书60岁，高中文化，务农。村主任39岁，大专学历，务农。村班子10人。

马家庄乡新城村，2014年，村支书49岁，初中文化。村主任33岁，初中文化。村班子8人。

马家庄乡大圣堂村，2014年，村支书41岁，初中文化，务农。村主任46岁，小学文化。村班子10人。

马家庄乡河家兰村，2014年，村支书45岁，初中文化，务农。村主任54岁，小学文化，务农。村班子7人。

马家庄乡蔡家庄村，2014年，村支书46岁，高中文化。村主任49岁，高中文化。村班子9人。

马家庄乡武家梁村，2014年，村支书47岁，高中文化，务农。村主任33岁，初中文化。村班子7人。

马家庄乡河北庄村，2014年，村支书38岁，初中文化，务农。村主任35岁，务农。村班子8人。

马家庄乡罗家岔村，2014年，村支书40岁，高中文化，务农。村主任43岁，初中文化，务农。村班子10人。

马家庄乡进善村，2014年，村支书50岁，初中文化，务农。村主任31岁，初中文化。村班子6人。

马家庄乡杜家庄村，2014年，村支书50岁，高中文化，务农。村主任56岁，高中文化，务农。村班子6人。

马家庄乡都交曲村，2014年，村支书46岁，初中文化，务农。村主任43岁，初中文化，务农。村班子6人。

马家庄乡柳林寺村，2014年，村支书32岁，初中文化，务农。村主任40岁，高中文化，务农。村班子9人。

马家庄乡17个村的民情村况信息表，是2015年3月底才收起来的。填写得粗枝大叶，人口、面积等基本村情，好像是统一口径，都没有填写。其他方面，提供的信息也很少，基本是一片空白。村支书、村主任的任职时间，统一写的是2014年12月，过于机械。一些村子的发展思路，内容基本一样，像是一个人写的。综合上述情况，这个乡当时的乡村干部，在信息公开、思想开明方面，应当予以加强。

由于信息太少，参考价值不大，在本书后面选录民情村况信息表时，这个乡的暂不选用。

综合上边的内容，对一些事项略作说明。

村主干很关键。

上边在梳理、分析民情村况信息表时提到的村支书、村主任，一般统称村主干。不同乡镇的村主干，年职务收入并不完全一样，但差距不大。看来，各乡镇在村主干的工资、补助上，有一定的弹性空间、调整空间。

在娄烦县的一百多位村支书中，情况不一而足。有的实现了发家致富，生活富裕；有的比较贫穷，生活困难；有的既不是村里先富起来的人，也不是见多识广之人；有的长期在外发展，属于"走读"村官。因此，村干部，特别是村主干的选配问题，需要进一步加强重视，选准选好能带领全村务实发展、共同富裕的带头人。

求真不求全。

对民情村况信息表，不求全。一是民情村况信息表设计的事项、内容本来就多，不是每个村都能穷尽信息表中的选项。二是填写人不一定对村情全部了解、知悉。三是组织人不一定跟进到位。

重视教育问题。

在民情村况信息表中，教育的内容不少。可能有人会产生疑问，研究乡村文化，为什么还用这么多篇幅关注乡村教育？这是因为，教育问题，在很大程度上，归根结底还是文化问题。学校不仅仅是教书育人的场所，教育不只是教人读书识字的工作。通过学校教育，人们不仅学到了文化知识，增加了文化修养，还有助于养成新的思想观念、行为方式，过上有文化的、文明的生活。在这一意义上讲，教育，特别是乡村教育，就是文化。重视乡村教育，就等于是重视乡村文化。

农产品深加工很重要。

娄烦县是山区县，很多村子面积不小，但是耕地少，有一些林地，更多的是荒山、荒沟、荒坡。这里的农产品，主要是土豆、谷子、玉米，夏秋收一季。土豆亩产1000公斤左右，谷子亩产300公斤左右，玉米亩产400公斤左右；随土壤肥沃程度、科学种田水平、人力投入情况等因素的不同，亩产会有一定范围摇摆。由于冬季气候寒冷，这里种不了冬小麦。

娄烦县有位老同志，退休后承包大片荒山，种了很多杏树，可谓大型杏树种植园，产量不小。但是，杏的成熟期很短，成熟后在自然条件下存放时间很短。对这样的鲜果，首先，要做好就地保鲜、存储工作，需要整合力量建设大型、专业冷库。其次，做好鲜果类农产品的深加工问题。

农产品的深加工，可谓当地农业发展的瓶颈。当地大量种植核桃，储存相对容易，但核桃产品开发、深加工问题少有进展。土豆是当地的主要农产品，县城有一家根林饭店，据说能用土豆为原料制成一百多种美味饭食，但是，开发成方便食品等深加工农产品的，还没有作出来。土豆储存相对容易，价格也低，当时在当地几毛钱一斤。因此，单靠简单地卖土豆，挣不到什么钱。因为土豆种植量大，当时县里已经出现像样的土豆育苗企业，卖土豆苗，能在满足当地种植需要的同时赚取一定利润。但是，农产品深加工问题，无论是土豆、核桃，还是杏，都没有人带出路来。当地的谷子也有名气，熬成的小米粥口感很好，但也没有深加工,还是卖粮食、卖原料。

虽然一县一业、一村一品的口号大家都知道,但当地真正做起来的少。县里如果在土豆、核桃、杏等方面分别培育出龙头企业,搞农产品深加工,不仅能为从事种植的农民解决农产品销路问题,增强他们发展种植业的信心和底气,还能提高农产品附加值,帮助村民增收。对县里来说,形成了优势产业,把一县一业落到了实处。

农产品深加工,至少有五重好处。一是解决了农民就业问题,增加他们的工资收入。二是解决了初级农产品的稳定销路问题,保护了农民种植的积极性。三是提高了农产品的附加值,增加了社会收入。四是增加了利税收入,提高了财政收入。五是培养了科技人才,提高了科技意识。

在本书的下篇,将选录娄烦县有关村子的民情村况信息表,作为第一手的资料使用。选录标准是填写比较认真,比较完善,或者是有特色,有代表性。

二、其他地方19个行政村民情村况述略

2014年,在娄烦县周边的方山县、静乐县、岚县各选择了一个村子进行调研。挂职结束后,利用工作、休假、参加活动等机会,先后在北京、内蒙古、山东、江苏、湖北、四川、广东、重庆、福建等地,以不同方式在一些村子进行了调研,请人安排填写了民情村况信息表。现以相关工作的时间先后予以呈现。

山西省吕梁市方山县北武当镇庙底村,2014年有518人,185户。全村面积9700亩,耕地1200亩,林地5000亩。村支书48岁,中专学历,任职10年,常年在村养鸡、种植,年职务收入4000元。村主任42岁,小学文化,年在外10个月搞经营,任职约2年,年职务收入4000元。村班子6人,工资、补助来自乡镇补贴。村里有木材公司,年产值150万元。村集体累计收入300多万元,主要来自上级转移支付资金、土地流转收入。2013年,全村人均收入1100元,户均收入3300元。村里无小学。村里有面积40平方米的文化活动室,由上级财政补助加上村

里自筹共5万元建成；有660平方米的文化广场，由村里集资3万元建设。村子发展思路是以种植、养殖为主发展经济。

山西省忻州市静乐县丰润镇李家会村，2014年有282人，79户。全村面积1870亩，耕地900亩。村支书50岁，初中文化，半年在村，任职9年，年职务收入3200元。村主任35岁，高中文化，年在村3个月，任职3年，年职务收入3200元。村班子6人，年工资、补助6400元，来自政府补贴。村集体年收入9000多元，累计收入40万元，主要来自管理费、占地补偿；有20万元银行存款。2013年，全村人均收入3600多元，户均收入1.3万元。村里无小学。村里无文化活动室，无文化广场。村发展思路是选用良种，种植高附加值农作物，发展种植业；改善农业基础设施条件，联系投资方，积极流转土地。

山西省吕梁市岚县东村镇坡上村，2014年有7645人，2548户。全村面积2平方千米，耕地976亩。村支书59岁，大专学历，为县医院职工，年在村约300天，任职6年，年职务收入3600元。村主任41岁，大专学历，经营洗浴，年在村约250天，任职5年，年职务收入3600元。村班子7人，年补助2000元。村里有养殖场，年产值10万元。村集体累计收入近150万元。2013年，全村人均收入2600元，户均收入7800元。村小学有6个年级。村里文化设施为柳树湾游乐园，投资240万元，由上级拨付。

北京市大兴区魏善庄镇吴庄村，2016年有891人，290户。全村面积3100亩，耕地1500亩。村支书、村主任为一肩挑，51岁，大专学历，常年在村，任村主任已超20年，任村支书有3年，年职务收入3.5万元。村班子7人，年工资、补助20万元。村里有印刷厂，年产值300万元。村集体累计收入400多万元，主要来源是收取的土地承包款；有近4000万元通过银行进行资本运作。2015年，全村人均收入9000元，户均收入3.6万元。村里无小学。村里有4000平方米的文化活动室，由村自筹及上级补助共250多万元建设；有1500平方米的文化广场，由上级补助65万元建设。村发展思路是依托国际月季洲际大会所场馆的后期运营，争取多安排本村劳动力以提高家庭收入。

山东省即墨市（今青岛市即墨区）龙山街道办前东葛村，2016年有近800

人，230多户；外地人在本村有400多户。全村面积1610亩，耕地面积100亩。村支书40岁出头，大专学历，个人经营有混凝土公司、路桥公司，常年在村，任职16年，年职务收入3.8万元。村班子5人，年工资、补助总额20万出头，来自转移支付和村集体收入。村里有即发集团，年产值10亿元。村集体累计收入近150万元，主要来自土地租赁、出租；有现款170多万元，由街道办代管。2015年，全村人均收入近2.7万元，户均收入8万元出头。村里无小学。村里有70平方米的文化活动室、近2000平方米的文化广场，由村集体自筹10万元、28万元建设。村里还有两个人文景观和一条文化街，4个休闲小广场。村子发展思路是融区域、显特色、焕活力、留乡愁，发展定位是市级美丽乡村精品示范村、幸福之村。

前东葛村整体较为富裕、村集体较有实力的主要原因，是村里有两个工业园区，一个是即墨市级的环保工业园，一个是村里的集体企业（半私人）针织工业园区。村子主要围绕这两个园区提供服务业，每年村集体有约160万元的收入。

湖北省保康县马桥镇尧治河村，2016年有近670人，约170户。全村面积33平方千米多，耕地7000亩，林地近4万亩。村支书、村主任为一肩挑，60岁，大专学历，常年在村，任职近30年，工资加股份的年职务收入12万元。村班子12人，年工资、补助总额120万元，来自工资、股份。村里有磷矿，储量10亿吨，年开采5百万吨。村里有矿业股份公司，年产值1.1亿元；尧神旅游公司，年产值1200万元；水电企业，本村开发年产值500万元，外地开发年产值800万元，共1300万元；村里还有药材种植、生猪养殖企业。村集体固定资产28亿元。2015年，全村人均收入2.1万元，户均收入近23万元。村小学有3个年级。村里有300平方米的文化活动室，800平方米的文化广场，分别由村集体自筹200万元、1000万元建设。村里建有磷矿博物馆。村子发展思路是建设成为中国山区幸福村。

内蒙古自治区鄂尔多斯市伊金霍洛旗阿勒腾席热镇瓦窑圪台村，2016年有317人、107户。全村面积5000亩，耕地1100亩。村主任50岁，高中文化，个体经营户，常年在村，任职16年，年职务收入1.5万元，月均1000多元。村里5名村干部，年工资、补助总额6万元，来源是上级财政。村里有加油站，年收入30万元。

2015年，全村人均收入1万元，户均收入3万元。村里无小学。村里有50平方米的文化活动室，由上级援助10万元建设；有1500平方米的文化广场，由上级援建。村子发展思路，是以服务业带动旅游业，以商业安置解决村民就业，妥善解决土地征收后农民的就业问题。与尧治河村相比，既有地区差异的因素，也有带头人能力、见识的问题。

这个村的村民集中居住在城区的文明小区，但是仍然保留行政村的建制。村民离土不离乡，生产方式、生活方式变了，思维方式也要相应跟上变化。村里有一些到外地种地的农民，则是离乡不离土。这个村的村民之所以集体进城，是因为土地被全部征收。征地标准，耕地每亩2万元，荒地每亩6000元；征地款，每个村民能得到18万元补偿。拆迁标准，一平方米旧房换一平方米新房，有的换1.2平方米新房；拆迁款，全村每户约补偿50万元。

内蒙古自治区乌兰察布市集宁区白海镇黄土场村，则更显贫穷。2016年，全村约1500人，300多户。全村面积4800亩，耕地2400亩。村支书是镇上干部兼任，45岁，大专学历，到任不足半年，经常在村，工资由镇上发放。村主任60岁，常年在村务农，任职不足半年，年职务收入1.2万元，也就是一个月1000元。村班子4个人，年工资、补助总额5万元，由镇财政拨付。2015年，全村人均收入在5000到8000元之间，户均收入约2万元。村里无学校，无企业。村里有50平方米的文化活动室，是镇政府拨款修建的；有500平方米的文化广场，也是镇政府拨款修建的。村发展思路是种植向日葵、玉米等经济作物，发展蔬菜大棚。这个村子离集宁城区不算远，但仍比较穷，耕地也不值钱。在村里租一亩地每年180元，凭这一亩地可以从国家领取耕地种植补贴（粮食直补）每亩每年60元。这样一算，实际上120元就能在当地租一亩地，很是便宜。

江苏省镇江市丹徒区上党镇古祠社区，在2016年，这个村有3800多人，1100多户。全村面积9.7平方千米，耕地2700多亩。北京汽车集团公司在镇江建厂，在这个村征地6000多亩，每亩补偿2000元。汽车厂优先安排、聘用村民进厂务工。村支书54岁，高中文化，常年在村种植茶叶，任职7年，在职务收入上，每月1700元，每年2万元出头。支书的职务收入不高，但是，这个村支书在其他方面却是生财有道。有4000多平方米的房产，年租金收入40万元。有一个茶园，年收入以5万元计。村班子6名村干部，每人月均由上级财政转移支付1500元，加上三个文明考核每年的1万元，村干部工资、补助总额每年约12万元。江苏的农村，而且在江南，这种工资水平不算高。村里无学校。村里有800平方米的文化活动室，由村民集资45万修建。有5万平方米的文化广场，得到47万元项目款的支持。村子发展思路是，发展高效观光休闲农业园，发展高产循环农业区，着力打造生态宜居村庄。

四川省泸州市合江县尧坝镇白村，在2018年有近3300人、960多户。全村面积5平方千米，耕地2800多亩。村支书47岁，年职务收入1.5万多元，还经营白酒作坊；村主任62岁，年职务收入比支书少几百元。全村5名村干部，年工资、补助总额近8万元。村里有酒厂，年产值1000万元。村集体累积资金近4万元，主要来源是土地流转服务费、房屋租赁及幼儿园出租；存款在银行，村账镇管。2017年，全村人均收入900元每月，合计10800元每年；户均收入3000元每月，合计3.6万元每年。村里无小学。村里有60平方米的文化活动室，也做会议室用，由上级下拨6万元建成；有600平方米的文化广场，也是尧坝驿擂台广场，由上级下拨5万元建成。村子发展的基本思路、方向，是种植荔枝、真龙柚、花椒。

四川省泸州市合江县尧坝镇鼓楼山村，在2018年有3600多人，1100多户。全村面积7平方千米出头，耕地3100多亩。村支书60多岁，年职务收入近1.6万元。村主任50岁，年职务收入1.5万元出头。其他4名村干部，每月工资、补助合计1千元出头。村里有一家荔枝专业合作社，年产值5万元。村集体累计收入近4万元，主要来自土地流转、集体公益林承包。村账镇管。村集体为新建活动阵地负债15万元，方式是向群众借款。2017年，全村人均收入近9000元，户均收入2.5万多元。村里无小学。村里有40平方米的文化活动室，由上级补助4万元建成；有500平方米的文化广场，由上级补助3万元建成。发展的基本思路、方向，是种植荔枝、真龙柚、脆李、优质竹等。

四川省泸州市合江县尧坝镇团结村，在2018年有3600多人，近1100户。全村面积8.5平方千米，耕地3400多亩。村支书64岁，年职务收入1.3万元。村主任47岁，年职务收入也是1.3万元；村主任同时任学校校长。全村6名村干部，人均年工资、补助1.2万元，约一个月1000元。村里有荔枝专业合作社，年产值4万元；生猪养殖企业，年产值5万元；龙虾养殖企业，年产值3万元。村集体累计收入7万多元，存在银行，收入来源是公路劳务服务费、土地流转费等。2017年，全村户均收入3600元。村里有小学，完整的一到六年级。村民认为两个行政村保留一个完整的小学为好。村里有60平方米的文化活动室，由政府出资4万元建成。无文化广场。村发展思路是种植荔枝；制约因素是交通不便，缺乏种植养殖技术。

四川省泸州市合江县尧坝镇向石塔村，在2018年有3700多人，1000户出头。全村面积4.5平方千米，耕地4000亩。村支书60多岁，年职务收入1.5万多元。村主任50岁出头，年职务收入和支书差不多。全村7名村干部，年工资、补助总额近8万元。这种工资水平，还没有发展好的村子中一个村干部的职务收入多。村里有种植企业恒春家庭农场，年产值50万元；金刺梨农场，年产值20万元；还有淡水鱼养殖场，年产值20万元。特别需要注意的是，村里竟然有平台企业，向石塔村集体平台公司，年收入5万元。村集体累计收入5万元，主要来源是土地流转服务费、劳务输出服务费等，保管方式为银行存款，村账镇管。2017年，全村人均收入1.3万元，户均收入10万元（明显高于附近的其他几个村子，数据供参考）。村里无学校，村民认为3公里范围内有一所年级完整的小学比较好。有一间30平方米的文化活动室，由村自筹资金3万元建成，同时作为村图书室。村发展思路是以荔枝、真龙柚为特色产业，带动旅游业、服务业。

广东省开平市赤坎镇小海村，2021年有1900多人，530多户。全村面积约4平方千米，耕地近1500亩。村支书、村主任一肩挑，33岁，大专，任职不到1年，年职务收入4.8万元。村班子5人，年工资、补助近23万元，来自市、镇两级。村集体累计收入15万元，主要来自发包山地和鱼塘。村里无小学。村里有80平方米的文化活动室，无文化广场。民情村况信息表中提供的信息不算多，不像是改革开放先行地、前沿地的广东乡村应有的开放状态。

福建省南平市武夷山市吴屯乡际村，2022年有620多人，170多户。全村面积7平方千米多，耕地1400多亩。村支书、村主任一肩挑，43岁，中专学历，全年在村工作，任职不到1年，年职务收入4.8万元。村班子5人，年工资、补助13万元，来自上级补助。村里有规模较大的茶叶企业3家，年产值约500万元。村集体累计收入20万元，主要来自烟叶返利、电商基地。2021年，全村人均收入1.5万元，户均收入4.5万元。村里无小学。村里有120平方米的文化活动室，360平方米的文化广场。村发展思路是以近郊乡村体验游为抓手，带动乡村旅游业；大力弘扬茶文化，统筹做好茶文化茶产业茶科技"三茶"融合大文章；壮大村级集体经济，统筹安排农村文化公益项目等。

福建省南平市武夷山市星村镇星村，2022年有1620人，385多户。全村面积约52万平方米，耕地3300亩。村支书、村主任一肩挑，38岁，高中文化，以自媒体营生，常年在村，任职约1年，年职务收入42600元。村班子7人，年工资、补助总额近14万元。村里茶叶产业，年总产值约3000万元。村集体累计收入80多万元，主要来自茶山、竹山、景点租金。有约300万元的银行存款。2021年，全村人均收入18500元，户均收入10万元。村里无小学，校舍闲置。村里有20平方米的文化活动室，由村自筹2万元建设；有1000平方米的文化广场，市财政投资110万元建设。村子发展思路是，依托环武夷山国家公园示范带，打造有特色、有生态的入口社区，整合集聚村里的抖音直播资源打造电商基地等，重点规划建设武夷山国家公园茶文化发展园、国家公园茶科技管理示范园、国家公园茶产业电商创业园等。

这个村自媒体产业发达，有一自媒体人不仅个人年创收1000万元，还带动30多位村民通过自媒体创业。村里准备因势利导，规划打造电商直播间基地，建设茶产业电商创业园，如组织、引导得当可收事半功倍之效。

重庆市巫山县双龙镇巴村，2022年有730多人，270多户。全村面积8.8平方千米，耕地730多亩。村支书、村主任一肩挑，近60岁，高中文化，常年在村务农，任职1年多，年职务收入3.4万多元。村班子5人，年工资、补助共15万多元，来自县财政支付。村里有一种植企业，年产值5万元。村集体累计收入约10万元，主要来自光伏发电、劳务派遣。村集体账户有5万元存款。2021年，全村人均收入1.2万元,户均收入3.5万元。村中无小学,无文化活动室和文化广场。村发展思路是发展柑橘、脆李等种植业,提升人居环境质量。

重庆市巫山县双龙镇安村,2022年有2200多人,700多户。全村面积8平方千米多,耕地2400多亩,林地8600多亩。村支书、村主任一肩挑,近60岁,初中文化,每年半年在村,任职6年,年职务收入3.4万多元。村班子6人,人均年工资、补助约2.7万元,来自上级财政补贴。村里一家葡萄种植企业,年产值15万元;一家酒厂,年产值10万元。村集体累计收入45万元,主要来自光伏发电;有60多万现款。2021年,全村人均收入近1.3万元。村小学有6个年级。村里有120平方米的文化活动室、600平方米的文化广场,分别由上级财政投资80万元、60万元建设。村发展思路是加强农业设施建设,优化农产品结构,促进村民增收;提升村居环境质量。

重庆市巫山县抱龙镇洛村,2022年有1723人,667多户。全村面积9平方千米多,耕地近3500亩,林地8500多亩。村支书34岁,大专学历,常年在村务农,任职4年,年职务收入约3.4万元。村班子6人。村里有煤矿。村集体累计收入5万元,主要来自光伏发电。2021年,全村人均收入1.6万元,户均收入3.8万元。村里有680平方米的文化广场,投资60多万元。村发展思路是,发展集体经济。

看近两年的民情村况信息表,有一些明显的趋势,就是村支书、村主任一肩挑,基本是一人身兼二职。主要原因可能是,第一,客观现实的反映,村里人少,不宜多配村干部。一些村子二三百人,确实用不着配那么多村干部。一些村子虽然人口稍多一些,但常年在村的人并不多,也用不了那么多村干部。第二,国家大政方针的体现。近些年,从上到下,普遍机构精简、人员精简,减少村干部的数量,符合时代潮流、政策要求。第三,基层缓解财政压力的现实需要。一个村子少一个村主干,单就这个村子看来,没明显作用。但从一个县的全局看,作用就不同了。假如一个县有一百多个村子,加起来就是少一百多位村主干,每年可为财政节省上百万元、几百万元的支出。这对当前普遍过紧日子的基层财政来说,也是很重要的节支、节流举措。

第二章

民情村况信息表中的乡村情形及
文化境况述要

基于第一章中对161个行政村民情村况信息表的简述,本章将简要分析当前的乡村情形,特别是乡村的文化境况。

一、民情村况信息表中的乡村情形选析

虽然近年来中国的城市化进程推进很快,成效很大,但是,仍然有几亿人生活在乡村。虽然有些乡村消亡了,有些乡村衰落了,但是,中国乡村的数量仍然是巨大的,乡村的情形也是千姿百态的。限于篇幅,这里仅结合民情村况信息表,简单地选析一些乡村情形。

(一)填表过程中的个体差异与地区差异

在民情村况信息表中,有些信息表的个别内容前后对照看,可能是填写人随意写的,不是很确切。但为了保持信息表提供信息的原貌,还是保持原样进行录入。例如,有些村子在信息表中说村干部的工资、补助是村里自己解决的,与附近其他村说法不一样,然而当地的实际情况,是由上级转移支付的。

在民情村况信息表的填写过程中,也表现出一些共性问题。山西的村子,有一部分是村会计填写的。这说明,会计是村里能写会算的文化人,对村里的情况,特别是财务情况比较了解。四川的村子,有些是村文书填写的,文书看起来是村里的办公室主任或秘书长,也是村里的文化人,是写材料的人,起"文字秘书"的作用。如此看来,一省有一省的省情和共性。

（二）空置校舍有效利用问题

时代发展很快，1990年前后，很多乡镇为乡村中小学的"六配套"问题焦头烂额，疲于奔命，要配齐校舍、桌椅、师资等，主要还得各自找钱来建。"再穷不能穷教育，再苦不能苦孩子"，这是当时的标语口号。当年费尽心力建起来的乡村学校，20年间，有的人去房空，被闲置了。有的乡村小学还在，师生数量却只有个位数。我们要科学发展，避免浪费，对暂时空置的乡村学校校舍，要群策群力找出合理利用、有效使用的措施办法，不能把问题长期搁置。一方面，是闲置的乡村校舍，另一方面，是重新投入资金新建村办公楼、新建文化活动室、文化广场。实际上，我们的视野可以更开阔些，把乡村有限的资源用好。乡村校舍，有条件的可以拿来用作村文化教育中心，操场可以改作文化体育广场，集文化娱乐、体育健身于一体，人气旺了，使用率也就高了，这样有效利用资源，变废为宝，一举多得。

（三）村主要干部相关问题

村支书、村主任等村主要干部任职时间长，既是特点，也是问题。很多干部，一个位置一干就是十几年，二三十年的也有。村干部长期在一个位置上，好处是非常熟悉农村情况，不足之处也很多，如思路僵化固化，开拓性不足，闯劲不足。

村支书、村主任等村干部的学历大多不高，初中、高中学历居多。村干部的文化素养不高，往往成为制约他们带动全村共同发展、共同富裕的重要因素。

村干部的工资、补助普遍不高，一个月1000元左右。工资、补助的来源，在1990年前后，有种说法，"乡提留、村统筹"，村干部的工资收入，主要来自本村百姓，相当于全村人凑钱聘的村干部。当前，村干部的工资主要是由县乡等上级财政统筹发放，村民的负担少了。一方面，村干部要贯彻落实上级指示；另一方面，村干部要组织本村群众响应上级号召，服务本村群众，乃至带领本村群众致富。所以，很多地方在没有村集体收入的情况下，由上级财政统筹发放村干部的工资，对于调动村干部的工作积极性，增加村干部的责任感、使命感、荣誉感,有重要作用。

村干部的工资由县乡统筹发放,在很多地方,村集体的钱也由乡镇统一管理,村账乡管、镇管。一方面,说明上级政府积极尽责、延伸服务;另一方面,说明村级财务需要加强监督管理,上级只好亲力亲为。

(四)乡村发展地域差异问题

在村干部培养、选配和监督方面,四川合江县村子的共同特点,一是村村有村文书,二是村村有后备干部,三是村集体资金多采取村账镇管的方式。而在其他地方,村后备干部的制度却不明显。

在村干部的工资方面,地域差异更明显。北京大兴吴庄村的村支书,年工资为3.5万元左右,村干部工资总额约为20万元。四川泸州,在四川即使算不上富裕地区,也不是落后不发达地区,泸州市合江县白村、向石塔村等村的村支书,年工资约为1.5万元,村干部年工资总额约为8万元。两者对比,差异明显,相差一倍以上。

在大兴的这个村子,虽然有1500亩耕地,但是因为土地流转,村民不再依靠种地卖粮挣钱了,而是拿土地流转费,当起了土地出租收益人,成了有地租收入的现代都市农民,当然,是集体统一出租。然而,在离城市较远的地方,一些村子虽然也有土地流转,但耕地全部流转的却很少见,土地流转后村民在村不务农的也不多。

(五)乡村集体经济问题

村集体经济也是个重要因素。有无村集体经济,经济实力如何,对村子的发展有重要影响。北京有很多机关、学校、企事业单位,印刷的需求量很大。北京大兴吴庄村,看准这个商机,搞了印刷厂——村办企业,年收入300多万元。这使村集体有了底气,也使村子的发展有了一定资金保障。村子还有1500亩耕地,在2014年前后,每年还能收取土地承包款400多万元。这700多万元的村集体经济年收入,在10年前,甚至在现在,对很多地方的农村来说,实现起来仍然有很大难度。更让人羡慕的是,村子当时还有近4000万元的存款,通过银行进行资本运作。这么多现金流,更是让很多村集体向往。这就是发展条件和实力的差距。

山东是经济大省,很多村子有一定经济实力,村干部的工资收入水平也相当高。山东即墨前东葛村,5名村干部,2016年时的工资总额高达20多万元,远高于四川合江村干部的年工资收入水平。前东葛村的经济发展水平更高,村里有企业即发集团,年产值高达10亿元。村里有两个工业园区:一个是市级的环保工业园,一个是当地集体企业(半私人性)的针织工业园。前东葛村主要围绕这两个园区提供服务。每年村集体有约160万元的收入,主要来源是土地租赁。村集体有流动资金170多万元,管理方式是村账乡管,账户由街道办代管。全村230多户,790多人,2015年的人均收入近2.7万元,户均收入8万多元。村里有70平方米的文化活动室,投资10万元;近2000平方米的文化广场,投资28万元,资金来源都是村集体收入。有钱就不等不靠,改善村民文化生活;自己有钱,说建就建。村里有文化人才、文化专业户,以文艺才能维持生计,这是文化生存、文化致富的例证。村子在发展规划中,有显明的文化工作意识,不仅要建设美丽乡村的精品示范村,还要营造村庄特色文化,培育文化归属感,留住乡愁。

湖北并不以发达的乡村经济而闻名,但是,却不意味着这里没有优秀的乡村经济。龙无头不起。一个村子是否有好的带头人,非常重要。湖北省保康县尧治河村,交通区位差,自然禀赋一般,地处深山。但是,村子有一个好的带头人,依然走出了繁荣发展之路。尧治河村的带头人、领路人,是村支书兼村主任孙开林。在孙开林的带领下,尧治河村从一个闭塞、落后的小山村,发展成为声名远扬的富裕村、明星村。

2016年时,尧治河村全村约有670人、170户。村子有33.4平方千米,7000亩耕地。村里有磷矿,探明储量10亿吨,当时年开采能力为500万吨。村里的股份制的磷矿公司,年产值1.1亿元。村里的尧神旅游公司,年收入1200万元。村里的水电企业,年产值1300万元。磷矿、旅游、水电这三大支柱产业,使村子如一个集团企业,年产值十分可观。全村主要固定资产28亿元,实力雄厚。村集体实力强,但是村干部的工资收入并没有特别高。村支书兼村主任孙开林,年职务收入12万元,一个月1万元工资。村领导班子12个人,年工资、补助总额120万元,来源于工资、股份,换句话说,用村里自己挣的钱给村干部发工资,村干部拿的工资都是通过自己努力工作挣来的,靠自己干出来的。

值得一提的是,在民情村况信息表中设计了粮食自给率、储备粮食问题,主要是考虑在灾荒、战争等情况下,是离不开生产自救的。自救能力的强弱,是否储备有救命粮,有多少储备粮,很关键。有饭吃,就有了更多生存的可能。从调研可知,一些村子尚做不到粮食自给,也缺乏储备粮以备不时之需的意识和认识。2022年初爆发的俄乌冲突,进一步增加了全球发展的不确定性,粮食问题的重要性变得更加明显、更加突出。民以食为天,中国是人口大国,对粮食安全问题更应未雨绸缪,早做准备,要时刻绷紧"中国人的饭碗任何时候都要牢牢端在自己手上"这根弦,以备紧急情况出现时有强大的自救能力。

二、民情村况信息表中的乡村文化境况管窥

在社会快速发展、利益分化多变、观念日益复杂的时代,一方面,乡村文化变得更加丰富多样,更加兼容并蓄,加快了推陈出新、新陈代谢的节奏,加快了发展的步伐,加大了繁荣的力度。另一方面,乡村文化前行的步履更显沉重,发展的压力更显巨大,兴盛的能力更显薄弱。这些是我们在关注乡村文化境况时需要客观看待的。

(一)文化设施设备简单,作用发挥不够

从民情村况信息表看,很多村子有文化活动室、文化广场,但是,有相当一部分文化活动室是村里的会议室加挂一个牌子,多叫一个名称。总之,确实有,但是一房多用、一屋多牌。一些乡镇有上级援建的文化站,出于不同原因,有的长期闲置,有的挪作他用,没有做到物尽其才、物尽其用。"上边千条线,下边一根针。"基层人力、物力、财力有限,但承接的任务、事项却不少。因此,对基层常见的一物多用、一事多说,要正确对待、尽量包容,并督促、帮助其尽快整改,走上正轨。

当前乡村文化的境况，可以说是有一定硬件基础，有简单的文化设施设备，有政策支持和社会关心，但也有不少实际困难、发展困境。总之，进步很大，但困难也多。

投入不够。对乡村文化建设的资金投入不够，对乡村文化工作的经费安排不够，特别是缺少财政资金的长期保障，与乡村文化建设的需要相比，缺口还比较大。

重视不够。相对而言，农业是投资周期长、收益见效慢的产业，使得一些投资人不愿在乡村投资，也无意在乡村文化上投资，影响了投资人、产业界对乡村和乡村文化的重视程度。多年来，中央一号文件都是关于"三农"的，这在一定程度上，提振了社会各界对"三农"工作的信心，提高了关注度，但对乡村文化的关注和重视，还有待进一步提高。

管理不足。一方面，乡村文化设施设备，主要是乡镇文化站、文化中心，村文化活动室、文化广场，专门的管理、服务人员不够。乡村文化事务和文化活动，也缺少专门的组织、管理人员。另一方面，相关人员也需要不断提高他们的专业技能、服务水平、工作能力。

使用不足。乡村有限的文化设施设备，使用率不理想。农家书屋有限的书刊，由于书籍的类型、难易度等问题，村民阅读的兴趣不大，也影响了使用率和使用效果。此外，乡村的青壮年大多外出务工，留在村里的多是老人、小孩，他们的文化素养、知识水平和身体状况，也影响了对相关文化设施、图书报刊等的使用。

（二）乡村文化不够红火，需内外协力提高活跃度

乡村文化保持活力，提高活跃度，一方面，要遵循文化自身发展规律，绵延不绝、生生不息向前发展，保持活力、充盈生机；另一方面，也离不开外部力量的推动，外部因素发挥的积极作用。

在发挥文化自身作用、保持乡村文化活力方面，要突出文化自身的因素。例如，修建文化长廊，主要包括制作文化墙、文化标语等。这种事儿花钱少，见效大、见效久，同时还美化了乡村环境，可谓一举多得，少花钱多办事。寓教于艺，

寓教于美。文化墙、文化标语的内容，要选用中老年人、少年儿童喜闻乐见、易懂易知易行的。

在用好促进乡村文化发展的外部因素、外部力量方面，要多措并举、综合运用。例如，乡村振兴工作对乡村文化发展的促进，脱贫攻坚对乡村文化发展的带动，建成社会主义文化强国伟大事业对乡村文化兴盛的拉动、带动、促进，国家文化公园建设对乡村文化繁荣发展的带动、促进，非物质文化遗产保护工作对乡村文化传承发展的保护、促进等。

此外，还要选好配好用好乡村文化干部。为解决乡村文化发展困境，在选拔、配备乡村干部时，除了将经济发展能力作为重要考量因素外，还要着重考虑文化素质、文化情怀、文化工作能力。也就是说，在使用乡村干部时，要重点看其经济发展能力、文化发展能力，将其作为首选因素、首要标准。有了懂文化、爱文化的乡村干部，有了有文化素质、有文艺专长的乡村干部，有了有文化情怀、有文化意识的乡村干部，乡村文化工作才能有更大起色、有更多亮点，有更大收获、有更好发展。

从民情村况信息表可以看出，很多村子有文化活动室、文化广场和农家书屋，它们传播的是社会主义先进文化。但是，信息表中还有一些现实的状况没有反映出来，例如，宗教文化的势力和影响也不小，而且多是宗教团体、社会人员自发组织的；既有本土宗教，也有基督教等宗教力量、宗教因素。

还应说明的是，本书关注的焦点虽然是乡村文化，但是无论在民情村况信息表中，还是具体的行文中，都有不少相关的其他内容。这是因为，主要考虑到乡村文化不是天外来客，不是单独存在的，它深受资源、经济、时政、教育等因素的影响，离开这些因素谈乡村文化，难免过于单薄。在其他类似的研究和著述中，情况和策略也差不多。例如，曹锦清等著的《当代浙北乡村的社会文化变迁》，虽然名为乡村的社会文化，但是在全书十一章的篇幅中，仅有一章是谈文化的，其他章节谈的都是其他相关问题。还有一点共识，就是都认为乡村很重要，值得重视和深入研究。曹锦清引用中国老一代乡村学者的主张，强调"要研究中国社会,首先得研究中国的乡村"①,实际上就是明确表达要重视乡村问题,包括乡村文化问题。

曹锦清还专门强调了文化的重要性问题,以及它在乡村的重大作用问题。"一种新的组织形式从外部引入乡村,本质上是一种文化移植。因为一种组织要正常地发挥其功能必有一套与之相适应的制度和原则,要使参与组织的人们理解、掌握、运用并遵守这些制度和原则,必须要有相适应的观念和行为方式,或说一整套该组织赖以生存的文化。恰如鱼儿离不开水一样,在一种文化中发育成长的组织形式离不开它的文化环境。"②当然了,每一代人,在具有鲜明时代特征的同时,也有或多或少的时代局限,难以超脱他们所处的时代。在1990年前后,很多人和他们的研究、观点与见解,不管嘴上如何说,实际上都深受当时流行的思潮、观念的影响,或多或少、或明或暗是戴上西方的有色眼镜,来审视、审读、审问中国的现实、历史和文化。不合西方观点、口味和精神的,就成为话里话外所看不起的、看不上眼的。以今天要重构哲学社会科学的学术体系、话语体系、理论体系、价值体系的时代要求来回看,当时的上述现象、趋势更加明显。

曹锦清等人还认为,文化就是人们的观念和行为。这一对文化的解读、限定,实际上是把丰富的、厚重的文化给简单化、肤浅化了。他们在书中对村落文化的具体表述,也多是用描述的方式,讲述庙会、祭祀、春节,以及婚礼、葬礼等是什么样子的。

《黄河边的中国》③一书是曹锦清的个人专著。这本书像是日记体,用逐日访谈纪要的方式,呈现调查者的所观、所闻、所谈、所思;具体行文,则是述中有评有议;多用的是个体的、微观的视角,想要表现、折射的,却是治国理政平天下的大道。这本书,已经从文化人类学转为社会学了。作者在这本书中,时不时就要感叹进入调查现场的不易,四处奔波、举棋不定的辛苦和焦虑,一定程

---

① 曹锦清等著:《当代浙北乡村的社会文化变迁》,上海人民出版社2019年版,第413页。

② 曹锦清等著:《当代浙北乡村的社会文化变迁》,上海人民出版社2019年版,第455页。

③ 参见曹锦清著:《黄河边的中国(增补本)》,上海文艺出版社2013年版。

度道出了学术调研的辛苦与劳累，让人很有同感。

　　需要值得一提的是，关于乡村文化境况，在中篇也有涉及论述，特别是在文化扶贫部分，可结合起来看。

中 篇

乡村文化的视角、架构与活力

历史发展之路，犹如上山之路，沿途不断有小高峰，站在小高峰上回望，可以看清来路的状况，所以回望历史，是可以看清历史的发展脉络的。当然，上山之路和历史之路都不是一条直线一直向上的，有时还要走下小高峰，走到小山谷的底部，才能再次向上攀登，走向更高的小高峰。在小谷底的时候，不仅回头看不清来路，有时就连去路也不太能看清，这就是历史转型期、巨变期，此时，看不清发展方向，不知向何处走能走向光明未来，能走出一条成功的路。过了这种转型期，走出谷底，再走上一座小高峰，回头再看，就又看清了来路，看清了历史发展的脉络。文化史是这样的，乡村文化史也不例外。在历史转型期、巨变期，乡村受到的冲击、振荡有时更大，反差、落差更大，转变更痛苦，转型更有难度，甚至乡村文化生存的痛苦也更明显。走出谷底，走出低谷之后，对乡村文化进行回望，可以清楚地看出乡村文化的发展脉络和发展格局。

乡村文化的态势，或者说存在状态，宏观上看，大概可分成平势或常势、弱势、强势三种情况。在农耕文明为主的农业社会，乡村是社会的主体、主流，乡村文化相应是文化的主体、主流，乡村文化是强势的，至少也是平势的。在工业文明为主的工业社会，乡村虽然仍旧广大，但是乡村人口占比逐渐下降，乡村经济占比逐渐不占优势，乡村逐渐边缘化，乡村文化也相应被边缘化，乡村文化是平势的，甚至是弱势的。1840年以来，随着西方文化的强势侵入，乡村文化被冲击得七零八落、支离破碎，几乎守不住阵脚。1921年，中国共产党成立后，无论是开创农村包围城市、武装夺取政权的革命道路，还是在土地革命、抗日战争、解放战争中，都把农村作为全党工作的重心，农村受到前所未有的重视，乡村文化也得到极大重视。乡村文化挽住颓势，摆脱弱势，不断向前发展。新中国成立后，随着扫盲运动的开展、教育的普及，乡村文化迎来了强势发展的历史机遇。改革开放后，联产承包责任制释放了农村的生产力，不仅农村经济活跃起来，乡村文化也活跃起来。2000年前后，非物质文化遗产保护工作的兴起，为乡村文化的发展注入了新的活力。进入新时代，随着对传统文化的重新认识,乡村文化日渐繁荣,平中见强。当下的乡村文化,受百年未有之大变局影响,出现新特点,呈现新境况。社会主义文化和优秀传统文化受到更多重视得到更多支持,强势向前,携手发展,共同抵御了西方以共同价值观为号召,以意识形态为阵线的文化冲击、文化干预,在文化领域保持了应有的话语权、主导权和舆论权。

近现代以来,乡村文化的活力源泉,第一,是现代化的影响,或者说以现代化为目标的发展方向,它的主要内容是工业化、城市化、中国式现代化,还要全面小康、实现共同富裕。第二,是西方文化的冲击,西方文化带来的新奇的、异质的因素和内容,对乡村文化影响很大。第三,是为了应对西方文化的冲击和影响,本土文化进行的抗击和应对、抗压和反弹,以及由之而来的本土文化的认同、伸张和复兴。第四,文化强国建设对乡村文化繁荣发展的推动。党的十七届六中全会明确提出了建设社会主义文化强国的战略目标,此后,这成了乡村文化振兴并繁荣发展的强大力量源泉。在建设社会主义文化强国的国家战略下,相关文化工作取得了重大进步,乡村文化也有了长足发展。第五,乡村振兴对乡村文化的推动。在新时代,脱贫攻坚工作取得重大胜利,近一亿贫困人口摆脱绝对贫困,包括文化上的绝对贫困,乡村文化因之大为受益,文化扶贫成为乡村文化活力源之一。2020年后,脱贫攻坚工作提档升级为乡村振兴工作,乡村振兴是脱贫攻坚的接续战略。乡村振兴,包括乡村文化振兴;乡村振兴也成为乡村文化强劲的、持久的活力源泉。

对乡村及乡村文化的关注和重视,有不同的角度和眼光;对乡村及乡村文化活力的探讨,也应有不同的角度、不同的视野。近现代以来,关注乡村、研究乡村的人士很多,他们从政治、革命、社会、文化、学术等视角,分析了乡村的状况,包括乡村文化的境况,提出了发展乡村、兴盛乡村文化的思路与办法,也收到了不同的成效,产生了不同的影响。在接下来的章节中,将展开进行论述。

第三章

政治、革命视角中的乡村与乡村文化

近现代的仁人志士，特别是政治家、革命家，从政治、革命的角度，关注、剖析乡村及乡村文化，其中，毛泽东无疑是极为优秀的，既富有远见卓识，也成就非凡。没有对农民的极为熟悉、对农村的极为了解，没有对农民的所思所想、所行所为的真知灼见，就不可能发动组织广大农民支持革命、参加革命，更不可能提出中国革命的根本任务。在《毛泽东选集》《毛泽东文集》中有许多篇章与乡村、乡村文化有关。改革开放之初编辑出版的《毛泽东农村调查文集》，提醒人们既要解放思想，又要脚踏实地；既要眼睛向外，又要立足当下，为农村的改革、开放、发展提供了务实的思维方式和工作方法。

一、战争年代对乡村和乡村文化的重视

毛泽东是伟大的马克思主义者，无产阶级革命家、政治家、战略家和理论家。从毛泽东在战争年代的农村调查可知，在1930年前后，在旧社会的广大乡村，文盲很多。例如，从《寻乌调查》可知，当时的寻乌县，全县百分之六十的人不识字[1]。不识字的农民，在文化上是弱势的、落后的，也就激起了他们对知识的崇拜、对文化人的崇敬，乃至对书本到了迷信、盲从的地步，"以为上了书的就是对的"[2]。一方面，说明了"万般皆下品，唯有读书高"的观念在农村传统、农民脑海中根深蒂固。另一方面，说明了毛泽东重视农村农民问题，关注

---

① 《毛泽东文集（第一卷）》，人民出版社1993年版，第224页。
② 《毛泽东农村调查文集》，人民出版社1982年版，第3页。

乡村文化。

毛泽东对1930年前后的中国乡村、乡村文化状况，做了实事求是的研究和分析，并去粗取精、去伪存真、披沙拣金，发现其中的可取之处。例如，在科举制影响下，乡村社会中有见识、有能力的乡绅，通过学租、文会等形式，[①]扶助、奖励、激发年轻人勤奋读书、努力学习，有所作为，造福乡里。客观地说，对形成向上向善的社会风气、文化风尚还是有积极作用的。在新的时代条件下，如何鼓励、引导人才在乡村发挥积极作用，为乡村文化建设增光添彩，应当引起关注和重视。

毛泽东对农村文化是极为重视的，有调查不到位之处，还专门作出解释。《兴国调查》"这个调查的缺点，……没有调查土地分配后农业生产的状况，也没有调查文化状况。"[②]由此可见，毛泽东虽然是从革命的、政治的、阶级的角度来研究、分析农村，但并没有因此忽视文化的角度，反而非常重视乡村文化问题。

当时的苏区政府，对文化相当重视，在区级政府有文化委员。在区政府组织中，文化委员与军事、组织、宣传、财政、妇女等委员都是区政府的重要组成人员。乡政府一般没有文化委员，但每个乡要办人民学校，童子团的团员要到人民学校读书；每个村要有平民夜学校，[③]创办它们的主要目的是普及文化。例如，《东塘等处调查》（一九三〇年十一月）显示，本乡（吉安儒坊区第二十三乡）乡政府有十九个人办事，其中有一个文化委员。[④]在《长冈乡调查》（一九三三年十一月）中，毛泽东介绍了长冈乡文化运动的情况，赞赏了长冈乡的文化工作，呼吁"每个乡苏维埃都要学习长冈乡的文化教育工作"[⑤]，把文化教育放在重要位置，并取得好的成效。当时，在观念上是把文化教育当成一回

---

①　《毛泽东文集（第一卷）》，人民出版社1993年版，第180—181页。
②　《毛泽东农村调查文集》，人民出版社1982年版，第204页。
③　《毛泽东农村调查文集》，人民出版社1982年版，第242.249页。
④　《毛泽东农村调查文集》，人民出版社1982年版，第254页。
⑤　《毛泽东农村调查文集》，人民出版社1982年版，第320页。

事儿的。[①]

在《才溪乡调查》(一九三三年十一月)的最后,毛泽东专门讲了才溪乡的文化教育问题。上、下才溪乡的文化教育,形式主要有日学、夜学、识字班、读报团、识字牌、俱乐部、墙报。除日学是对儿童外,其他形式主要对成人。[②]从这里可以看出,毛泽东对文化工作、对儿童教育是非常重视的,调查得十分详细。

即使是在解放战争的关键时期,毛泽东也没有忘记文化工作。在《关于建立报告制度》(一九四八年一月七日)中,毛泽东明确要求,"各中央局和分局,由书记负责(自己动手,不要秘书代劳),每两个月,向中央和中央主席作一次综合报告。报告内容包括该区军事、政治、土地改革、整党、经济、宣传和文化等各项活动的动态,活动中发生的问题和倾向,对于这些问题和倾向的解决方法"[③]。在这里,文化是与军事、政治、经济等并列的,被同等重视看待的。

附带一提的是,关注乡村、关注乡村文化,也是人民军队的优良传统。即使在长征的艰苦岁月中,红军将士也没有忘记。在刘统整理注释的《红军长征记:原始记录》中,收录了很多资料,基本是第一手原始资料,书里边能看到不少对乡村和乡村文化状况的描述,说明在艰苦的征战中,红军将士们并没有停止关心、思考乡村和乡村文化问题。其中的一些做法,对做好当前文化工作,特别是注重乡村文化人才并充分发挥他们的作用,还是很有启发意义的。

例如,从书中的相关记述中,我们看到了当时彝族地区的文化状况及生活情况。"彝民生活之痛苦,远过于汉人。汉人还能耕平坦之田亩,彝民之田亩,日渐被川军之官长及当地官吏所侵占,而只耕植于山地。在山下远望彝民所耕种之山坡上的山地,倾斜度几如削壁,望之可怕,但彝民终年耕植于此。因其只耕种山地,故彝民平日所食者,亦只玉黍而已。至于彝民所居之家室,则更鄙陋

---

① 《毛泽东农村调查文集》,人民出版社1982年版,第329页。
② 《毛泽东农村调查文集》,人民出版社1982年版,第353页。
③ 《毛泽东选集(第四卷)》,人民出版社1991年版,第1264页。

不堪,以竹木编为壁,上覆松树皮,潮湿特殊,跳蚤成群。"①当时彝民的饮食文化、住房建筑文化,跃然纸上,历历在目。

在《雪山草地行军记》这篇中,讲述了当时川西北一带的生活风情。"进入大维(即达维)以后,真是另外一个世界,与中国内部完全不同。……一切民房,也都是东土耳其式的平顶的两层楼房。……生活方面与中国内地人民又不一样,他们每天只吃青稞面和玉蜀黍(苞谷),有时亦吃牛羊肉、牛奶、牛油等。声音语言亦不相同,他们讲话我们简直一句不懂。穿的是喇嘛袍子,与中国内地之和尚袍相仿佛。鞋子则有点像京戏中武生登台穿的靴。男人身上都佩上一把长剑或小刀。"②从这段描述中可以看出,一个地方的文化风俗的表现要点或主要元素,主要是建筑、饮食、语言、服装、配饰等。一个地方的乡村文化,直观能看到的也是这些。对一个地方乡村文化的关注,主要也看其建筑、饮食、语言、服饰、日用器具等。

二、新时代对乡村和乡村文化的重视与振兴

在当代中国,从政治、革命和建设的角度关注乡村,重视乡村文化,用情投入、用力改善、用心发展的,首推习近平总书记。早在1992年出版的《摆脱贫困》一书中,就展现出了他对脱贫致富、脱贫攻坚、乡村振兴的超前眼光和过人见识。

(一)乡村文化建设的宁德探索与实践

1992年,习近平同志把他在宁德工作期间的一些讲话文稿整理出版,书名叫《摆脱贫困》。书中的文章虽然主要是围绕经济建设、经济发展来谈的,但也关注到了文化工作,特别是乡村文化。可以看出,在宁德工作期间,习近平同志对治国理政的重大问题,包括乡村文化、文化建设,已经开始了系统的思考与探索,并有了丰富的探索成果、务实的理论总结。

---

① 刘统整理注释:《红军长征记:原始记录》,生活·读书·新知三联书店2019年版,第61页。
② 刘统整理注释:《红军长征记:原始记录》,生活·读书·新知三联书店2019年版,第113页。

1. 文化是地区之光，要用好文化闪光点

宁德的锦绣河山、灿烂文化，都是闽东之光；宁德人民的自强不息、艰苦奋斗精神，也是闽东之光。"认识到自身的光彩，才有自信心、自尊心，才有蓬勃奋进的动力。……可以从文化建设的角度，让人们好好认识一下闽东的闪光点。……文化建设本身也是精神文明建设。假如一个地方的人情绪低落，十足悲观，就不能说这个地方精神文明建设搞得好。……要显示出闽东的特点，以增加吸引力。如果一个地方对外面的人没有多大的吸引力，就不能说这个地方改革开放搞得好，这也证明了文明建设和改革开放密切相联。"[1]

搞好文化建设，要善于抓住关键点，抓好着力点。"一个地区的文化建设内容很多，有一个重要的着眼点就是要弘扬地方的传统文化。从整个国家来说，中华民族的传统文化在民族的延续和发展中起到了积极的作用。在几千年的文明发展史中，我们已经树立了强烈的民族自信心，无论是在民族危亡，还是在民族昌盛时期，这种自信心都是我们民族精神中最稳定的成分。正是这种自信心，使中华民族度过了近代史上许多内忧外患的危机，使中华民族在世界上有了令人敬佩的今天。闽东的文化建设也具有同样的意义。我们有一个明确目标：通过文化建设，弘扬民族文化传统，不仅增强我们的自信心，而且提高外界对闽东的信心。"[2]

找准目标、找好对象、找定方向后，就是如何做好，既要注重效果，又要讲究形式。"任何内容的文化建设活动，都应注意活动的方式和手段的运用。没有能为别人所接受的方式和手段，思想性就无从体现，宣传教育活动也就无从落实。"[3]在文化活动的形式方面，以下文化活动形式是比较可行的。一是既为群众喜闻乐见，又能表现思想性的形式，更不能为了形式而形式，不能流于形式。二是有群众性的形式，脱离了群众的形式，不利于调动群众的积极性。三是少花钱、多办事的形式，要注重经济效益。四是合乎大家口味的形式，不搞

---

[1] 习近平：《摆脱贫困》，福建人民出版社1992年版，第16—17页。

[2] 习近平：《摆脱贫困》，福建人民出版社1992年版，第17页。

[3] 习近平：《摆脱贫困》，福建人民出版社1992年版，第18页。

曲高和寡。概括起来，文化建设、文化活动的有效形式，就是具有思想性、群众性、效益性、趣味性的形式。

2. 乡村文化工作要注重精神文明建设

贫困不只是物质贫困，还有精神贫困、思想贫困。脱贫，不仅要脱物质之贫，还要脱精神之贫、思想之贫。开展精神文明建设，解决精神贫困问题，不仅能发展乡村文化，还能为经济建设提供精神动力。"脱贫致富从直观上说，是贫困地区创造物质文明的实践活动。但是，真正的社会主义不能仅仅理解为生产力的高度发展，还必须有高度发展的精神文明——一方面要让人民过上比较富足的生活，另一方面要提高人民的思想道德水平和科学文化水平，这才是真正意义上的脱贫致富。……由于贫困地区底子薄，自然资源短缺，经济发展不平衡，商品经济水平低，脱贫致富的过程将充满艰辛和困难。这就要求我们在抓经济工作的同时，要加强精神文明建设，以更好地调动广大干部群众的积极性和创造性去战胜艰辛和困难，通过提高整个社会的科学文化水平，以科技扶贫加速致富的进程。可见，物质文明建设和精神文明建设是贫困地区脱贫致富过程的两个方面。两者相互关联，相互协调，相互促进。……我们脱贫致富的指导思想很明确：一方面把发展商品生产，建设社会主义经济作为根本任务和中心工作来抓，另一方面把荡涤旧社会遗留下来的污泥浊水，净化社会风气，提高人们的思想道德水平和科学文化素质作为一项战略目标予以重视。"[1]

贫困地区，客观地说，其主体就是广大贫困乡村。贫困地区的脱贫致富，主要就是广大贫困乡村的脱贫致富。无论是物质脱贫，还是精神脱贫，都是广大贫困乡村所要面对和解决的问题。注重贫困地区的精神文明建设，通过精神文明建设促进经济发展，其实就是在广大贫困乡村重视精神文明建设，通过精神文明建设促进广大贫困乡村经济发展。

为什么在以经济建设为中心的情况下，还要强调贫困地区乡村的精神文明建设呢？这是因为改革开放后，"从整体上说，社会风气有了好转，但并没有根

---

[1]　习近平：《摆脱贫困》，福建人民出版社1992年版，第112页。

本好转；社会主义教育较为普及深入，但旧社会遗留下来的一些问题又沉渣泛起；农村思想政治工作还相当薄弱，集体主义观念有所淡化，还有相当多的文盲、科盲、法盲，迷信思想也在阻碍科学文化知识的普及和提高"。就当时的宁德而言，"农村的文化知识水准较低，小学文化程度、文盲、半文盲还有相当大的面积；迷信活动、宗族势力等封建陋习也有相当的基础；特别是商品经济还未形成，经济基础也制约了上层建筑的发展——这些都是我们前进中的问题，都是阻碍精神文明建设的不利条件与消极因素"[1]。当时的文盲问题比较突出，"面临一个文盲面还相当大的现实。从1985年普查的情况看，全区文盲、半文盲占农村劳动力的40.3%。经过近几年的扫盲，这个比例可能会有所下降，但恐怕不会太多，而且值得注意的是新的文盲还在出现。列宁说过，在一个文盲充斥的国家里，是不能建设成共产主义的。大量文盲的存在，不但使农民缺文化、少技术，不善经营，致富门路窄，还导致愚昧落后的习俗滋生蔓延。……扫除文盲需要愚公移山的精神，一年扫一点，几年扫一片。我们的扫盲方针是：把扫盲教育同学习实用技术、帮助农民脱贫致富密切结合起来——这是立竿见影的方针——只有在文盲感到学文化是关系自身切身利益的大事时，才能有学习的自觉性"[2]。扫盲，就是扫除脱贫致富的障碍，就是扫除好学上进的障碍。对这些不利于贫困地区乡村精神文明建设的消极因素，可以通过破旧立新、破立并举来解决。

立，就是通过进行正面宣传教育，提高人们的思想道德水平；就是从外部把科学社会主义意识灌输给人们。这里的灌输，"就是用马克思主义的立场、观点和方法去宣传群众、武装群众、教育群众。通过一系列艰苦细致的思想政治工作，使爱国主义、社会主义、集体主义思想扎根于人民群众心中"。立的同时，大刀阔斧去破。破，主要是"通过批判，揭露假、恶、丑，使它们失去人心、失去市场。让人们在思想认识上自觉地抵制这些东西的侵入。同时，还要采取有力的手段，运用法制、行政的手段，坚持打击封建主义、资本主义腐朽的东

---

① 习近平：《摆脱贫困》，福建人民出版社1992年版，第113页。
② 习近平：《摆脱贫困》，福建人民出版社1992年版，第131页。

西,持久、深入地开展扫黄打丑斗争"①。一立一破、立破结合中,贫困地区乡村的精神文明建设,就能走上正轨,走上快车道。乡村文化,也就能向上向善,繁荣发展。

一立一破中,还能看出乡村文化建设的主要内容、努力方向。一是引导人们树立积极工作、奉献社会的价值观念。这种价值观的精义在于,"个人作为社会的一份子必须对社会有所作为,有所贡献。……商品经济毕竟有其固有的一些消极属性,资产阶级极端利己主义的价值观念还不时地在毒化人们的心灵,拜金主义还会在一些人的头脑中膨胀,社会主义初级阶段还存在商品拜物教。因此,我们在发展社会主义商品经济的同时,毋忘加强思想政治工作,要加强社会主义精神的培养和道德素质的修养。我们必须有意识地促使人们在商品经济活动中逐步地认识商品生产的规律,学习和掌握商品生产经营的知识,逐步形成与现代生产和生活需要相适应的思想观念、道德品质和生活方式"。②这种价值观,就是引导、鼓励人们努力工作、勤劳致富,自立自强,奉献社会;就是提醒、敦促人们克服、远离拜金主义、享乐思想。

二是培养强化社会主义公有制经济力量的意识。"我们应当有意识地增强社会主义公有制经济的力量,以不断培养人们的集体主义、社会主义精神。……感受到集体利益与个人利益休戚与共的关系,从而增强建设社会主义的责任感和信心——这对道德的进步、思想觉悟的提高都具有不可估量的影响。"③经济基础决定上层建筑。事实已证明,集体经济实力强大的地方,村民福利、公共事务都做得好,乡村文化也有能力、有条件搞得好。

三是有意识地不断提高人们的科学文化素质。"依靠科学技术进步可有效地提高劳动者的素质。在农村,我们还有相当数量的文盲,也必须通过科技兴农的活动,给扫盲以动力和压力。应当强调的是,科学既要用于生产,又要用于精神生活。特别是在农村,要把科学技术进步同社会主义教育结合起来,促进

---

① 习近平:《摆脱贫困》,福建人民出版社1992年版,第114页。

② 习近平:《摆脱贫困》,福建人民出版社1992年版,第115—116页。

③ 习近平:《摆脱贫困》,福建人民出版社1992年版,第116页。

农村全面发展。"①在这里，直接点明在农村，要大力提高人们的科学文化素质。乡村文化也包括科学文化。科教兴国，一定要落实到广大乡村。一个个村子的科技兴村、科教兴农汇成江海巨流，就成为国家的科教兴国。

四是提倡文明健康的生活方式。"应当有意识地从政策上规范人们的行为，引导人们把生活建立在文明健康的共产主义道德轨道上来。……切不可物质上脱贫了，精神上却愚昧了。我们需要的是'仓廪实而知礼节''衣食足而知荣辱'。现在农村有些地方致富以后就大兴土木修庙建坟，求神拜佛，这很值得我们深思。"②物质富足以后，应当用良好的条件去追求文明健康的生活方式，而不是搞封建迷信，甚至求神拜佛。

五是大力弘扬革命精神。很多贫困地区、贫困乡村是革命老区，有光荣的革命传统、伟大的革命精神。要把这些革命精神作为脱贫致富的强大精神支柱，当作用之不尽的宝贵精神财富。革命传统和革命精神，是贫困乡村进行精神文明建设的巨大优势，是进行爱国主义和社会主义教育的有利条件。广大乡村应当在经济发展、文化建设过程中坚持继承革命传统、发扬革命精神。

六是坚持群众路线。"充分调动人民群众参加精神文明建设的自觉性、积极性和创造性。……针对他们的年龄特点、职业特点，开展为他们所欢迎的各种活动。……组织活动要立足于多办使群众满意和高兴的事情，而不是搞一些让群众厌烦的花架子，徒增群众的负担。应尊重群众的意愿，积极引导他们参与，而不是硬性地要群众干这干那。"③乡村文化建设为了群众，服务于群众，没有群众的积极普遍参与，文化建设工作只能是流于空谈，纸上谈兵。所以，必须强化群众路线意识，善于组织群众、发动群众、引领群众，形成建设乡村文化的强大合力。

乡村脱贫，重要的是摆脱经济贫困，脱离经济上的贫乏困顿，然后是摆脱文化贫困，即文化上的单调乏味、素质平平。文化贫困，有文化知识的缺乏，有

① 习近平：《摆脱贫困》，福建人民出版社1992年版，第116页。
② 习近平：《摆脱贫困》，福建人民出版社1992年版，第116页。
③ 习近平：《摆脱贫困》，福建人民出版社1992年版，第118页。

文化教养的不足，有文化设施设备的缺少，有文化专业机构、专业人才的匮乏，还有自信心、进取心的不足。有了以上方向和路径、内容和手段，贫困地区乡村的脱贫致富工作，就会勇往直前；乡村文化工作，也会前景光明。

摆脱贫困，首要摆脱意识贫困、思路贫困，先摆脱头脑中的贫困，才可以事半功倍地摆脱物质上的贫困。文化贫困、精神贫困问题解决了，就有了更大的志气、更强的意志去解决物质贫困、生活贫困。

（二）脱贫攻坚和乡村振兴中的乡村文化建设

党的十八大以来，习近平总书记和中央领导集体一直高度重视乡村发展、脱贫攻坚工作。脱贫攻坚、乡村振兴，成为国之大者，举全党全国之力进行脱贫攻坚大作战，取得了举世惊叹、永载史册的脱贫成就，这是对乡村发展巨大的推动，也是对乡村文化繁荣巨大的推动。可以说，毛泽东时代，是农村农民扬眉吐气的时代；改革开放时代，是农村农民富裕自足的时代；新时代，是农村农民全面振兴、全面小康的时代。

在新时代，中国共产党依然高度重视乡村和乡村文化工作。同时，关注的方法、关心的方式、采取的措施、投入的人力物力达到了新高度，取得的成就也达到了历史新高度。习近平总书记和党中央高度重视农业农村农民工作，把脱贫攻坚作为全国工作的重中之重。8年持续奋斗，近1亿人口摆脱了绝对贫困，创造了人类减贫史上的奇迹、人类发展史上的壮举，也创造了乡村发展的奇迹、乡村繁荣的伟业。

2020年11月23日，贵州宣布紫云县、纳雍县、威宁县、赫章县、沿河县、榕江县、从江县、晴隆县、望谟县9个县全部退出贫困县序列。至此，贵州全省66个贫困县全部实现脱贫摘帽。这也标志着全国832个贫困县全部脱贫摘帽。

2014年，有关部门公布了全国832个贫困县名单，涉及中西部22个省区市。从2016年开始，这些贫困县开始逐年脱贫摘帽，截至2019年底，未摘帽贫困县减少到52个。2020年初，国务院扶贫开发领导小组对未摘帽的52个贫困县挂牌督战，到2020年11月23日这一天，随着贵州9个县最后摘掉贫困帽，这52个贫困县已经全部脱贫摘帽。连续7年，我国每年减贫人口都在1000万人以上，全国贫困人口从2012年底的9899万人减至2019年底的551万人,贫困发生率从10.2%降至0.6%。到2020年11月底,所有贫困人口摆脱绝对贫困,近1亿贫困人口整体脱贫。

2020年11月23日,这一天成为一个载入史册的日子。这一天,持续多年的脱贫攻坚工作,取得了全面胜利,在中国大地上,消除了绝对贫困。脱贫攻坚的这一决战的胜利,也是人类发展史上浓墨重彩的一笔。世界上绝对贫困人口,在几年中减少了将近一个亿,这是了不起的巨大成就,这是中华民族对人类作出的巨大贡献,这是社会主义中国对世界发展与和平作出的巨大贡献。

在幅员辽阔、人口众多的中国,用8年左右的时间,取得如此巨大的脱贫攻坚成就,确实了不得。有过农村生活经验,对农业农村农民问题有过研究,对农村的落后、农民的贫困有过切实了解、切肤之痛的人,在这方面的感受尤为深刻。

2020年12月3日,中共中央政治局常务委员会召开会议,听取脱贫攻坚总结评估汇报。习近平总书记强调指出,党的十八大以来,党中央团结带领全党全国各族人民,把脱贫攻坚摆在治国理政突出位置,充分发挥党的领导和我国社会主义制度的政治优势,采取了许多具有原创性、独特性的重大举措,组织实施了人类历史上规模最大、力度最强的脱贫攻坚战。经过8年持续奋斗,我们如期完成了新时代脱贫攻坚目标任务,现行标准下农村贫困人口全部脱贫,贫困县全部摘帽,消除了绝对贫困和区域性整体贫困,近1亿贫困人口实现脱贫,取得了令全世界刮目相看的重大胜利。

2021年2月25日,全国脱贫攻坚总结表彰大会在北京人民大会堂隆重举行。习近平总书记等中央领导同志为脱贫攻坚中涌现出的先进人物、优秀集体颁奖,给予他们崇高的荣誉。习近平总书记强调,经过全党全国各族人民共同努力,我国脱贫攻坚战取得了全面胜利,现行标准下9899万农村贫困人口全部脱贫,832个贫困县全部摘帽,12.8万个贫困村全部出列,区域性整体贫困得到解决,完成了消除绝对贫困的艰巨任务,创造了又一个彪炳史册的人间奇迹!

脱贫攻坚的重大胜利,为实现第一个百年奋斗目标打下了坚实基础,极大增强了人民群众的获得感、幸福感、安全感,彻底改变了贫困地区的面貌,改善了生产生活条件,提高了群众生活质量,"两不愁三保障"全面实现。在脱贫攻坚实践中,党中央坚持人民至上、以人为本,把贫困群众和全国各族人民一起迈向小康社会、一起过上好日子作为脱贫攻坚的出发点和落脚点。各级党委和政府以及社会协同发力、合力攻坚,东部西部守望相助、协作攻坚,广大党员、干部吃苦耐劳、不怕牺牲,充分彰显了共产党人的使命担当和牺牲奉献。

虽然改革开放以来,我国取得了各方面的重大发展成就。但是,在建设社会主义现代化强国的征途上,在实现中国式现代化的征程中,我国发展不平衡、不充分的问题仍然突出,巩固拓展脱贫攻坚成果的任务依然艰巨。

为巩固脱贫攻坚成果,确保全面小康、共同富裕,大力推动包括乡村文化振兴在内的乡村振兴,中央对脱贫攻坚之后的工作作出了前瞻性部署,确保乡村振兴一往直前。一是明确要求保持脱贫攻坚帮扶政策总体稳定,严格落实"四个不摘"要求,保持现有帮扶政策、资金支持,帮扶力量总体稳定。二是健全防止返贫监测帮扶机制,继续对脱贫县、脱贫村、脱贫人口开展监测,持续跟踪收入变化和"两不愁三保障"巩固情况,定期核查,及时发现,及时帮扶,动态清零。三是持续发展壮大扶贫产业,继续加强脱贫地区产业发展基础设施建设,拓展销售渠道,创新流通方式,促进稳定销售。四是做好脱贫人口稳岗就业,加大对脱贫人口职业技能培训力度,加强东西部劳务协作,鼓励支持东中部劳动密集型产业向西部地区转移。五是强化易地搬迁后续扶持,完善集中安置区公共服务和配套基础设施,因地制宜在搬迁地发展产业,确保搬迁群众稳得住、有就业,逐步能致富。六是加强资产项目管理,建立健全资产管理制度,持续发挥效益。七是兜住民生底线,规范管理公益性岗位,以现有社会保障体系为依托,促进弱劳力、半劳力等家庭就近就地解决就业,保障这些群众的基本生活。

脱贫攻坚取得重大胜利之后,为了长期巩固脱贫攻坚非凡成就,中央还从体制上作出了重大安排,把阶段性、临时性的各级扶贫办,改为各级乡村振兴局。这里既有从脱贫攻坚到乡村振兴的工作重点的调整,也有工作内容的连贯和衔接。"潮平两岸阔，风正一帆悬。"乡村振兴工作，携脱贫攻坚的奔腾之势，乘中国式现代化的浩荡雄风，一路向前。中国广大乡村的发展，乡村文化的兴盛，也一路向前。

近两年，中央对乡村振兴、乡村文化发展的关注和重视，持续在加强。

2022年2月22日，新华社授权发布了《中共中央　国务院关于做好2022年全面推进乡村振兴重点工作的意见》（2022年1月4日文）。意见第三部分要求，为了坚决守住不发生规模性返贫底线，要完善监测帮扶机制，促进脱贫人口持续增收，加大对乡村振兴重点帮扶县和易地搬迁集中安置区的支持力度，推动脱贫地区帮扶政策落地见效。

意见第六部分直接涉及文化问题，为突出实效改进乡村治理，就要加强农村基层组织建设，创新农村精神文明建设有效平台载体；依托新时代文明实践中心、县级融媒体中心等平台开展对象化、分众化宣传教育，弘扬和践行社会主义核心价值观。

农业是国民经济的基础，粮食安全是稳定经济社会发展大局的坚实支撑。我国实现现代化还有很长的路要走，农村户籍人口还有7.6亿，巩固拓展脱贫攻坚成果，扎实推进乡村振兴，就要牢牢守住18亿亩耕地红线，持续推进农业现代化，为工业化、城镇化提供支撑；同时，工业化、城镇化也可以带动农业现代化，推进乡村振兴。

2022年第7期《求是》杂志，发表了习近平总书记的重要文章《坚持把解决好"三农"问题作为全党工作重中之重，举全党全社会之力推动乡村振兴》。文章的第四部分集中讲了乡村振兴问题，要求全面推进乡村振兴落地见效，加强社会主义精神文明建设。

关于加强社会主义精神文明建设，乡村不仅要塑形，更要铸魂。农村精神文明建设是滋润人心、德化人心、凝聚人心的工作，要绵绵用力，下足功夫。要加强农村思想道德建设，把农民群众的精气神提振起来。要开展形式多样的群众文化活动，孕育农村社会良好风尚。要普及科学知识，推动农村移风易俗，推动形成文明乡风、良好家风、淳朴民风。要注重农村青少年教育问题和精神文化生活，完善工作举措，加大资源投入，促进他们健康成长。

文章强调，今后一个时期，是我国乡村形态快速演变的阶段。要合理确定村庄布局分类，……乡村建设要注重保护传统村落和乡村特色风貌，不要一个样式盖到头，一种颜色刷到底。

总之，习近平总书记对农业、农村、农民是极为熟悉、极有感情的，对乡村振兴、"三农"发展是有宏图大略的，对乡村文化繁荣兴旺也是抱有很高期望的。我们相信，在习近平总书记和党中央的坚强领导下，脱贫攻坚的成果能够巩固拓展，乡村振兴的工作能够行稳致远，乡村文化的兴盛能够生生不息、灿烂辉煌。

第四章

社会学视角中的乡村与乡村文化

在近现代，从社会学角度关注乡村、研究乡村文化，无论是专业水准还是社会影响，费孝通都在前列。

费孝通是著名的社会学家、人类学家和民族学家，也是著名的社会活动家，无论是在学术界还是社会上，都有重大影响。

费孝通从社会学的角度，对中国乡村，特别是中国乡村社会进行了深入研究，出版了大量研究成果，其中对中国乡村文化也多有涉及、多有论述、多有研究。

费孝通关于中国乡村的著述，主要有《乡土中国》《内地的农村》《皇权与绅权》《乡土重建》《生育制度》《江村经济》《禄村农田》《文化的生与死》《中国城乡发展的道路》等。它们以不同的版本，不同的编辑、收录方式，多次再版，产生了一波波影响，伴随了一代代读者。费孝通既是学者，又是社会活动家，比普通的学者有更多的社会热情，有更深的社会经验。从这些著作中，我们可以感受到，社会学家与革命家、政治家虽然关注同样的事情，但是其出发点和落脚点却有很大的不同。一般来说，社会学家重在分析社会，而不是改变、改造社会和社会制度。革命家、政治家看问题、想事情的出发点和落脚点，往往是发动群众、组织群众、引导带领群众，改天换地，除旧布新，创建新政权，开辟新世界。

刘豪兴编选的费孝通的《乡土中国（经典珍藏版）》一书中，除《乡土中国》外，还同时选编了费孝通的《皇权与绅权》《内地的农村》《乡土重建》《生育制度》，各篇不以出版时间先后排序。以《乡土中国》为总书名，意在以其为总纲引领对全书各篇的阅读理解。这本书里的五篇著述，都是费孝通20世纪40年代的理论著作，同时也是他"早期最具代表性的理论著作"，都有不同程度的学术影响和社会影响。在这些著作中，费孝通"透彻地剖析了中国文化和社会结构"。阅读这些著作，将有助于"对中国社会生活和现实社会关系的分析"。逐篇来说，《乡土中国》从超出众多社会学研究的广度和深度上，分析了中国传统文化、社会结构。《皇权与绅权》，着重分析了社会结构中的政治结构。《内地的农村》是关于云南农村调查的论文集。《乡土重建》集中阐述了城乡的经济结构、政治结构、文化结构、阶层结构、城乡关系等。《生育制度》运用功能主义理论和方法，分析了作为基本社会制度的婚姻家庭制度。

费孝通的学术生涯是从"走到实地去"，进行农村调查研究开始的。几十年来，他坚持深入实际，从实求知，同时进行有创意、重思考的理论研究。在学术活动早期，费孝通的主要研究领域有三。第一，关于中国乡土社会传统文化、社会结构等的理论研究，代表作是《乡土中国》《乡土重建》《生育制度》《皇权与绅权》等。第二，关于农村社会经济及其制度的调查研究，代表作有《江村经济》《禄村农田》。第三，关于少数民族的体质、文化和社会组织的考察，代表作有合著的《桂行通讯》《花篮瑶社会组织》。

费孝通的学术道路，是"从观察人们的实际生活去理解他们的创造、需求、愿望和社会变化发展的道路"。这种学术道路，决定了费孝通的学术方法，是从个别到一般、从特殊到普遍；是从实地研究开始，对农村实地调查、直接观察、亲身体验，但又不局限于认识具体的事实，而是把观察与思考相结合，在事实的基础上进行总结归纳，把对社会现象的感性认识提升到理性分析。这种学术道路，也决定了费孝通的学术理念，"不是单把西洋的理论用适当的中国传统概念加以翻译，不是专注于西洋理论的系统介绍，也不是素白地胪列中国的社会事实，而是企图用西洋所传来的科学方法和已有的社会学理论去观察及分析中国现实的社会生活，更进一步地想对中国社会怎么会有这样的问题提出解释。……从可以证实的现实生活中去求概然性的解释"。靠着这些坚实、坚定的学术道路、学术方法、学术理念,费孝通取得了不凡的学术成就和巨大的社会影响。[①]

在费孝通的笔下,从社会学的视角,中国乡村是什么情形,乡村文化是什么状况呢? 在当代中国,又有哪些变化,有什么表现? 下面将集中论述。

一、乡土社会的特性及其时代之变

先来看《乡土中国》,既然用这篇的名称作为总书名,一定程度上说明其最具代表性。为什么要写这本小书? 费孝通专门作过解释,是为了尝试回答"作为中国基层社会的乡土社会究竟是个什么样的社会","它并不是一个具体社会的描写,而是从具体社会里提炼出的一些概念。这里讲的乡土中国,并不是具体的中国社会的素描,而是包含在具体的中国基层传统社会里的一种特具的体系,支配着社会生活的各个方面"[②]。也就是说,它研究的不是某一具体的基层社会组织,而是整个中国的基层社会,在当时,就是中国广大乡村,即乡土社会。

费孝通认为,从基层看,中国社会是乡土性的。换句话说,中国基层社会是乡土性的,是乡土社会。那些被称为土头土脑的乡下人,他们才是中国社会的基层。说乡下人土气,除去藐视意味,土字是用得很好的。"土字的基本意义是指泥土。乡下人离不了泥土,因为在乡下住,种地是最普通的谋生办法。"当然了,时过境迁,在当代社会,很多乡下人也不再种地了;有种地的,相当一部分也是机械化耕种,人不用再"面朝黄土背朝天"了。"以现在的情形来说,这片大陆上最大多数的人是拖泥带水下田讨生活的了。……很忠实地守着这直接向土里去讨生活的传统。"靠种地谋生的乡下人,才知道泥土的可贵。泥土、乡土,是乡下人的命根子。这一特点,决定了乡村社会的特性。直接靠农业谋生的乡下人,是黏着在土地上、附着在土地上的,他们世代定居,很少迁移,形成了安土

---

① 此部分的相关引述,参见费孝通著,刘豪兴编:《乡土中国(经典珍藏版)》,上海人民出版社2013年版,第590—597页。

② 费孝通著,刘豪兴编:《乡土中国(经典珍藏版)》,上海人民出版社2013年版,第4页。

重迁的文化和传统。依土而居，靠土而生，已经成为乡下人的生存方式、生活习惯。乡土文化、乡土意识，已经融入血液，成为文化基因的一部分。这种乡土文化，乃至民族文化，成了一种以土为根基、以地为命脉的土地文化，土和地在民族文化中具有极其重要的地位。

乡土社会中的乡下人，他们的历史、生命，已经和泥土交融在一起，密不可分。但是，"从土里长出过光荣的历史，自然也会受到土的束缚，现在很有些飞不上天的样子"[①]。几十年后，费孝通当年的这些感慨，现在已经成为不必要的担心。在当今中国，大多数农民已经不再依附于土地，不再只会向土里讨生活，只能向土地讨生活了，他们有了更多的选择，可以出去经商、打工，也可以创办企业，可以在城市买房买车，可以比较自由地流动、迁移到城镇。农村已然发生了翻天覆地的变化，农民不再简单地靠土地生存了，或者说，土地不再是农民重要的，乃至唯一的生存依靠或谋生手段了。一段时间内，在不少地方，甚至出现了大面积土地撂荒的问题，土地对农民成了可有可无的、可丢可弃的东西，有的还成了负担，倒贴钱请人把地种上，免得政府罚款。

在工业化、城镇化浪潮的冲击下，中国广大乡村发生了巨大变化，乡土社会的特点也发生了明显的变化。以前的中国乡村、乡土社会，最大的特点是附土而生、因土而活。但是在商品经济、市场经济的影响下，种一年地的收获，可能赶不上打工一个月的工资。因此，大量农村人进城务工，远离乡土。第一代农民工，还想着挣钱回家，盖房子种地。第二代、第三代农民工，直接就是在城镇买房，在城镇定居，在城镇就业，不愿再回乡种地，也不再会种地了。

在靠土地生存的乡土社会时期，大家离不开土地，不能自由流动，人与人之间的关系也是稳固的，大家都要讲究人情世故，重视亲戚邻里的关系，不然在当地就难以生存，会受到情感的、道义的约束。脱离土地、进城务工之后，拿的是工资，出卖的是劳动力和智力，受人际关系的制约越来越少，人与人之间的关系也越来越淡漠。大家受不同文化的影响越来越多，传统文化的氛围也越来

---

① 相关内容参见费孝通著，刘豪兴编：《乡土中国（经典珍藏版）》，上海人民出版社2013年版，第6—7页。

越弱，同时弱化了本就日益淡漠的人际关系。

在费孝通的研究中，乡土社会的第一个特点，也是最突出的特点，是土地性，即土地是生存的命根，农民黏着、附着在土地上。可以说，在传统的乡村社会，村民乡亲都是"土命"，离了土地就寸步难行。乡土社会的第二个特点，是地方性。"乡土社会的生活是富于地方性的。地方性是指他们活动范围有地域上的限制，在区域间接触少，生活隔离，各自保持着孤立的社会圈子。""乡土社会在地方性的限制下成了生于斯、死于斯的社会。常态的生活是终老是乡。……这是一个'熟悉'的社会，没有陌生人的社会。"因此，"生活上被土地所囿的乡民，他们平素所接触的是生而与俱的人物"①，不是自己能够选择的。

乡村社会的地方性，决定了本乡本土就是一个熟人社会、人情社会。同样在工业化城镇化的冲击下，乡村社会地方性的特点，也发生了强烈变化。在现在的乡村，熟人社会的色彩也越来越弱，很多人常年在外，对本村年轻人认识得越来越少了；和自家的亲戚，走动得也越来越少了，亲戚邻里之间的关系，也越来越淡了。一个村子第一代的打工人，相互之间多是熟识的。他们去了天南海北不同的地方工作、生活，带着他们的子女过年、过节偶尔返乡；第二代的打工人之间，虽然还是一个村子的人，但相互之间已经是陌生人了。他们在他们的常住地，有了各自的好友。回到祖居地时，那些本村本家、乡里乡亲的同辈人，却成了不熟悉、不了解的陌生人。

乡村社会的第三个特点，可以概括为互信性，即村民之间的相互信任，不言而喻的信任。"乡土社会里从熟悉得到信任"，"乡土社会的信用并不是对契约的重视，而是发生于对一种行为的规矩熟悉到不假思索时的可靠性"②。这种信任，出自各自的脸面、人情，出自家族的、家庭的、个人的荣誉和尊严，而不需要中间人、担保人，不需要契约、协议、法律。这种信任，来自知根知底的熟悉，来自盘根错节的亲情，来自"跑得了和尚跑不了庙"的地域封闭。

乡村社会的互信性，在商品社会、市场经济中，也发生了重大变化。法治

① 费孝通著，刘豪兴编：《乡土中国（经典珍藏版）》，上海人民出版社2013年版，第9页。

② 费孝通著，刘豪兴编：《乡土中国（经典珍藏版）》，上海人民出版社2013年版，第10页。

思维的持续宣传、不断强化，天南海北、天各一方的生活现实，乡里乡亲之间、亲戚朋友之间，特别是在钱财问题上，越来越多地用法律手段、用协议方式解决，真正做到了"亲是亲，财帛分"的地步。

乡土社会的土地性、地方性、互信性等特点，决定了在农业经济条件下，在乡土社会，乡村类似植物群落，一点一点地蔓延、伸展，发展得很慢，变化得很迟缓，但是，所到之处、所过之地，都是占有之处、归化之地。不求步步惊心，只为步步为营。

二、乡土社会的结构及其时代之变

费孝通认为，文化是社会共同经验的累积，是依赖象征体系和个人记忆而维护着的社会共同经验。[①] 因为文化是集体的、外在的，而不是本能的，所以人们要掌握文化，就需要去学习，或者说，掌握文化知识要靠学习、靠记忆，而不是靠本能、靠先天。努力学习，才能掌握前人累积的文化知识。因此，文化就成了连接古代与现代、前人与今人的桥梁、通道。如果没有文化的积累和传递，后人就站不到前人的肩膀上，也难以超越前人，更无法创造人类文明的新高度、新辉煌。

在乡村社会，知识的学习、文化的传承，主要靠的是口头语言，因为乡下人大多不识字，没有用文字，也就是书面语言进行文化传承的条件。但是，这并不等于说乡下人不聪明，智力低下。他们可能是非常聪明的，只不过因为生活艰难，没有条件读书识字。因此，费孝通提醒人们要注意分辨，高智商不一定是高学识，有文化的不一定是智力高人一等的。[②]

费孝通发现，西方社会的社会结构，是一种团体格局。西方社会像一大捆柴，每一个人都是柴捆里的一根柴，每一个人都能找到和他一样的人，找到他自己的位置；每一根柴都能找到和它一样的柴，找到它的位置。在中国广大乡村，社会结构则是差序结构、差序格局，每一个人都是一张网的中心，每一个人以

---

① 费孝通著，刘豪兴编：《乡土中国（经典珍藏版）》，上海人民出版社2013年版，第19页。
② 费孝通著，刘豪兴编：《乡土中国（经典珍藏版）》，上海人民出版社2013年版，第13页。

自己为中心,推己及人。①这种差序结构是具有相对性、伸缩性的蛛网结构、水波结构、同心圆结构。差序结构形成大小不同的人际关系网,充满着自我中心的自我主义。

在当代中国,随着法治思想的普及和深入,以及社会流动性的加强,个人权利意识的增强,广大乡村的社会结构,也在向着责权利明确的方向发展。

社会结构和乡土文化的关联在于,"社会结构格局的差别引起了不同的道德观念。道德观念是在社会里生活的人自觉应当遵守社会行为规范的信念。它包括行为规范、行为者的信念和社会的制裁。它的内容是人和人关系的行为规范,是依着该社会的格局而决定的。……道德是社会对个人行为的制裁力,使他们合于规定下的形式行事,用以维持该社会的生存和绵续"。要了解一个社会结构格局中的道德体系,可以通过他们的宗教观念。"宗教的虔诚和信赖不但是他们道德观念的来源,而且还是支持行为规范的力量"②。从社会结构到道德观念、行为规范,再到宗教观念,社会结构就和文化紧密联系上了。

20世纪,美国取代英国,成为世界实质上的霸主。美国先是隔岸观火,通过军火生意快速发财致富,积累财富;后来不得已参战后,又积极攫取世界反法西斯战争的胜利果实,在其本土组建联合国以巩固二战后各种既得利益。因此,那个年代,很多人眼里,美国真的就是灯塔国,是人类的未来,是公平、正义的化身、代表。从字里行间可以看出,在那个年代,费孝通对美国是极为推崇的,认为这里是人人平等、人人自律的人间天堂、人间楷模,"在这个基础上才发生美国《独立宣言》中开宗明义的话:'全人类生来都平等,他们都有天赋不可夺的权利'"③。2022年初,俄乌冲突上升到武装冲突,美国一方面率领欧美众多国家围殴俄罗斯,在不同领域、不同层面、不同程度集体制裁俄罗斯,另一方面,又通过冲突大发能源财、军火财。近几十年来,美国直接在巴拿马、利比亚、伊拉克、南联盟、阿富汗、叙利亚等地发动了一场又一场战争,发了一

---

① 费孝通著,刘豪兴编:《乡土中国(经典珍藏版)》,上海人民出版社2013年版,第24—27页。
② 费孝通著,刘豪兴编:《乡土中国(经典珍藏版)》,上海人民出版社2013年版,第30—31页。
③ 费孝通著,刘豪兴编:《乡土中国(经典珍藏版)》,上海人民出版社2013年版,第31页。

轮又一轮战争财。更为可笑的是，美国发动战争时，往往自居道义制高点，指责这些国家不人道、反人权。现在越来越多的人已经看明白，美国是只对美国人讲平等、自由、公正，美国一贯奉行的，始终是美国优先，在美国利益面前、在美国优先面前，一切都是工具和手段。这么多年来，美国到处侵略、欺凌，到处煽风点火，搞颜色革命，打代理人战争，是国际动乱、社会动荡的策源地，是做事最不平等的，是对其他国家和民族最不平等的，是表里不一、心口不一的典型。对美国的这种两面派，这种言行不一，费孝通本人后来也有一定的认识，美国"表面上是偏重同意权力的，但是种族之间，事实上，却依旧是横暴权力在发生作用"①。时至今日，对国际政治和经济，人们已经逐渐能够透过现象看本质，不再只听其表面言辞，还要观其行动，从听其言到观其行，全面、完整、立体地看待一个国家的表现。

三、乡土社会的结构单位及其时代之变

费孝通认为，在西方，家庭是团体性的社群，能经营的事务很少，主要是生儿育女。在中国乡土社会，家庭是差序性的社群，沿亲属差序向外扩大，又受单系路线的限制。中国的家庭，是根据单系亲属原则，即父系亲属原则组成的社群，亲属结构的基础是亲子关系。在这种学术理路中，家庭就成为乡土社会结构的最小单位，赋有政治、经济、宗教等复杂的功能。家庭扩大，就发展成为家族、氏族、部落。在乡土社会，为了家族的长期生存，家庭"必须是绵续的，不因个人的长成而分裂，不因个人的死亡而结束"②。家庭、家族和氏族，作为社群的结构原则都是相同的，都是一贯的、单系的差序格局。在这种格局主导下，家庭是小社会，社会是大家庭。

20世纪80年代，随着工作压力的加大，生活节奏的加快，随着人们谋生方式、生活方式的巨大变化，随着西方生活观念的影响，家庭不再那么稳定，家

---

① 费孝通著，刘豪兴编：《乡土中国（经典珍藏版）》，上海人民出版社2013年版，第57页。同意权力，是着重社会合作的、协商授予的权力；横暴权力，是着重社会冲突的、强权压迫的权力。
② 费孝通著，刘豪兴编：《乡土中国（经典珍藏版）》，上海人民出版社2013年版，第39页。

庭秩序不再那么讲究，家庭成员不再那么团聚，大家海角天涯，天各一方，过着不同的生活，有着不同的人生，人们的世界观、人生观、价值观发生了重大变化，最突出的是道德观、利义观、责任观、亲情观也发生了重大变化，受传统文化和道德观念的影响越来越少，受商品经济市场经济的影响越来越大，向钱看、向利看成了一些人生活的中心。独生子女政策的实施，很大程度上打破了家庭结构、亲属结构中的单系亲属原则、父系亲属原则，家里只有一个女儿的，别无选择，只能抛开单系的、父系的亲属原则。

费孝通认为，在一个文化范型中，文化限制着个人的很多取向，包括感情取向。他介绍了西方的两种文化模式。一种是阿波罗式，认定宇宙的安排有完善的秩序，超于人力之上，人只能接受它，连维持它的力量都没有；天堂遗失了，黄金时代过去了，象征着西方古典精神、古典文化。一种是浮士德式，把冲突看作存在的基础，生命看作阻碍的克服；没有阻碍，生命也就失去意义；把前途看作无尽的、不断变化的创造过程，象征着西方现代精神、现代文化。

乡土社会是阿波罗式的，求的是稳定、秩序。现代社会是浮士德式的，求的是变动、冲突。这两种模式的差别，相应表现在两种社会形态最基本的社会生活里。"乡土社会是靠亲密和长期的共同生活来配合各个人的相互行为，社会的联系是长成的，是熟习的，到某种程度使人感觉到是自动的。"[①]

在当今时代，乡土社会的人，也过着现代社会的生活。乡村与城镇、古典与现代交织在一起，乡下人也要常年在外为生计而奔波，一家人、一族人、一村人亲密地共同生活、长期地共同生活，已经成为过去，虽然并不遥远。父母兄弟之间，大多也天各一方，聚少离多，这就是当下的乡村和乡村文化。

四、乡土社会的治理文化及其时代之变

费孝通早期的学术著作，大多是先写成一篇篇的文章，辑成小册子出书；再把几本小册子，合成一本书出版。有的是出版社汇编成书的。《乡土中国》最

---

① 费孝通著，刘豪兴编：《乡土中国（经典珍藏版）》，上海人民出版社2013年版，第42页。

初出版时，就是由若干篇文章汇集成的小册子。

费孝通认为，乡土社会的治理方式，既不是法治（人依法而治），也不是人治（人依权而治，谁的权力大谁说了算），而是礼治（人依传统而治）。"礼是社会公认合式的行为规范。合于礼的就是说这些行为是做得对的，对是合式的意思。如果单从行为规范一点说，本和法律无异，法律也是一种行为规范。礼和法不同的地方是维持规范的力量。法律是靠国家的权力来推行的。……而礼却不需要这有形的权力机构来维持。维持礼这种规范的是传统。"[①]传统，就是社会所累积的经验，就是世代相传的、可以直接遵守的现成规则。

文化是传统的一部分。"文化本来就是传统，不论哪一个社会，绝不会没有传统的。……但是在乡土社会中，传统的重要性比现代社会更甚。那是因为在乡土社会里传统的效力更大。"[②]乡土社会尊重传统，崇尚传统，是因为在广大乡村，世世代代，土地的流动很少，人员的流动也很少，在这种几乎一成不变、世代相同的社会环境中，人们完全可以相信尊长、相信经验、相信传统。偏方治大病，不管能不能理解，搞不搞得明白，有样学样，先照着做就是了。

在广大乡村，文化就是传统，就是成法，就是祖辈的经验。文化，是有迹可循的，是有目共睹的，是人所共行的。这就产生了乡村礼治的特点，人们是自觉遵守的、主动践行的。"礼并不是靠一个外在的权力来推行的，而是从教化中养成了个人的敬畏之感，使人服膺；人服礼是主动的。"[③]礼能够为人所好，人可以具有服礼的主动性，乡村礼治便可以无为而治，不为而治，因为乡民自觉地有敬畏感，"举头三尺有神明"，这神明，就是文化，就是传统，就是信仰和敬畏。

费孝通也指出，在一个变动不居的社会，礼治是难以长期维持的。"礼治的可能必须以传统可以有效地应付生活问题为前提。乡土社会满足了这前提，因之它的秩序可以用礼来维持。在一个变迁很快的社会，传统的效力是无法保证

---

① 费孝通著，刘豪兴编：《乡土中国（经典珍藏版）》，上海人民出版社2013年版，第48页。

② 费孝通著，刘豪兴编：《乡土中国（经典珍藏版）》，上海人民出版社2013年版，第48页。

③ 费孝通著，刘豪兴编：《乡土中国（经典珍藏版）》，上海人民出版社2013年版，第49页。

的。不管一种生活的方法在过去是怎样有效，如果环境一改变，谁也不能再依着法子去应付新的问题了。"①简言之，乡土社会是服膺传统、墨守成规的，乡土之人是自我监督、自我约束、自我管理的。受工业化城镇化裹挟，广大乡村从传统社会、乡土社会向现代社会加速转型，从崇礼明德、蹈规守矩转向遵守规章制度，从克己复礼转向注重个人自我意识。

近几十年，受工业化城镇化影响，广大乡村从传统的农业社会，向工业社会、信息社会迈进，从小农经济向商品经济、市场经济转型，人员的流动性不断增强，连土地也可以流转了，快速发展变化的时代，新问题新事物层出不穷，老办法老经验不再灵验，传统、规矩、成法不再风光无限、威严无比。天命可以变，祖宗之法可不依，乡土社会也不再环境固化、方法固化，也不再服于成规、囿于成法，不再沉溺于礼治，而是在中国式现代化的伟大事业中，一起走向治理体系和治理能力的现代化。

在乡土社会，礼治之所以长期可行，除了乡土社会的长期稳定之外，还在于文化自身的特性。费孝通认为，教化也是一种文化方式，一种强制方式。教化过程，就是融入一定文化方式的过程。文化即教化，既是潜移默化的，又是让人别无选择不得不接受的。"文化和政治的区别就在这里：凡是被社会不成问题地加以接受的规范，是文化性的；当一个社会还没有共同接受一套规范，各种意见纷呈，求取临时解决办法的活动是政治。文化的基础必须是同意的，但文化对于社会的新分子是强制的，是一种教化过程。"②一方面，文化让人融入其中；另一方面，文化又让人不得不进入，这才成就了乡土社会的长期礼治。乡土社会，是稳定的、静止的社会，也是稳固的、经验的文化。而流动的社会，则是专业社会、契约社会，以共守规则应对变动不居。当今时代，包括广大乡村在内，都处于千年未有之变局，社会大变、文化大变、格局大变。乡土文化，也相应地与时变化。

新中国成立后，大规模搞社会主义革命和建设，进行社会改造，快速建立

---

① 费孝通著，刘豪兴编：《乡土中国（经典珍藏版）》，上海人民出版社2013年版，第50页。
② 费孝通著，刘豪兴编：《乡土中国（经典珍藏版）》，上海人民出版社2013年版，第62页。

了社会主义基本制度，从整体上超越、打破了沿袭千年的乡土社会结构，建立了新的基层社会结构。1978年之后，以经济建设为中心，社会、文化等急转弯、大转型，在农村大规模废除人民公社制度，推广分田到户、联产承包，在土地分配、经营模式等方面进行改革。同时，基层集体权力还在，使得基层社会处于向前尚未进入现代社会，向后难以退回乡土社会的状态，不古不今，不前不后，不上不下。乡村文化和乡下人的生命力是顽强的、强大的，他们在彷徨、徘徊中寻找活路、出路，很多乡下人进城谋生，有的坚决地离开了乡土，努力在城市扎根生存；更多的人是离乡不离土，农闲外出打工，农忙回家耕种。生存方式、生活方式变了，文化观念、道德观念也跟着变了。社会变迁的速度明显大于传统继替的速度、传统文化渐变的速度，年轻人大多选择了跟进新事物、新生活，接受新文化、新观念，他们在精神上、文化上打破了孝顺之道，但新的家族观、亲情观又未及时建立健全起来，一部分人出现了伦理真空、道德真空，精神上无所适从，各种宗教思想便乘虚而入，在基层快速扩张。关注基层文化，宗教不可无视、忽视。在一些地方，或大或小，庙宇很多。近些年投入大量财力物力搞基层公共文化服务，在很多村子建了文化活动室、文化广场，活跃了基层文化生活。但是，也有一些成了摆设，有的挪作他用。同时，一些村子的小学，在大规模并校中被裁撤，人去房空，校舍空置。可以说，在很多地方，不缺基本的文化设施、教育设施，缺的是文化活动、教育机会，缺的是文化人才、教育人才。需要引起重视的是，如何把乡村的文化设施用好、用到位，使他们在乡村文化的繁荣兴旺中发挥实在作用。

费孝通分析他生活的民国时期的乡村，在乡土社会存在横暴权力、合作权力、长老权力、时势权力几种势力。当今乡村，则有基层政权权力、黑恶势力、家族宗族势力几种力量。近几年持续扫黑除恶，铲除了一些为害一方的村霸，说明乡村确实是有黑恶势力在为非作歹。很多人组织建祠堂、修家谱，说明家族观念、宗族势力在乡村又浓烈起来。在全面加强党的领导的大政方针下，基层政权不断加强，基层治理能力不断提高，各种消极力量、不良文化被削弱，乡村文化，在乡村振兴的时代大潮中发挥着日益重要的作用。

张艺谋导演早期影片《秋菊打官司》(1992年),是乡土社会礼治秩序、法治秩序并存共治情形的艺术表现和反映。村长作为一村之长,是基层政权的代表,有横暴权力色彩;村长作为村里有威望的长者,又有长老权力色彩,集法治(政权)、礼治(乡贤)于一身。秋菊向村长讨说法,让村长道歉,是出于礼治动机要达到礼治目的,想让政府给评个理儿,向法治求助。村长被拘留,秋菊到县里、市里告状,都是通过法治行为实现了法治目的。尽管秋菊因为村长带人送她及时就医,救了差点难产而死的她,对状告村长感到反悔、自责。可以说是始于礼治,终于法治,让秋菊自己难以接受。时势权力与合作权力在影片中产生了碰撞。费孝通的学术创造,几十年后,在张艺谋的影片中被无意中予以艺术呈现。学术大师和艺术大师,不约而同地看到了中国乡村社会、乡土文化的特性所在。

五、乡土社会的文化接受与传播及其时代之变

费孝通认为,威权和政权不同,在官府、在衙门靠政权,在基层、在乡村靠威权。政权是皇权对个人的控制力,威权是社会对个人的控制力。在传统社会,政权与威权合力作用,上下分治,就是让人称颂的王道。政权过度膨胀,在额定赋役之外,干涉乡村人民生活,扰乱地方传统秩序,就是令人发指的霸道。

传统社会可谓威权社会,人们只要遵守现存规范即可解决生活中遇到的问题。人们服从规范和传统,自然服从掌握、熟悉规范和传统的人,也就是有社会威望的人。"在一个变动很少的社会中,从实际经验里累积得来的规范时常是社会共同生活有效的指导。规范对于社会生活的功效不但是它存在的理由,也是受到社会威权支持的理由。社会威权的另一面就是人民的悦服。悦服的原因是从此可以获得生活上的满足。社会结构不变动,规范成了传统,以往的成效是规范取信于人的凭借。"①社会规范,是可以逐渐演变为文化传统的。要掌握、熟悉规范、传统,就要识文断字,就要有阅读典籍、文字的能力。

---

① 费孝通著,刘豪兴编:《乡土中国(经典珍藏版)》,上海人民出版社2013年版,第103—104页。

　　乡土社会是有语无文的，人们用口头语言交流，较少用书面语言，即文字进行交流。"中国的文字并不发生在乡土基层上，不是人民的，而是庙堂性的，官家的。所以文字的形式，和文字所记载的对象都和民间的性格不同。象形的字在学习上需要很长的时间，而且如果不常常用，很容易遗忘；文言文的句法和白话不同，会说话的人不一定就会作文，文章是另外一套，必须另外学习；文字所记载的又多是官家的文书，记录和史实，或是一篇篇做人的道理，对于普通人民没有多大用处的。这类文字不是任何人都有学习的机会。"[①]中国的文字由专业人士所创造，最初为上层社会所使用，随着社会生产力的发展，特别是随着印刷术的发展，才逐渐普及、推广到社会下层。在古代社会，只有那些有闲、有钱的人，才有条件成为读书人，才有机会进入统治集团。文字，在广大下层人士中，也就有了神秘的魅力，识文断字，成为得到社会威权、进入官僚政权的重要基础条件。统治阶级一方面拥有这种读书识字的权力，拥有读书识字的经济条件和文化氛围，另一方面，又要长期垄断、世代占有这种特权和荣耀。他们的主要目的，不是要发展知识、丰富知识，而是进入官僚集团，维护和巩固统治地位。

　　新中国成立前后，中国共产党领导发动大规模识字运动。新中国成立后，党和政府更通过识字班、夜校等途径，在广大乡村开展识字运动，在农民中大规模普及文化知识，大力扫除文盲。对少年儿童，则让其进入中小学学习，一开始就接受学校教育。学习文化知识，读书识字，成了大家在新社会的基本权利。进入21世纪后，随着经济的发展、社会的进步，高等教育也广泛普及，从精英教育转型为素质教育，大学生不再有令人羡慕的地位和身份，而成为普通的学生群体。大家都读书识字了，识文断字不再是一种高贵身份和社会特权的象征，而是人的基本素质和基本能力。

---

① 费孝通著，刘豪兴编：《乡土中国（经典珍藏版）》，上海人民出版社2013年版，第105—106页。

六、乡土社会的文化意识及其时代之变

费孝通认为，每个社会都有其社会意识、政治意识。在传统社会，士大夫阶层在经济上是地主，在社会上是绅士，在政治上却是臣仆。原因在于士大夫在政治意识上，他们只是想维护、维持封建皇权，没有想去占有皇权；只是想去服务、服从封建政权，没有想去操控政权。士大夫的这种政治意识，就是道统意识。实际上，在道统问题上，与其说是政治意识，还没有文化意识来得更准确、更深入，因为道统已经是一个文化取向、文化心态问题了。

道统，主要是儒家传道的脉络和系统。它不是一成不变的，而是随时代形势不断调整的。但万变不离其宗，就是要维护地主阶级、士大夫阶层的经济地位、经济特权，实际主要是维护封建的土地所有制。其达到目的的方式，不是占有政权、操控皇权，而是影响政权、影响皇权。这种影响，主要是从思想观念上、从意识形态上来进行的。因此，道统主要是地主阶级、士大夫阶层"所维持的政治规范的体系"①，实际就是影响政治规范的思想体系、理论体系。因此，道统，就是千百年来在广大乡村、在乡土社会盛行的文化理路、文化意识。

道统，实质就是占据道义制高点，不去占、也占不了权力制高点。这样，在政治权力体系之外，形成一套文化意识权力体系。在实际统治效果上，政权、政统解决不了、解决不好的世道人心问题，由道统来解决，或者寻求缓解等办法，这就是道统最基本的作用，服务政统，为政统排忧解难，补充政统力量到不了，或力量不足的地方。政权有更迭之变，不断改朝换代；而道统，则是一以贯之，一路向前。事归政统，时事、世事是纷纭多变的；理归道统，天理则是永恒的、长久的。在这一意义上，道统，实际上是长期为政统保驾护航的。在改朝换代之际，人心不变，社会不散。道统作为道义制高点，它能对政权的胡作非为在道义上进行谴责，使政权、政统有所忌惮。在这个意义上，道统又是政统的

---

① 费孝通著，刘豪兴编：《乡土中国（经典珍藏版）》，上海人民出版社2013年版，第112页。

制衡。

总之，道统之于政统、政权，至少有三种作用：服务政权，帮助解决政统处理不了、处理不好的问题；护航政统，在王朝更迭时保障社会意识形态的稳定，以利新政权的稳固；制衡政统，从道义制高点影响政权多行有道义之政。

长期影响所至，道统在广大乡村，就是乡土社会的意识形态、主流观念。最明显的例证，便是暴发农民革命时，总要从道义上说事，说旧政权倒行逆施、违背天道，新生力量要替天行道，解民于倒悬、救民于水火。因为在道统观念体系中，皇帝是天子，皇权是天权的代表，只是代天行政、代天治民，而不是天权本身、不是上天本身，皇帝和政权如果胡作非为，老百姓是有义务有责任另投明君、另选明主的。

在20世纪，随着封建王朝曲终人散，共和思想的形成与共和国的建立，道统思想也失去了其社会基础、政权加持。当今时代，在广大乡村起作用的，只能是社会主义意识形态，只能是党和政府的意志。

在费孝通看来，一方面，文化要有时用，有使用价值。"人类创造文化为的是要增进他们生活的价值，他们并不会以维持文化为目的而牺牲生活的。……一个对于生活没有用处的文化要素，……决不能长期保留。一个活着的文化要素因之必然对于利用它的人有他的用处。"[1]另一方面，文化的价值是时常变化的，在这一个地方、这一个时间是对人有利的、受欢迎的，在另一个地方、另一个时间可能就是对人有害的、让人讨厌的。

文化问题，最好的办法是循序渐进，不宜急躁。文化的问题、观念的问题，包括文化改革在内，"不能一切从头做起，也不能在空地上造好了新形式，然后搬进来应用，文化改革是推陈出新。新的得在旧的上边改出来。"对文化改革，既要重视改革的动力，也不能无视改革的效力。

为什么要关注乡村、研究乡村？费孝通的说法，可以供人思考。"不敢说乡村之外的中国是不重要的，更不敢相信乡村可以和其他部分隔绝了去解决它的

---

[1]　费孝通著，刘豪兴编：《乡土中国（经典珍藏版）》，上海人民出版社2013年版，第366页。

问题。我只能说在乡村里可以看到中国大部分人民的生活，一切问题都牵连到这些在乡村里住的人民。我也相信目前生活最苦的是住在乡村里的人民，所以对于他们生活的认识应当是讨论中国改造和重建的重要前提。"①时至今日，这段话、这种思想、这份情感，仍然是值得人们思考和关注的。

---

① 费孝通著，刘豪兴编：《乡土中国（经典珍藏版）》，上海人民出版社2013年版，第367页。

第五章

文化、学术视角中的乡村与乡村文化

在近现代，从文化、学术等角度关注乡村、研究乡村文化的人士比较多，著名的有梁漱溟、晏阳初、陶行知、钱穆等人。本章重点分析梁漱溟、钱穆的相关思想与观点。

一、文化比较视野中的中国文化特质

梁漱溟是从中国文化与西方文化、印度文化的比较中，来讨论中国文化特质的。[①]

梁漱溟认为，中国文化和西方文化、印度文化，是人类文化中三种主要的、不同的文化发展路向。西方文化是向前看的文化，纵欲的文化，要探索未知、征服自然，科学技术发达。

印度文化是向后看的文化，禁欲的文化，重在反思反省，追求生活的解脱、生命的超脱，宗教文化发达。

中国文化既不向前也不向后，是注重当下、注重现在的文化，克制欲望的文化，重视现时的享受，安于知足，克己复礼，主张善待自然、天人合一。中国文化以调和、持中为根本精神，认为调和折中堪称宇宙法则，宇宙万物都是相对、中庸、平衡、调和的。世间的变化，就是调和与不调和的转化，要么是由调和到不调和，要么是由不调和到调和。因此，君子要乐天知命，畅迎天机而动，中

---

① 梁漱溟：《东西文化及其哲学》，上海人民出版社2015年版，第63、73、121页。

乎大势而发，执其两端而用其中间，极高明而道中庸。

在历史上，因为地缘邻近，中国文化与印度文化发生联系较早，影响也较大，从印度传入的佛教，在中国落地生根，就是明显例证。近代以来，西方通过工业革命而率先崛起于世界，并在世界范围内发动血腥的殖民运动。他们用坚船利炮打开古老的、庞大的中国的大门，迫使中国进入半殖民地半封建社会，彻底改变了中国的社会形态，也迫使中国人走上变法自强之路，相继在器物层、制度层、文化层寻求变革。发展到1920年前后，产生了文化层面的大变革，最突出的，便是新文化运动。以胡适、陈独秀等人为代表倡导的新文化运动中的新文化，实际上是西方文化，后来也包括苏俄文化。现在来看，这场新文化运动，通过介绍、引进西方文化，或者说以转述来的西方文化为武器，批判、指责中国文化，乃至否定、打倒中国文化，从打算用西方文化改造中国文化，极端发展到要用西方文化取代中国文化，使中国文化完全西方文化化。好在中国文化根基深厚，特别是在广大乡村根深蒂固，并能不断生生不息，不断吸纳异质文化中的有益成分，既发生新变，又不自绝生路、自取灭亡。极其顽强的中国文化，历经百年阵痛，凤凰涅槃，再迎新生，表面上是中西杂融，根上仍是中国文化，用老话说是中学为本（体），西学为用；用新词说就是形西实中，表西里中。对中国文化问题，20世纪初的中国文化人，特别是受了西方文化影响较大的那些中国文化人，如果他们保持平和心态，而不是激于义愤，用历史的、发展的眼光客观看待中国文化和西方文化，就会发现中国文化不可能一无是处。回头看，直到1400年，中国文化都是领先于西方文化的；1600年以前，中国文化在各方面不输西方文化；在1800年以前，中国文化与西方文化各有所长，直到那时，中国人还是很有文化自信的。只是在1840年之后的几十年，随着鸦片战争的失败，才从军事上的一败涂地，发展到很多人认为在西方文化面前，中国文化是一无是处的。

这场由文化精英发起的新文化运动，先是在大城市发端，后经过很多大学生、新青年的传播，也渐次影响到中国广大乡村，使乡村的文化观念、文化风气，发生了新的变化。

　　梁漱溟认为，中国人的人与自然浑融、从容享乐的物质生活态度，人与他人浑融、淳厚礼让的社会生活态度，都要比中国人的精神生活有更多可取之处。在中国人的精神生活中，反映了中国文化，这种既不向前也不向后的，既不同于西方也不同于印度的文化路向，沉溺于调和持中、容忍敷衍。中国文化的这种文化路向产生的主要原因，是中国很早就出现了后人难以企及的伟大文化天才，把原因归到了天才说。"一个社会实在受此社会中天才的影响最大，天才所表出之成功虽必有假于外，而天才创造之能力实在无假于外。中国之文化全出于古初的几个非常天才之创造，中国从前所谓'古圣人'，都只是那时的非常天才。文化的创造没有不是由于天才的，但我总觉得中国古时的天才比西洋古时的天才天分高些，即此便是中国文化所由产生的原故。……如果只有平常的天才，那么，道理可以一点一点的接续逐渐发明，其文明可以为积累的进步不已；若开头是个非常大天才，其思想太玄深而致密，后来的天才不能出其上，就不能另外有所发明，而盘旋于其范围之中。"[1]这种说法，有些故弄玄虚，在解释路径上跑偏了。中国文化重视人与自然的和谐相处，而不是人对自然的征服，也不是人对自我的诘难，才有了中国文化的调和持中，也有了中国人精神生活中的容忍礼让。在当今的广大乡村，随遇而安、既来之则安之的宽容心态、宽广胸怀，让人们在面对剧烈的社会转型、强烈的精神焦灼时，得以尽可能保持心态的平和、精神的平静，在世界大变局中安然向前。中国今日之文化，决定了明日中国之状况面貌。

二、中国文化的自信自强之路

　　钱穆指出，在20世纪60年代中期，蒋介石提出"复兴中华文化"后，在台湾，人们不再随便乱骂中华文化了。他认为这是好现象，因为文化各有短长，中国人不能为中华文化自卑。文化"各有长处，亦各有短处。我们贵能异中求同，又贵能同中求异，莫要认为他们的太好了，我们的便都不如人。文化前进是曲线

---

① 梁漱溟：《东西文化及其哲学》，上海人民出版社2015年版，第155—156页。

的,有时高,有时低。……但把全过程看,中国在西方之上的时期也不少。……最大的毛病,在我们不认识、不爱惜自己文化,……弥天漫地只是功利,只有自私,只顾眼前,把国家民族摆在后。今天我们第一能不谩骂中国文化,第二要能从各方面去认识中国文化,那就前途无量"。"中国文化主要重在人,就在我们中国人各人的身上。我们且不要看不起中国人,也不要看不起自己。中国文化只是中国人的一个影子,中国人也只是中国文化的一个影子。"①在这里,点出了几个关键问题,一是文化各有千秋,中国人对中国文化要有文化自信。二是中国人要从文化自信努力文化自强,因为文化是人的影子,人也是文化的影子。文化不自信,实际是人不自信。文化不自强,实际是人不自强。中国人不能自怨自艾、埋怨中国文化不如人,要发奋进取,创造中国文化的新辉煌。

新文化运动自有其历史作用,但不可否认的是,它也是文化自卑、自轻的典型。在新文化运动中,新文化就是以西方文化为新,新文化运动实乃全盘西化运动,至少是文化上全盘西化的运动。"在民国六年、七年以后,有所谓'新文化'运动,大家认为中国人旧有的一套要不得,只有西方人讲的对。"有人要激愤地否定、打倒中国文化。这是一些人过分沉迷西方文化,盲目崇拜西方文化的恶果,他们沉沦于西方文化的表象与一面之词之中,拿对西方文化的一知半解来贬损、肢解、毁掉中国文化。这是文化陶冶、文化影响的负面结果。"文化本是人造的,没有人,就没有文化。但文化也能回转来创造人。任何一种文化,其本身必然有一种内在的理想,而且也该有一种力量,叫人随着此理想而发展,而成为此文化体系中所理想的一个人,此之谓文化陶冶。"②文化陶冶的主要作用是,无论是中国文化还是西方文化,他们所理想的人就是根据文化理想而陶冶出来的中国人、西方人。

科学与文化各有侧重,科学服务人的身体,文化服务人的心灵;科学重物,文化重情。科学解决的是认识自然、利用自然的能力问题,没有解决情感问题、

---

① 钱穆:《中华文化十二讲》,贵州人民出版社2019年版,第18—19页。
② 钱穆:《中华文化十二讲》,贵州人民出版社2019年版,第23.22页。

价值问题，反而加剧、加重了情感焦虑、价值混乱。科学解决物质生活便利问题，而难以解决精神生活安乐问题。科学难以解决的，便是需要文化发挥作用的地方。

钱穆对三不朽的解读，有历史感和时代感。[①]立德、立功、立言，从立品德、立事功、立著述的维度理解，立德的门槛最低，人人都可以做，努力成为一个重品德、有品德的人。立功，在古代要能攻城略地，封疆一方，才算是建功立业；在当代，科学家进行发明创造，开发制造新产品，也算是有了事功。科学家、发明家不是一般人能做得了的，立功的难度要高于立德。艺术家要有文艺素养，要有传播得开的文艺作品、理论著述，艺术家也不是一般人能做得了的，不仅需要艺术才能，也需要长期的艺术积累，立言的难度要高于立德。

立德，主要是看重道义、精神，条件限制最少，人人能做。中国文化理想中，最重视有德之人、立德之人，它在中国人中影响也最大。在广大乡村，还是要首重立德、首倡立德，同时注意乡村的精神生活、物质生活的改善、发展。在中国广大乡村有了更多合于中国文化理想之人，中国文化理想才能早日在中国大地遍地开花。

中国文化理想中，还有会诸异于大同的追求，道并行而不悖、万物并育而不相害的志趣，这与文明冲突、民族纷争的西方文化传统大异其趣。[②]中国传统文化理想有助于破局战争思维、破解冲突局面，这是其优势。但是，它也有明显的短板。中国文化是内求诸己、反躬自省、自律自得的文化，不是外加于人、强人所难的文化。这种缺少侵略性、扩张性的文化，如果过度向内，则难免被人欺侮，如北宋、南宋，就是这种一味向内、自律自得的例证，沦落到只顾玩文化，只会玩文化，富而不强、弱而不贫；自闭到只有修身养性、怡然自得，早晚会被人痛打，而后在警醒、觉悟中新生。

文化是人的文化，文化都是人创造的。文化与人的关系又是相互的，文化对人也有作用力。人群创造文化，文化又可以陶冶个人。民族创造文化，文化也

---

① 参见钱穆：《中华文化十二讲》，贵州人民出版社2019年版，第59页。
② 参见钱穆：《中华文化十二讲》，贵州人民出版社2019年版，第66页。

可以塑造民族。

中国文化具有超强同化力。在过往的历史中，各民族之间通过长期交往、交流、交融，发展为完整不可分割的中华民族共同体。在未来的历史上，中华民族虽不见得有意去同化其他民族，但中华文化仍然会对其他文化产生强大的吸引力、同化力。

钱穆的文化观，是大文化观，宏观文化观。"文化即是人生，文化是我们'大群集体人生'一总合体，亦可说是此大群集体人生一精神的共业。此一大群集体人生是多方面的。如政治、经济、军事，如文学、艺术，如宗教、教育与道德等皆是。综合此多方面始称作文化。故文化必有一体系，亦可说文化是一个机体。……文化是多方面的人生，定要互相配合成为一体，……讲文化，应从文化的多方面来了解其总体系，再从其总体系来了解其各部分之意义、责任与地位。"文化不仅是综合体，而且是分层的。"文化的第一层，也是文化之基层，便是上述经济、政治、军事三项。此一基层安定了，才能发展到其他阶层。如文学、艺术已是文化之第二层，即文化之中层，等于树上开了花，必须有根有干才始能开花。由是进到文化之第三层，即文化之上层，乃有宗教信仰。"①文化分为三层，不是并行的，而是如金字塔一般。文化的基层、底层最大，包括经济、政治、军事；文化的中层，是艺术；文化的顶层，是宗教。文化的上边两层，相当于中观文化，与政治、经济、军事并列的文化。这样来看，钱穆的文化观，实际上是把宏观文化、中观文化混合到一起来讲了，是混合文化观。从这一角度来看钱穆的文化观，理路就清晰易懂了。

钱穆认为，在一个民族、一个国家中，如果大多数人的文化意识淡薄，文化精神消失，这一文化就会下降或后退，此即中国古人说的道不明、道不行。中国文化极为注重人文精神，并成为文化信仰、文化理论的关注核心，而人文精神的主要重心则在人心。因此，治国理政的关键，就是引导每个人正心诚意。但是，修道必先明道，复兴文化必先知悉文化。文化之进退升沉、兴盛衰退虽然

---

① 钱穆：《中华文化十二讲》，贵州人民出版社2019年版，第78—79页。

无法脱离政治、经济、军事之基层，但求其深处，主要还在于学术思想、信仰风俗，深入于人心内部。古人多认为政治高于经济、军事，文教高于政治，即政统高于富强，道统高于政统。文化之进退升沉，即是道的进退升沉。当今的文化，即古人的道体。因此，文化的进退升沉、兴盛衰退，权其机栝，乃在个人身上、个人心中。[①]中国广大乡村，人口众多，中华文化之复兴，必离不开乡村文化之复兴。

钱穆认为，近二百年来，西方领导着世界，西方文化主导着世界。西方文化的精义，一是斗争意识，一是进化理论。[②]一百多年来，在西方文化的强烈冲击下，一些中国人丧失了民族自尊心、文化自信心，意欲全盘西化，抛弃文化传统，结果是西方没学好，自己没守好，搞得不中不西、不土不洋，无所适从、无处立足。实际上，西方文化本身也问题丛生，已经给西方世界带来巨大灾难。西方文化物化得过分了，出现异化问题；竞争得过分了，发生了两次世界大战，搞得世界战火纷飞、鸡犬不宁。与西方人打交道，要盯牢他们的物质观念、斗争思维。近年来，随着西方自身危机的加剧，他们的表现更加肆无忌惮、更加疯狂。2017年，特朗普对中国发动贸易战、科技战，让世界看到了科技有国界、商业有国界，例如，美国的芯片技术，不让中国企业用，不让中国企业买，给钱也不行。2022年，俄乌冲突，美国带领西方国家集体制裁俄罗斯，甚至涉及俄罗斯的艺术家和猫狗，让世界看到了艺术有国界、动物有国界。其他西方的不讲道理、野蛮荒唐，真是只有想不到的，没有他们做不到的。中国文化的精义，是重义利、尚和平、论是非。发扬中国文化，可以补西方文化之偏，给人类文化带来新理念、新希望。

中国各地，包括广大乡村，都有把历史加深、把文化加厚的意识和行动，这不只是乡土观念、宗族观念在起作用，也是文化信仰的体现，有助于乡村社会沿袭祖辈传下来的风俗习惯、宗教信仰。[③]对民族文化，包括乡村文化，不能放

---

① 参见钱穆：《中华文化十二讲》，贵州人民出版社2019年版，第81—83页。

② 参见钱穆：《中华文化十二讲》，贵州人民出版社2019年版，第101页。

③ 参见钱穆：《中华文化十二讲》，贵州人民出版社2019年版，第120页。

任自流,由其自生自灭,而是要有组织、有体系地去引导,引导其向上向善。这种引导,可以是政权引导,可以是乡绅引导,也可以是教育引导,在广大乡村形成政权教化、乡绅教育、圣贤教导的合力。

钱穆认为,文化难分新旧,世界万物,"既无一个十足完全的新,也无一个十足完全的旧。……'周虽旧邦,其命维新。'若是从旧的中间再开出新的,在新的中间来保持旧的,那也可以。……文化不是唯物的,像一所老屋,可以拆旧建新。文化则有其内在之生命,如一棵大树,连根斩了,栽下新种子,那大树的生命已毁灭了。而且文化种子是民族,我们不能不要此文化而连带不要此民族。中西文化不同,最后还是在中西民族不同上生根。我们纵要新,也得从旧的上生根,来发展出新的。果能保存并发展吾民族生命,则可中可西,可新可旧"[①]。对民族文化、传统文化,不能除旧布新、拆旧建新,只能是推陈出新、新陈相继。

中国传统文化重人文,西方文化重自然,西方文化对中国文化之新,即使有新内容,也不是全然为新的、毫不相干的。中国人讲天人合一,天为自然,人为人文,就是自然与人文合一,不仅能够相通,而且共存共生,也不是势不两立、互不来往的。人文不仅只能在自然中产生,而且也不能脱离自然而独立;唯其如此,人文中也便少不了自然、脱不开自然。既然天人合一、自然与人文合一,中国文化对西方文化就要既不仰视,也不俯视,相互正眼看待,对西方文化中的有益成分,尽可以同化吸收,以使中国文化更加充实饱满、更加光辉灿烂,既保持中国固有之旧,又吸纳西方现代之新。循此路径,中国文化将会更有活力、更富生机,也将会为人类文明、人类进步贡献更多智慧、更多力量。

中华文化不是旧的、不是落后的,中华文化也不是只有人文色彩、人情世故,我们对中华文化要有坚定信心,就像对中华民族要有坚定信心一样。信心,来自对中华民族、中华文化历史的自信、前途的自信。民族自信的基础,基

---

① 钱穆:《中华文化十二讲》,贵州人民出版社2019年版,第143—144页。

于文化自信，充沛于文化传统。生生不息的中华民族、绵绵不绝的中华文化，终究继续一路向前，一路向好。有信心，就是力量；有力量，就有前途。对前途有信心，就有前行的力量。这就是中华文化的伟大价值、超凡意义所在，也是其最深沉、最持久、最坚强、最雄厚的力量所在，是其绝处逢生、转危为安的底气所在。

第六章

乡村文化的主要构成与活力源泉

我们重视乡村文化、研究乡村文化，不是出于同情和怜悯，而是因为乡村文化极度重要，轻视不得。

一、乡村文化的重要性

为什么要重视乡村文化？因为文化是一种新的发展范式，文化发展范式能创造其他范式难以创造的新成就，能够丰富人类发展的形态和内容。在2000年前后，出现了一种新的发展范式的呼声，这就是以文化为中心的发展范式。"在20世纪40年代和50年代，研究文化问题和重视文化的作用，曾是社会科学界的主流。后来，这方面的兴趣降低了。然而在过去15年中，文化研究有了复兴，正接近于明确提出一个新的以文化为中心的发展范式，或人类进步范式。"[①]在这种文化发展范式的观念下，如果乡村文化搞不好，乡村发展不上去，就不能很好地迎接、适应这一新的文化发展范式，就跟不上这一新的发展范式。

文化发展范式，对沉溺于经济思维中的人来说，似乎不合情理。但打开眼界、放宽视野，就会另有天地。换个角度看，经济制度、经济体制和发达与否并没有天然的联系。世界上实行市场经济的国家很多，但真正进入发达国家行列的并不多。社会制度、政治体制和发达与否也没有必然关联。世界上实行资本

---

① ［美］亨廷顿等主编，程克雄译：《文化的重要作用：价值观如何影响人类进步》，新华出版社2010年版，第30页。

主义制度的国家很多，真正进入发达国家行列的，仍然是那么有限的几个，也并不多。在儒家文化、犹太文化、西方文化等之中，都有发达国家和地区在其中成长起来，这说明，在不同文化理念之下，社会都可以发达起来。经济成功的国家和地区，"它们各自的有助于改善经济状况的文化因素有许多差别，错综而微妙，这进一步证明文化与繁荣之间并不存在一种简单的关系"①。总之，某一国家、社会发达与否，没有唯一的、包打天下的决定因素。地理、气候、制度、体制和文化等，都是影响发达与否的重要因素，但又都不是唯一的、一枝独大的决定因素。放宽到这种视野，以文化为中心的发展范式，或者说文化发展范式，也是可能的、可以的。因此，我们不应夸大文化的有限的作用，同时，也不应忽视文化的重要的作用。

为什么要重视乡村文化？因为乡村文化是民族文化基因、民族文化特质保存得更多、更好、更全面、更深入的地方。没有乡村文化的延续、传承，没有乡村文化的生生不息，民族文化很难延续传承，也很难保持原有基因和特色。文化基因，就是文化的遗传代码，是一种文化的内部标识，决定了此文化与彼文化的区别。文化特质，则是一种文化的突出特色，持久且稳定。

为什么要重视乡村文化？因为文化观念、思想意识既能促进生产和发展，也能损害、阻碍生产和发展。广大乡村要实现持久发展、健康发展，就要倡导、普及那些有助于生产和发展的信念、态度和价值观念，并延伸到每一个村民，最终传播、蔓延到整个乡村世界。对那些不利于生产和发展的信念、观念，则要找出原因，予以化解。"人们对于怎样才能富裕繁荣的信念在很大程度上关系到他们的行为。信念会反映在态度和价值观之中。而不利于生产的经济文化之所以出现，主要不是由于根深蒂固的社会习性，而是由于无知，或者是因为他们不幸受到了有缺陷的理论的引导。而人们接受有缺陷的理论，有时纯粹是出于意识形态，但有时则是为了统治者便于利用这种理论来维持他们所希望的那种政治控制。例如，军政权往往喜欢实行进口替代和自给自足的政策，因为

---

① ［美］亨廷顿等主编，程克雄译：《文化的重要作用：价值观如何影响人类进步》，新华出版社2010年版，第61页。

这种政策有利于他们加强自己的权力以及对公民的控制。"①乡村文化，要提倡、传播有利于发展进步、繁荣富裕的观念和信念，而限制、弱化那些不利于向上向善的观念和信念。

文化的范围，不限于琴棋书画、唱歌跳舞，还有道德品质、情操。"态度、价值观和信念，有时笼统地称之为'文化'，它们在人类行为和进步的过程中，无疑起着作用。"②信心和信念，也是文化。乡村文化建设中，需要重点强化的意识，不断增强的信念，就是"人穷志不短"。扶贫先扶志，扶贫要扶志，已经成为共识。"历史告诉我们，最成功的治贫疗法只能来自本身。外援可以有帮助，但是它像意外之财一样，也会有害处。它可能降低自身努力的动力并造成一种有害的无能感。正如非洲人一句谚语所说，'接人东西的手总是在给人东西的手的下方。'这不行。还得靠自己工作、节俭、诚实、耐心、顽强，贫困潦倒的人也许会觉得这些要求做不到，而自暴自弃。但是，归根结底，真正有效的办法只能是自强。"③这就是文化的作用之一，也是乡村文化建设的重点之一，让陷于困境之人树起创造美好生活的信心，摆脱贫困落后的状态，以坚强意志、顽强拼搏去追求美好生活，创造美好人生。

乡村文化建设，不仅要向美向好，让广大乡居人员享受艺术、欣赏经典，还要向上向善，让广大村民具有好的精神风貌、好的道德品质。

二、乡村文化的主要构成与文化色彩

乡村文化境况是动态发展的。在1840年以前的封建社会，乡村文化以封建文化为主体。在1840年以后的半殖民地半封建社会、官僚资本主义社会，乡村文化则受到封建文化、资本主义和帝国主义文化、买办文化等多方影响。新中

---

① ［美］亨廷顿等主编，程克雄译：《文化的重要作用：价值观如何影响人类进步》，新华出版社2010年版，第69页。

② ［美］亨廷顿等主编，程克雄译：《文化的重要作用：价值观如何影响人类进步》，新华出版社2010年版，第60页。

③ ［美］亨廷顿等主编，程克雄译：《文化的重要作用：价值观如何影响人类进步》，新华出版社2010年版，第58页。

国成立后，全国山河一片红，乡村文化以革命文化、社会主义文化为主体、主流。进入新时代，既倡导社会主义先进文化，又弘扬优秀传统文化，乡村文化呈现繁荣兴盛的新局面。

乡村文化的主体架构、主要构成，历史地看，也是发展变化的。1840年之前，主要是儒释道，这些传统文化构成了乡村文化传统的主流。1840年后，西方用坚船利炮打开中国的大门，西方文化随之大举跟进，乡村文化开始更多地受到西方文化的影响，传统文化不得不直面西方文化。新中国成立后，用革命文化、社会主义文化重审传统文化。改革开放后，从以阶级斗争为纲转为以经济建设为中心，西方文化，特别是其中的资本主义理念、市场经济观念、商业文化思潮大量涌入，乡村文化也深受影响。进入新时代，中华优秀传统文化、革命文化、社会主义先进文化都受到重视、得到发展，对西方文化也客观地取其精华、弃其糟粕，乡村文化走上兴盛之路。

乡村文化是极为丰富、不断发展的，乃至过于丰富、有些庞杂，导致难以包装，难以系统化。因此，对乡村文化，要有分门别类的意识，要用分而论之的方法。

当今时代，乡村文化的主要构成，就是社会主义文化（含革命文化、社会主义革命和建设的文化等）、传统文化、以西方文化为主的外来文化，它们共同构成乡村文化的主体，形成乡村文化的主要面貌，也共同形成乡村文化中新的文化传统。这些不同的文化，可以用不同的文化色彩来表示。社会主义文化，用红色来代表；传统文化，用金色来代表；西方文化，用灰色来代表。用不同的文化色彩来形象地表示、标识乡村文化的主要构成内容，是值得考虑的。一些学者虽然没有明确用文化色彩这一词语，但他们已经实际注意到了文化色彩的事实。"实际生活中的文化差异并不是黑白分明，而是不同颜色彼此渗透。"[①]在这里，不仅看到文化色彩的实际存在，还看到不同文化色彩之间是相互交织的。确实，文化色彩之间不是泾渭分明，而是相互影响、相互濡染的。

---

① ［美］亨廷顿等主编，程克雄译：《文化的重要作用：价值观如何影响人类进步》，新华出版社2010年版，第361页。

社会主义文化，是社会主义新农村的主流文化，是乡村文化的主导。用红色来代表、象征社会主义文化，是有根据的。第一，我们的党旗、国旗，底色都是红色。第二，社会主义新中国，常常被指称为红色中国；新中国也确实是尚红的。第三，社会主义中国的文化，经常被统称为红色文化；社会主义乡村的文化，自然是红色文化的一部分。第四，在传统思想观念中，红色是热烈、喜庆的，是经常被用作主色调的。因此，红色是值得作为社会主义文化的色彩象征的，社会主义新农村的主色调、乡村文化的主色调，就是红色。

传统文化，是民族文化、乡村文化的根脉。传统文化深植于民族历史之中，年深日久、历久弥新，用金色（或说金黄色）来代表、象征传统文化，是合适的。金色，可以视为乡村文化色系中的底色。传统文化，是一个民族穿越历史云烟而不迷失自我的压舱石、稳定器、水平仪，能在形形色色的文化虚无主义、历史虚无主义的冲击下巍然屹立。新中国成立后，党和政府高度重视传统文化，组织力量编撰民族民间文艺集成，存档留证，以资后人。进入新世纪，从非物质文化遗产保护入手，传统文化进一步得到重视、走向复兴。进入新时代，文化自信不仅跻身"四个自信"之一，而且被强调为是更基本、更深沉的力量。更进一步，被视为马克思主义中国化和时代化的两大路径之一，即在马克思主义与中国具体实际相结合之后，使马克思主义与中华优秀传统文化相结合。

传统文化中，虽然儒释道并行，但是真正根深蒂固的，还是儒学。儒学既是思想观念、价值理念，又是学术理论、商业伦理、意识形态、政治理念。儒学如此庞杂，或者说如此博大精深，以至于历经风雨飘摇而屹立不倒，即使受到新文化运动的强烈冲击，仍然顽强地存活、流传了下来。后又经过数次社会变革和文化演变，儒学仍然在传承发展。儒学为什么会有如此强大的生命力？因为在广大乡村，仍有儒学得以生存、传播的强大社会基础、生活条件。在很多地方，乡村经济仍然是农业经济，以农为本，以粮为纲，18亿亩耕地红线的划定，就是为了稳固农业之本、农村之基。乡村社会结构，仍然是以家庭为基础的社会结构，分田到户、包产到户的政策，又强化了家庭作为乡村基础单位的地位。乡村家庭结构，仍然是以家长为中心的家长制结构为主，在城市的情况也差不多。凡此种种，说明儒学产生的社会基础在乡村仍然是强大的、稳固的。在广大乡村，传统文化、儒学思想仍然发挥着巨大的、不可忽视的作用。[①]

传统文化注重乡贤文化。乡贤文化是乡村文化的重要内容，是乡村社会的上层部分，具有引领性、方向性的地位和作用。在乡村文化建设中，特别是在脱贫攻坚及乡村振兴中，都要注意发挥乡贤在扶贫先扶志、扶贫先扶智方面的重要作用、基础作用。

西方文化，主要指以美国为代表，以北美、西欧的发达资本主义社会为基础的文化。用灰色来象征西方文化，是比较恰当的。西方国家借助其经济、军事实力和霸权地位，在世界上到处推行其价值观念、意识形态，宣扬享乐主义、拜金主义、极端个人主义文化，资助学术文化活动以控制话语权、舆论权，通过洋节营造西方化文化消费氛围，千变万化而不离搞和平演变、渗透颠覆之宗旨。

西方文化在广大乡村的影响，一百多年前就有，现在还有不断增多的趋势。乡村文化如文化大地，有天然的演化形成的本土文化物种，有外来的扎下根来的外来文化物种。它们有不同的文化基因，但相互并不一味地排斥，也能共存共生甚至共荣。胡萝卜、玉米、土豆、烟草、西红柿或番茄、洋葱，乃至近些年引进试种的藜麦，都是成功引进并落地生根的外来物种。虽然它们有不同的生物基因，但由于气候气温、纬度高度、土壤土质等的相近，也在中华大地引进种植成功，有的还成为本地人的主要食物来源。同样的，外来文化物种也可以成为本地人的精神食粮来源，甚至精神主粮、文化主粮，例如，马克思主义就是当今我国等社会主义国家的指导思想，佛教亦在历史上对很多人影响巨大。

对西方文化，我们既要吸纳其有益营养，又要摒弃其唯利是图、心口不一等消极成分。西方不是救世主，它不是给世界各地送财富、送繁荣的，而是通过对全世界的盘剥、抽血，维护其自身的荣华富贵的。对这一点，我们要有清醒认识。例如，西方发达国家竭力搞全球化，无论嘴上如何说得天花乱坠，根本

---

① 参见［美］亨廷顿等主编，程克雄译：《文化的重要作用：价值观如何影响人类进步》，新华出版社2010年版，第319页。

目的还是要在全球范围内方便地、廉价地使用资源、劳动力;不遗余力地叫喊贸易自由,根本目的是为了在全球自由地售卖其产品。近年来,美国不断发动科技战、贸易战,对一些国家实行技术封锁、贸易封禁,这典型地说明了他们奉行的一切实质都是美国优先、美国利益至上,而不是什么公正公平、自由平等至上。

当今社会,在世界各地,特别是后发达地区,宗教仍然具有重要作用,宗教力量仍然深刻地影响着、干预着个人生活、社会事务。在广大乡村,宗教文化的影响不容小视。

社会主义文化、传统文化、西方文化因素,是乡村文化的构成主体。红色、金色、灰色,是乡村文化色系中的3种主要色彩。当前,红色、金色在增多、增强、增亮,灰色在减少减弱、变淡变暗。

总的来看,在广大乡村,社会主义文化,是当前乡村文化的性质,是红色的,相当于一个人的名字。传统文化,是当前乡村文化的根基,相当于一个人的姓氏,传承着民族文化基因。对西方文化,要吸收其积极的、优秀的内容,例如,开放、竞争、务实等,而摒弃其颓废、消极的内容。

三、乡村文化的若干特性

在这一部分,对乡村文化的几方面重要特性,予以简要论述。

(一)乡村文化的通变性

乡村文化的通与变,就是传承与新变。通,是传承、延续、继承,就是文化基因不变异,文化品性不变味,文化旗帜不变色,文化方向不变换。变,是喜新不厌旧,就是出新不推陈,就是同化异质、吸纳新质。对西方文化,完全可以从通与变的角度大胆面对。马克思主义和社会主义共产主义思想文化,就是通变,而且是大变的历史成果、时代成果,并且变成了中国特色,变成了社会主义的新高度、新形态。坚持通与变的观点,乡村文化既要主动适应工业化、城镇化、信息化、数字化的潮流与大势,又要坚守自己的文化品格,保护自己的文化基因,做到追求发展进步大势不可拗,坚定文化自信传统不可丢。

对文化传统，要从其核心文化理念、基本文化要素中，分列出其几种来路，分辨什么是共有的，什么虽非共有却是合乎时宜的。在传统文化中，影响最大的是三纲五常。三纲的核心，是忠君、孝老、顺夫。五常"仁、义、礼、智、信"中，信，常指诚信，当今还强调信心、信念、信仰，强调文化自信、历史自信。还有一种体系，君子三达德，其核心要素是智、仁、勇。由此看来，在中国传统文化中，仁和智，是重中之重，是核心中的核心。仁者、智者，是传统文化中极为推崇、极为敬重的，也是极为向往的。

仁者文化、智者文化，在中国文化中影响深远，在中国智慧中令人瞩目。古老中国历经劫难而生生不息，当今中国处于百年未有之变局、乱局而巍然屹立，与仁、智文化智慧的历久弥新大有关系。对新中国成立后的历史，有前30年、后30年的说法。当前，是又一个30年。新中国的这3个30年，仁、智双修，不同的抉择，朝着同样的方向前进，中华民族走向伟大复兴，世界格局更加均势、平衡。

如今，乡村文化仍处于转型期、碰撞期、融合期。进入新时代，持续强调全面从严治党、全面加强党的领导，不断强调传承红色基因、弘扬红色文化。同时，注重复兴传统文化，强调延续文化传统、保持文化基因。在这种理念下，新时代伊始就明确要求，文化体制改革，无论改什么、怎么改，都要确保方向不能改、阵地不能丢。不仅为文化体制改革，也为整个宣传思想文化工作划出了底线。乡村文化与整个文化领域一样，红色文化、传统文化不断得到加强，宗教文化、西方文化影响不断弱化。乡村文化虽然仍然是多种色彩的格局，但是，金色的底色越来越亮，红色的主色越来越突出、越来越耀眼。

（二）乡村文化的战略性

乡村文化的建设，实际上也事关文化战略问题。战略很大，也很简单。战略就是方向，就是路径。走什么路，往什么方向走，就是战略要解决的基本问题。

当今的文化战略，包括乡村发展的文化战略，有两大问题。一是要不要传统文化。答案是必须要，不然就失去了根基、血脉，文化基因就可能会被改变，发生变异、变质,民族文化特性就变成其他东西了,有可能非驴非马。如果那样的话,炎黄子孙、华夏儿女就徒有其表、有名无实了。二是要不要吸纳西方文化的成分。答案是也得要,因为即使你不要,别人也会硬生生地塞过来。西方文化,是近代工业文明的产物,在工业化、城镇化、信息化等方面领先世界。假如真要全面拒绝西方文化,没有几个人愿意回到工业社会之前,不用农业机械,仍用镰刀、锄头去耕种、收割。西方文化在对物理物性物用的探索开发制造上,功不可没,贡献很大,这些物质文明、科技发明创造的成果,我们的乡村社会也在享用,不可能把这些有用、好用的器物弃之不用。家用电器,基本上都是西方社会发明的,回到古老的农业社会生活状态而不用家电,现在还有几个人能习惯。因此,传统文化也要,西方文化的有益营养也要,把它们都融入文化传统之中,共同形成更盛大、更丰富、更有生机、更有活力的新的文化传统。

在传统文化和西方文化的关系上,也要正确处理、正确对待。张扬传统文化、复兴传统文化,不是以排斥西方文化为前提和手段的,同时不能刻意否定西方文化。正确的方式应当是否定之否定、利用之利用、镜鉴之镜鉴,在充分吸取、借鉴、利用西方文明成果的基础上,大力弘扬中华传统文化。不然,中华传统文化不仅是虚空的,而且会与当今世界文明发展脱节。借鉴利用了西方文化及其有益成果,传统文化才能更丰富、更鲜活、更有生机、更有活力,才能因为其包容之广、根基之深而引领世界文明发展、人类进步。

新时代的乡村文化,在社会主义文化、革命文化、传统文化、西方文化、宗教文化等的交互作用下,出现不少新特点:智识性,重视开发智力,增长学识。利欲性,在市场经济中,个人合理的物欲、情欲、利欲的释放和满足不再是负面的,一些人改为从正面认可、肯定。规制性,迫于法律法规,规矩制度的制约。

(三)乡村文化的共同性与差异性

乡村文化中,社会主义文化、中华优秀传统文化、西方文化等共同存在、共同作用,也有相应的几种文化色彩。这些文化色彩的不同,也是文化差异性的表现。

乡村是文化传统强大的根基、生生不息的力量之源,是传统文化的天然土壤和温床。在广大的乡村，不同的文化成分、因素有不同的影响，有不同的色彩，就有不同的色差，这些也是乡村文化差异性的表现。不只乡村文化，从世界的、历史的范围看，文化差异也是客观存在的。有学者就文化的差异性问题，进行了深入研究。

谭其骧认为，在中国历史上，不同的王朝，"存在着好几个不同的文化区，各区文化不仅有差别，有时甚至完全不同"[①]。这种不同文化区的存在，也可视作不同文化色彩的存在。不同的文化区，可以视作不同的文化色块。

从文化区的存在，又生发出文化的地区差异、时代差异，也就是文化的地区性和时代性。"自五四以来以至近今讨论中国文化，大多数学者似乎都犯了简单化的毛病，把中国文化看成是一种亘古不变且广被于全国的以儒学为核心的文化，而忽视了中国文化既有时代差异，又有地区差异。"[②]

谭其骧也指出，强调文化的差异性，并不是要忽视、否定文化的共同性。"我强调中国文化的时代差异和地区差异，不等于我否定中国文化有它的共同性。共同性和差异性是辩证地同时存在的。""我以为中国在一个国家里，汉族在一个民族里，一贯对待不同文化采取容许共存共荣的态度，……这就是中国文化的共同性。也就是中国文化的特点。"[③]包容大度，允许不同文化共存共荣，这就是中国文化的共同性。这种思想和观念，在当今时代仍然值得学习、借鉴并付诸实践。只有这样，对不同的文化，对不同的文化色彩，才能正视其存在，并合理布局、科学发展。

谭其骧是历史地理大家，对中国地理、中国历史，乃至中国文化比较熟悉。他对中国文化的时代差异、地区差异的分析也有道理。但是，总给人为了证明有差异而突出、强调差异的感觉，就如为了强调绝对运动，而忽视相对静止一样。中国文化有地域差异不假，但是，是在文化共同性之下的地域差异性。如果一味强调差异的绝对化，就如过于强调"十里不同风，百里不同俗"一样，把

---

① 谭其骧：《长水集（续编）》，人民出版社2011年版，第181页。
② 谭其骧：《长水集（续编）》，人民出版社2011年版，第195页。
③ 谭其骧：《长水集（续编）》，人民出版社2011年版，第196页。

风俗的小差异,当做文化的大不同,走向认为没有文化共同性的极端。实际上,文化的共同性与差异性的关系,应该是大同小异。文化的原则理念是共同的,地域性风俗习惯是各有不同的,但这种不同,犹如是小鸟身上的羽毛花纹有所不同,不是完全一样的,但它们作为一种小鸟,如作为小麻雀、小燕子却是一样的、共同的。

在一个国家、一个民族内部,尊重文化的差异性,强调文化的共同性,既是一个文化问题,也是一个政治问题、社会问题、民族问题。一味强调、突出文化的差异性,容易走向强调、突出民族的差异性,再往前走,就是极端民族主义、民族分裂主义,就会导致社会动荡、民族冲突。而强调文化的共同性,突出中华民族文化共同体意识,有助于形成中华民族共同体意识,有利于民族的和睦团结,使各民族像石榴仔儿一样紧紧团结在一起,有利于民族的共同繁荣,有利于国家的长治久安。

四、乡村文化的主要活力源泉

乡村文化的主要构成、主体内容,基本决定了乡村文化的活力所在、活力表现。

乡村文化及活力,有赖乡村社会。乡村社会及活力,有赖其所处社会形态。在农业社会,乡村是整个社会之本,是社会的主体,乡村文化在其中持续繁荣。在工业社会,城镇工矿为重为主,乡村被边缘化次要化,乡村文化相应衰弱,活力减弱。

在农业社会,农村是社会主体,是兵源地、财源地、税源地,城镇对社会经济的贡献小,农村和农村文化充满生机活力。农村是产品生产地,城镇是产品交易地。工业社会,是矿产、人力、资本、智力等要素聚集型社会,分散的农村对社会经济的贡献越来越小,除了仍是兵源主体、劳动力主体外,越来越被边缘化,导致农村凋敝,乡村文化凋零,乡村和乡村文化活力渐弱。

信息社会和数字社会,打破地域限制、资源集聚限制,不论城市乡村,每个人都可以看作网络上的一个节点,每个人都是服务业中的一员,主要靠个人智力和服务生存，农村又有了活力，乡村文化也有了新的活力。

在政治、经济、文化大格局中，文化有所赖有所依，但是，文化不是附庸、不是附属。因为文化有其独立性，有自身发展的规律。文化产业，就是文化独立性的证明和支撑。

文化是最需要自由和空间的，与拥挤的城市相比，乡村天然适合文化生存发展。借助互联网对地域限制、要素集聚的打破，乡村及乡村文化的优势得到彰显、得以发挥。

乡村文化的另一关键因素是人，乡民村民素质特别是文化素质的提高，能够有力推动乡村文化的繁荣发展。

乡村文化的境况，就是几种主要文化形态相互交织，呈现出不同的文化色彩，斑驳陆离，有浓有淡，有重有轻。乡村文化的活力，就是乡村文化鲜活、强大、不绝如缕、生生不息的生命力；当前乡村文化的活力，需要进一步加强。乡村文化的活力源泉，主要有现代化的浪潮、西方文化的冲击、本土文化、民族文化的伸张和复兴、文化强国建设的带动、乡村振兴的推动。

（一）现代化浪潮的活力源泉

现代化是很多国家的发展方向。实现现代化也是中国广大乡村发展的必然选择。现代化给社会发展、个人生活带来了方方面面的影响，对乡村文化的发展自然也产生了重大影响，成为乡村文化发展的强大推动力。

现代化，除引人注目的工业化、城市化之外，还有专业化、职业化，体现在产业、基建、教育、就业、社会动员、生活贫富等方面。互联网时代、知识经济时代、信息社会，现代化的突出特征，还应加上信息化、数字化。它们都对乡村、乡村文化产生了重要影响，引起了巨大变化。

现代化于人类文明的突出贡献，或者说现代化超越前代的伟大成就，是人类从此通过飞速发展、快速膨胀的科学、技术、工程等知识和能力，能够以前所未有的方式控制、营造环境。①

---

① 参见［美］塞缪尔·亨廷顿著，周琪等译：《文明的冲突与世界秩序的重建（修订版）》，新华出版社2010年版，第47页。

西方率先进入、实现现代化,西方文化也是率先具有现代性的文化。

党的二十大报告提出,我国要实现的现代化,是中国式现代化。与西方式现代化相比,中国式现代化是人口众多的现代化,是共同富裕的现代化,是人与自然和谐共生的现代化,是走和平发展道路的现代化,是物质文化和精神文明相协调的现代化,这种更高水平、更高质量的现代化,将对乡村文化产生更多正面的、积极的影响和推动。

(二)西方文化冲击的活力源泉

西方,通常指西方基督教世界,主要包括欧洲、北美,以及其他欧洲人居住的国家,如澳大利亚、新西兰。[①]西方文化,是处于发展变动之中的,当前主要是指以美国为代表的北美和西欧的文化;它是西方国家、西方社会在包含语言、法律、宗教、政治、农业、土地占有制等的文化同质性之上建立的。西方文化的特征主要在于,天主教和新教信仰、拉丁语系民族语言、精神权威和世俗权威分离、法治传统、多元社会、代议机构、个人主义等。[②]

西方文化,准确地说,欧洲基督教文明,作为一个独特文明,出现于公元800年前后。直到13世纪,它在财富、领土、军事、文艺和科学等方面,都落后于中华文明、伊斯兰文明等文明。15世纪,西方开始兴起。1500年到1750年,西方快速、强势兴起。西方的兴起,在很大程度上依赖于使用武力;西方扩张的直接根源是技术,是征服其他民族和文明的军事能力,例如,西方军队的组织、纪律和训练方面的优势,由工业革命而来的武器、交通、后勤和医疗保障方面的优势等。可以说,西方的兴起、扩张,西方对世界的征服,不是通过思想、价值观或宗教的优越,而是持续的、有组织的暴力和武力方面的优势。

西方兴起后的四五百年间,各主要文明间断续的、有限的、多向的碰撞,转

---

① 参见〔美〕塞缪尔·亨廷顿著,周琪等译:《文明的冲突与世界秩序的重建(修订版)》,新华出版社2010年版,第25页。

② 参见〔美〕塞缪尔·亨廷顿著,周琪等译:《文明的冲突与世界秩序的重建(修订版)》,新华出版社2010年版,第49—51页。

变为西方对其他文明持续的、不可抗拒的、单向的冲击。①当西方的这种冲击冲向中国时,中国难以避开,中国的广大乡村难以避开,西方文化影响了中华文化,包括乡村文化。西方文化中的世界观、人生观、价值观、信仰、文艺等,也对乡村文化产生巨大冲击,迫使乡村文化在接触异质的过程中,以不同方式进行发展。

成百上千年中,西方世界对来自中国、印度的文化及物品是渴慕、向往的。到了19世纪,事情颠倒过来了,西方文化及物品开始在中国、印度流行起来,成了先进、发达的象征。这种趋势和潮流,在世界各地日甚一日。1993年,美国对全球电影、电视和录像业的控制,超过了对飞机制造业的控制;当年全世界最受关注的100部影片中,88部是美国片。对爱情、性、暴力、财富、神秘事物、英雄主义的兴趣,是人类共同的天性,是世界各地人们的普遍喜好;②好莱坞电影,特别是其中的类型片,就围绕着这些题材大做文章,占领了世界各地的影院和文化市场,包括乡村的文化市场。

英语在学校教育中的突出地位,也能说明西方文化对乡村文化的冲击之大、影响之深。乡下小学,能开英语课的,通常被认为是地位重要的、水平高的学校。这是因为在很多人,包括乡下人的意识里,英语很重要,学习、掌握了英语,就可以没有语言障碍地走遍天下。"任何文化或文明的主要因素都是语言和宗教。"一种全球性的文明,一般会有一种全球性的语言或宗教与之相伴。1992年,讲英语的人口只占世界总人口的7.6%。但是,英语却是当今的世界语言,或者更确切地说,是当今世界的通用语言、工具语言,被来自全世界不同语言群体、不同文化族群的人用作交流的语言、交际的工具。③英语是世界工具语言,不同地区、不同身份、不同贫富的年轻人,要想走向世界,自在交流,首

---

① 参见［美］塞缪尔·亨廷顿著,周琪等译:《文明的冲突与世界秩序的重建(修订版)》,新华出版社2010年版,第29—31页。

② 参见［美］塞缪尔·亨廷顿著,周琪等译:《文明的冲突与世界秩序的重建(修订版)》,新华出版社2010年版,第37页。

③ 参见［美］塞缪尔·亨廷顿著,周琪等译:《文明的冲突与世界秩序的重建(修订版)》,新华出版社2010年版,第38—39页。

选路径就是学习、掌握英语这一语言工具。不仅知识改变命运，语言也改变命运，对生活在乡村的青少年来说，学好英语，就多了一种成功的选择，多了一分成功的希望。

（三）本土文化、民族文化伸张、复兴的活力源泉

西方文化强势、强力冲击世界各地，但是，世界上很多国家、民族不仅没有因之而西方化，反倒是在西方文化的挤压下，强化了本民族的文化意识，激发了本民族的文化自觉、文化自信、文化自强，推动了本民族文化的伸张、复兴。西方社会对其他国家和民族，利用一切机会推行西方化。其他国家和民族，需要的则是打破西方化，拿来西方文化适用的内容为己所用，推动本土文化、民族文化的繁荣发展。

受本土文化、民族文化伸张、复兴的影响，乡村文化也得到了新的营养和动力、新的成分和活力。本土文化、民族文化的伸张、复兴运动，成为乡村文化重要的、强大的活力源泉。

西方化和现代化密切相连。面对西方文化的冲击，非西方社会难以避免受到西方文化的影响，其吸收西方文化的营养成分，并在现代化方面取得了一定进展。但是，随着现代化进度的加快、进程的加深，西方文化不仅没有同步扩大影响，而且还遇到本土文化、民族文化的阻力和反弹；不仅没有使本土文化、民族文化衰落下去，相反还使本土文化、民族文化在文化认同上强化了共识，增强了自信，走向文化复兴。西方想要的，是西方化的成效大于、高于现代化；非西方社会接受的，则基本是现代化重于、先于西方化。西方社会有意无意带给非西方社会的现代化，促进了非西方社会的自觉和发展，改变了两者之间的实力均势和文化均势，增强了非西方社会的文化自信，促进了他们本土文化、民族文化的复兴。可以说，西方种下的是瓜，得到的是豆。

在西方社会和非西方社会的碰撞、作用过程中，西方化和现代化以两种方式促进了非西方社会本土文化、民族文化的复兴。社会层面，提高了总体实力、综合国力，使得国家和民众增强了对本土文化、民族文化的信心，满怀自信成为本土文化、民族文化的伸张者。个人层面，社会转型给人们带来价值困惑、精

神压力,导致文化认同危机,迫使各界精英千方百计引领民众形成文化共识,建立文化认同,进而强化文化自信,推动文化复兴。①通过民族文化、传统文化的复兴来应对、抗击西方文化的冲撞和挤压,保持民族文化特质,增强民族文化活力,包括乡村文化的活力。

本土文化、民族文化的伸张、复兴,对西方文化的反击、反弹,还表现在语言上。

"语言在世界上的分布反映了世界权力的分配。"历史上使用范围广泛的语言,无论是世界性的还是地区性的,都是或者曾经是帝国的语言,这些帝国以各种方式和手段积极促使其他民族使用帝国的语言。从强大的政治、经济、军事能力,到强势的文化,再到强盛的语言,一以贯之。英语在当今世界的通用语言、工具语言、交际语言地位,就是西方在当今世界强势地位的反映和表现。但是,一旦权力分配产生变化,就会引起语言使用的变化。"随着西方实力相对于其他文明逐渐衰落,其他社会中使用英语和其他西方语言,以及用它们来进行各社会间交流的情况,也将缓慢减少。假如在遥远未来的某一天,中国取代了西方成为世界占优势的文明,英语作为世界的共同语言就将让位于汉语普通话。"实际上,随着很多国家的健康发展,这些国家出现了两种相反的趋势。一种是青少年学生普遍重视学习英语,以备将来在全球资本和市场的竞争中更好地发挥作用;一种是在本土社会、政治等方面的压力下,不断强化本土语言的使用,人们"对西方语言的使用下降了,本土语言变得更为流行。"例如,在北非,阿拉伯语代替了法语;在巴基斯坦,乌尔都语取代英语成为官方语言、教育语言。②近些年,英语作为中考、高考的考试科目,社会上出现了反思的声音;孔子学院、中国文化中心在很多国家开办,汉语普通话成为很多国家青少年感兴趣的语言,这一切,都说明在语言领域,汉语也在不断伸张,影响力、感染力持续扩大。

---

① 参见[美]塞缪尔·亨廷顿著,周琪等译:《文明的冲突与世界秩序的重建(修订版)》,新华出版社2010年版,第54—55页。

② 参见[美]塞缪尔·亨廷顿著,周琪等译:《文明的冲突与世界秩序的重建(修订版)》,新华出版社2010年版,第41—43页。

（四）文化强国建设的活力源泉

政治对乡村有影响,对文化也有影响,对乡村文化自然也有不容小视的重要影响。在当今时代,东西南北中,党是领导一切的,听党话、跟党走,就是广大乡村最大的政治,也是最根本的要求。在中国共产党的领导下,乡村发生了翻天覆地的巨大变化,乡村文化取得了重大发展,特别是社会主义、集体主义的观念深入人心,集体意识、团体观念大为增强。因此,政治因素、革命力量是乡村文化发展的显著活力源泉。

政治风向严重影响文化风向、社会风尚,政治政策对国家和社会,对广大乡村和乡村文化,都有重大影响,而且多是决定性的影响和作用。建设文化强国、建成文化强国,是当前文化工作最大的政治、最高的政策,也是当前乡村文化极为重要的活力之源。

2011年,十七届六中全会明确提出要建设社会主义文化强国。2020年,在《中共中央关于制定国民经济和社会发展第十四个五年规划和二〇三五年远景目标的建议》中,中央明确提出,到2035年,建成社会主义文化强国。对文化强国建设,现在虽然有了明确时限要求、时间设定,但是时间表、路线图、标准线、任务书等指标性、约束性内容还没有提上日程,在这些方面,还有很多工作要做。文化建设的主要内容,基本上是明确的,就是社会主义先进文化、优秀传统文化、革命文化和红色文化。这几个方面,特别是传统文化,其在乡村文化中有重要地位、重要分量。一方面,乡村文化建设本身就是文化强国建设的组成部分。另一方面,文化强国建设的整体推进又能带动、促进乡村文化的发展。因此,文化强国建设是乡村文化发展的重要活力源泉。

在文化强国建设的时代大潮中,乡村文化能够作出重大贡献,也能迎来重大发展机遇,有机会、有条件实现历史性变革、系统性重塑、整体性重构,实现质的有效提升、量的合理增长。乡村文化的繁荣发展,可以全方位改善人民生活,使群众的获得感、幸福感更加充实、更加鲜活、更加持久。

文化强国建设是有坚实基础和有力支撑的,当前主要是传统文化的创造性转化创新性发展、国家文化公园建设、非物质文化遗产保护等。

传统文化的创造性转化创新性发展方面。马克思主义中国化时代化的基本路径，就是把马克思主义与中国具体实际相结合，与中华优秀传统文化相结合。因此，传统文化的马克思主义中国化、时代化，为传统文化赋予新的时代内容，让其在社会主义、爱国主义、集体主义的方向上进行创造性转化、创新性发展，也是中国式现代化的重要内容。广大乡村是传统文化保存得最多、最好、最全面、最丰富的地方，传统文化的创造性转化创新性发展以及传统文化实现中国式现代化，很大程度上就是乡村文化的创造性转化创新性发展，就是乡村文化实现中国式现代化，就是广大乡村实现中国式现代化。在这一过程中，乡村文化将发生很大改变，会有重大发展。因此，传统文化的新时代新发展、新高度新要求，传统文化的创造性转化创新性发展，传统文化对实现中国式现代化的伟大贡献，也能为乡村文化带来蓬勃活力。

非物质文化遗产保护方面。广大乡村是非遗活态保存的主要空间，乡村文化是非遗存续的重要文化土壤、重要文化空间，农民是非遗文化的主要力量。要做好非物质文化遗产的保护、传承工作，离不开乡村、离不开农民、离不开乡村文化的传承。2022年11月，中国申报的"中国传统制茶技艺及其相关习俗"，在摩洛哥拉巴特召开的联合国教科文组织保护非物质文化遗产政府间委员会第17届常会上通过评审，列入联合国教科文组织人类非物质文化遗产代表作名录。中国传统制茶技艺主要集中于秦岭淮河以南、青藏高原以东的江南、江北、西南和华南四大茶区，相关习俗在全国各地广泛分布，为多民族所共享。成熟发达的传统制茶技艺及其广泛深入的社会实践，体现着中华民族的创造力和文化多样性，传达着茶和天下、包容并蓄的理念。通过丝绸之路、茶马古道、万里茶道等，茶穿越历史，跨越国界，深受世界各国人民喜爱，已经成为中国与世界人民相知相交、中华文明与世界其他文明交流互鉴的重要媒介，成为人类文明共同的财富。

截至2022年，我国共有43个项目列入联合国教科文组织人类非物质文化遗产名录、名册，高居世界第一。

国家文化公园建设方面。现阶段，长城国家文化公园，涉及15个省区市；大运河国家文化公园,沿线有8省市;长征国家文化公园,涉及15个省区市;黄河国家文化公园,沿线有9省区;长江国家文化公园,涉及13省区市。31个省区市,除了海南省以外,都进入了国家文化公园建设范围。墙体、河体所经之处,长征行军所经之处,基本都是乡间山野。国家文化公园的建设,将会对沿线、沿途广大乡村的建设、发展,产生巨大推动、促进作用。以长征国家文化公园为例,其将集中力量打造若干红军村。因此,国家文化公园建设工作,将对乡村文化建设产生重要促进作用。

(五)乡村振兴的活力源泉

脱贫攻坚与乡村振兴都是时代善政,是前后衔接的。脱贫攻坚加快了乡村的发展步伐,使乡村站起来了;乡村振兴保持了乡村的发展态势,使乡村不断地富起来、美起来、强起来。

脱贫攻坚工作包括乡村文化脱贫。乡村振兴工作包括乡村文化振兴。因此,脱贫攻坚、乡村振兴,都是乡村文化建设、发展的强大活力源泉,并且是长期的、坚实的活力源泉。

同时,我们也要注意到,文化建设有其自身特点,不完全依赖于经济建设。由于广播电视、移动网络、智能手机等智能终端的普及和日常应用,以及交通发达带来的便利,乡村文化脱贫会在局部领先于经济脱贫,乡村文化振兴也会在局部领先于经济振兴。

一方面,文化是能促进经济发展、社会进步的。"文化与进步之间的因果关系是复杂的,但文化的力量是明显可见的。有些国家中,某些少数民族在经济成就上远远超过当地占人口多数的民族,泰国、印度尼西亚、马来西亚和菲律宾的华人即是一例,这就可以看出文化的作用。"[①]另一方面,经济发展、社会进步又能进一步促进文化的繁荣发展、兴旺发达。因此,脱贫攻坚与乡村振兴就成为乡村文化发展的重要活力源泉。在脱贫攻坚中,有文化扶贫,有文化部门的对口支援和定点帮扶。在乡村振兴中,文化振兴是五大方向之一。在脱贫

---

① [美]亨廷顿等主编,程克雄译:《文化的重要作用:价值观如何影响人类进步》,新华出版社2010年版,第361页。

攻坚和乡村振兴中，乡村文化得到了巨大的、快速的发展。

从2013年到2020年，8年的时间，中国的脱贫攻坚取得了举世瞩目的成果，近1亿人摆脱了绝对贫困，创造了人类减贫史上的奇迹。不比不知道，一比才明了。虽然对贫困标准的界定不同，但脱贫成果还是能看出来的。从1950年到2000年，约半个世纪的时间，国际上也开展了大规模的脱贫、减贫行动，但是效果并不明显。"绝大多数国家和地区依然远远落后，在许多国家中，人民的物质状况甚至比半个世纪前并无改善。在当今全球约60亿人口当中，生活在发达民主国家的人还不到10亿。按照世界银行的分类，超过40亿的人生活在'低收入'或'低中收入'的国家。"如世界头号强国——美国这样发达的国家，虽然也提出了"向贫穷宣战"这样的口号，但是在美国，贫穷问题仍然严重，有30%的拉美裔美国人、27%的黑人仍然生活在贫困线以下。除了物质贫困，还有文化贫困，有几十个国家的成年人，半数或半数以上是文盲。与二战后的预期相比，进入21世纪的世界要穷得多、落后得多、不公平得多。[①]而中国在进入新时代以后，不仅创造了人类减贫史上的奇迹，完成了脱贫攻坚任务，让数以亿计的人口摆脱绝对贫困，而且接续进入乡村振兴阶段，设置了专门工作机构，出台了相应制度，从体制机制上防止规模性返贫。

过去几千年，乡村土地以家庭私有为主，没有像样的集体经济。乡村文化娱乐活动主要是听说书、看戏、看杂技，表演者是家家户户凑钱请来，或者是表演者自己挨家挨户去收钱粮。历史表明，乡村个体经济支撑不了常规的、制度化的文化活动、演艺表演。乡村文化的发展繁荣，有赖于乡村集体经济的发展壮大。

乡村文化发展，要两条腿走路。一条是培育乡村文化能人，培养乡村文化专业户。一条是发展乡村群体文化，支持村民建立乡村文化组织，成立广场舞表演队、地方戏演习团等。

乡村发展的关键，是解决好土地问题。乡村文化发展的关键，是解决好乡

---

① 参见［美］亨廷顿等主编，程克雄译：《文化的重要作用：价值观如何影响人类进步》，新华出版社2010年版，第25—27页。

村集体经济问题。乡村文化以公共文化为主要发展方向，需要解决长期的文化投入、文化经费保障问题。除了上级财政的转移支付、援建等支持、补助这些外来的"输血"以外，更为根本、长远的，还是壮大乡村集体经济实力，就地解决发展动力、"造血"问题，以自主"造血"为主，以接受"输血"为辅。让农民一家一户分散搞文化不行，让农民凑钱搞文化也不行。新中国成立之前，乡村普遍有家族学堂，是家族、宗族集资办学，相当于当时的乡村集体经济办学。随着时代发展，集体主义观念被更多的人接受，可以考虑扩大范围，组织邻近的几个村子一起搞乡村文化共同体，夯实乡村文化的参与基础，壮大乡村文化的整体实力，增强乡村文化的社会影响。

乡村振兴，工业化城镇化既是发展方向又是前进动力。乡村的城镇化，要超脱、超越以前的传统观念、固有意识。在农业社会、传统社会，城镇主要是要地型、要道型、屯垦型、军政要地型、交通要道型、军事屯垦型、民用屯垦型。在工业社会、现代社会，城镇类型又增加了资源型，如矿山、油田城市；科技型，如科技资源、科技人才集聚区；文旅型，如文化旅游目的地黄山、敦煌等。

对实现乡村振兴、文化复兴，我们要有充分的历史自信、文化自信。中国农村，是上千年农业社会、农业经济中的优等生，并且是长期领先、长期优秀。在信息社会、数字经济时代，幸运的天平又向广大乡村倾斜。乡村发展的主要制约因素，无外乎空间广大而交通不便，知识缺乏而信息闭塞，这两大难题，在信息社会、数字经济时代都得到了有效化解。互联网是信息的海洋、知识的沃野，加上强大的搜索引擎功能，什么样的知识信息都可即时阅读学习；在线课程、在线会议也大幅增加了学习、沟通方式的选择空间。互联网加物联网超越、打破了传统的空间局限、地域约束，在互联网上，对面注视和万里之遥并没有太大差别。在信息社会、数字经济时代，城乡差别正在被快速打破。现代农业、文化产业、乡村旅游等，都可以使乡村更快地富裕发达起来，使乡村文化更好地繁荣兴盛起来。

第七章

文化扶贫与乡村文化活力

新时代,在脱贫攻坚的世纪大行动中,文化扶贫作为扶贫工作的一种方式、一项内容,也积极发挥了应有作用,取得了明显成效。文化扶贫,不仅推动了乡村的繁荣发展,还直接推动了乡村文化的活跃兴盛。

一、乡村文化贫困的表现及成因

进入工业社会以来,与城市比,乡村是不发达的;与市民比,村民是不富裕的;与工业比,农业在经济格局中占比不高。乡村文化,是弱势的、暗淡的。

(一)乡村进步很大,但仍处于低端、底层

在工业化、城镇化的裹挟下,近些年乡村也得到了快速发展,水涨船高。但是,农业仍然是产业体系的低端,农村仍然是国家结构的底部,农民仍然是社会阶层的底层。

在调研中,对农村的状况,特别是乡村的文化状况有了具体、细致的了解和认识。总的来说,现在乡村虽然有了很大的发展,不少农民用上了手机,住上了楼房,开上了汽车,有的还在城市买了房、安了家。但是,农村经济仍然欠发达,农民仍然欠富裕,离乡村振兴,离农业强、农村美、农民富的理想,仍然有相当一段距离。中央把当前社会的基本矛盾定位为人民群众日益增长的美好生活需要同不平衡不充分的发展之间的矛盾,是看得很透、定得很准、抓得很实的。

从调研可以看出,一方面,当前的农村确实发展很快、进步很大,主要表

现在,一是通路。路修得好,公路村村通基本做到了,许多村子不仅通上了水泥路、柏油路,有的村内道路还实现了硬化。二是通电。不仅是通了电,而且很少断电,日常生活、工农业生产的用电问题有了保障。三是通网。很多村子通上了网络,上网没有问题,为农村、农民过上互联网+的生活提供了基础。移动通信网络也基本通了,很少有收不到手机信号的地方。另一方面,农村仍然存在不少困难和问题,主要有:

一是村集体经济弱而小。在一些村子,除了村里的集体土地、林地,村集体没有像样的经济支撑、经济抓手,不要说像样的村办工业、商业和矿业企业,一个村办小作坊、小商店也没有。

二是村干部队伍弱而软。一些村干部在团结带领村民一起致富方面,明显能力不足;在谋划村子发展方面,也有很大欠缺。

三是村子的人气弱而淡。老弱病残多,人气很不旺。很多村子人烟稀少,有新房而气象荒凉,有新路而感觉破败,主要是因为人少。有房无人住,有校无人学,成为常见的风景。不仅是年轻人走了,就是上点年纪能干活挣钱的人也走了,留在村子里的大多是老人和小孩。

在市场经济的席卷下,在城镇化的推动下,人们从四面八方向更大的城市聚集。人往高处走,人往热闹、发达处聚集,在当今时代表现得特别明显。在这种局面下,处于低端、底层的乡村,人才没有了,钱财没有了,要想抑制住凋敝、破败的颓势,难上加难。

(二)乡村文化是弱中之弱

上述的乡村难题和困境,使得乡村文化的状况更糟,可谓弱中之弱。

一是文化主体欠缺。在乡村,随着人员的流失和离去,既少有文化生产的主体,也少有文化消费的主体。

二是文化设施失效。一些地方,以不同名义、不同渠道建了不少乡村文化设施。但是,大多处于自生自灭的状态。近些年,在公共文化设施、公共文化服务上投了很多钱,也做了很多有益的工作,但是,投入产出的效率还有待大大提高,投入的渠道、方式还有待改进、完善,建设的地域、人群还需要深入论证,服务的对象、服务的方式也需要好好研究。

三是文化阵地减少。村文化室、文化广场，是重要的文化阵地、文化堡垒。如果文化室、文化广场乏人问津，就是乡村文化阵地的流失。牢牢掌握意识形态主导权，乡村不可或缺。

四是文化教育缺失。这里既有学校教育的缺失，也有社会教育的缺失。很多村子没有了学校，或是只有低年级学校。校舍还在，却既没有教师，也没有学生，使乡村文化减少了生机和活力。

五是文化人才后继乏人。可以说，乡村穷，乡村文化更穷。"文化搭台，经济唱戏"，文化经常是被当作可以挖掘的资源、可以使唤的配角来看待。在城市，文化是茶余饭后的消遣休闲；在农村，文化是吃饱喝足后的享受，甚至是勉强糊口时的苦中作乐。

童年时有一件事，至今我还有印象。那时农村娱乐方式很少，一年半载来个玩杂技的、说书的，能让村民们高兴、回忆很多天。一年夏天，在一个有着明晃晃月亮的晚上，晚饭后，大人小孩正在乘凉玩耍，忽然来了一个中年说书人。村中大街中间的空地上，很快就围上了人。大家急不可耐地等着说书人说书，但是，说书人说他赶路，现在还没有吃上饭，谁家给他来碗饭吃了就说。或许是过了吃饭的时间，没有人应声。说书人可能是饿急了，咣咣地敲起了说书的家伙，不是开始说书，而是嘶喊着"来碗汤""来碗汤"……后来，有一个人端来了一碗汤，不是晚上常喝的面汤，估计是出于好心临时给他烧了碗稀饭。说书人喝上了汤，虽然说不上吃好吃饱，但毕竟是吃上了东西，他感激、夸奖了给他饭吃的人后，就开始说书。很多年过去了，我还记得两句话，"眼睛好的往天上看，东北方来了过天星史大奈"。当时不懂得欣赏什么人物和故事情节，跟着很多人一起往天上瞅。当然了，那时人们的眼神普遍很好，但谁也看不见天上走来的大将军。现在想想，那个说书人当年说的可能是《隋唐演义》之类的故事。回头看，40年前，在还算可以的中原地区，农村文化十分贫乏。40年后，在很多农村地区，不仅难以看到说书人，吹响器的、杂技团、戏班子也不多见了。虽然有了电视、电脑和手机，有了很多可看的视频、可玩的游戏，但是，身边的文化人变少了。如果文化土壤、文化根基流失了，不要说创造文化的高峰，文化的大树也很难根深叶茂。因此，对乡村文化不能等闲视之，不能当作可有可无的东西。在乡村振兴战略、文化强国战略等国家战略中，必须要有乡村文化的地位，必须把乡村文化放在重中之重的地位。不然的话，不仅乡村振兴动力不足，文化强国也可能是无源之水、无本之木。

（三）乡村文化贫困的成因

要摆脱贫困，就要先找到、找准造成贫困的原因。在贫困的成因中，既有客观原因，也有主观原因。一般而言，造成文化贫困的主要原因，一是自然条件恶劣，土地不能耕种，没有矿产资源、林木资源、水产资源等。二是交通闭塞，关起门来是世外桃源，但是与世隔绝，有资源难以进行市场开发和交换。三是乏智，没有知识，没有见识，没有技术，没有一技之长，是平庸的庸人。四是乏志，没有过上好日子的志向，没有自食其力、自力更生的志气，有意无意地等帮扶，是懒惰的懒人。五是缺钱。文化娱乐，也是需要一定经济支撑的。如果吃不饱、穿不暖，是很难有心情寻欢作乐的，也没有条件去愉悦身心。六是缺空闲时间。农村虽然有农闲时间，但是，很多人还要趁农闲去打工挣钱、养家糊口，而不可能把农闲作为闲暇时间来怡情养性、风花雪月的。七是缺文化教养。欣赏文化艺术也是需要一定的知识储备、艺术素养的，否则，传世的书画珍品不要说被欣赏、被膜拜了，可能擦手都嫌脏。为什么大学生中文艺青年多？就是因为大学生是有闲、有钱、有教养的最大人群。

二、文化贫困的标准或尺度

要想文化扶贫，实现文化脱贫，前提、关键是搞清文化贫困是什么。在探讨文化贫困的标准之前，先来认识一下贫困及贫困标准问题。

（一）贫困的尺度

贫困，简单说就是不足、缺乏。贫困人口的现行标准是经济标准，无论是年支出达到多少元，还是年收入不低于多少元，都是物质、经济方面的限定，都存在物质的不足、匮乏问题。

作为一个国家，从国家整体来讲，中国在经济上是一个大国，也可以说是强国。2008年国际金融危机爆发以来，中国的国际地位不断提高，中国在推进经济全球化、建构更加公正合理的国际秩序等方面，发挥了不可替代的建设性作用。2010年，中国超越日本，成为世界第二大经济体。近年来，中国对外贸易、对外投资、外汇储备均居世界前列，对世界经济增长的贡献率超过30%。作为国家、作为整体，中国是当之无愧的世界经济强国。

作为一个拥有14亿多人的人口大国，从人均来讲，中国的人均经济收入水平又是比较低的，是一个贫困人口众多的发展中国家。

对脱贫攻坚工作，中央当年是有明确要求的。确保到2020年现行标准下农村贫困人口全部脱贫，消除绝对贫困；确保贫困县全部摘帽，解决区域性整体贫困。稳定实现贫困人口"两不愁三保障"，贫困地区基本公共服务领域主要指标接近全国平均水平。既不能降低标准、影响质量，也不要调高标准、吊高胃口。

中国的贫困人口标准，现行标准是每年人均纯收入低于2300元。世界银行的贫困人口标准，从2015年10月起，从每天人均支出1.25美元，提高为1.9美元。2020年10月的汇率，1美元约兑换6.8元人民币。换算一下，年均支出在约4715.8元以下的，国际上才算贫困人口。随着脱贫攻坚工作的推进和经济的发展，国内有些地方主动调高了贫困标准和脱贫标准。

显而易见，无论中外，贫困人口标准主要是经济的收入与支出，也就是说，贫困主要是个经济问题，主要指的是经济贫困、物质贫困、生存贫困。

中国贫困标准，重在生产，重在每人每天产出多大的生产价值，创造或取得多大的生产收入。国际贫困标准，重在消费，重在每人每天消耗了多少价值的物品，消费了多少金钱的物品，重在吃、穿、用等日常消费，不含教育、医疗、养老等支出。

（二）文化贫困的表现和标准

文化既可以起到振奋精神、激发力量的作用，又可以成为开拓思路的突破口、谋划发展的推进剂。文化之穷、思想之穷、精神之穷，是根子之穷、根基之穷、根本之穷。

文化贫困是随发展而生的概念，是发展的产物、结果，是物质财富增加、精神文化需求增加的产物，换个角度来说，是物质财富和精神财富提供、物质需求和精神需求不平衡、失衡的产物。文化扶贫、文化脱贫，要着力解决思想意识、发展观念问题，开发、激活造血功能，在思想认识、教育培训、文化建设上多下功夫，改变贫困对象落后的思维方式和价值观念。

文化贫困，突出体现在文化人力、文化物力、文化财力等的缺乏和不足。具体来说，就是文化产品供给能力不足，文化消费水平不足，缺乏从事文化生产的能力，文化消费的能力低下甚至欠缺。文化生产和消费能力的低下，主要原因是文化素养、知识水平不够。文化发达，离不开有闲、有钱、有素养。解决文化贫困问题，重点要在经济实力和文化素养方面下功夫。经济方面的脱贫，主要由国家脱贫攻坚工作来统筹协调解决。文化素养方面的脱贫，则是更为长久的、持续的、艰巨的工作。现在的文化素养，不仅是识文断字，接受初步的教育，还要有信仰、有追求，跟得上信息化、数字化的时代潮流。

文化贫困，在当前来看，主要表现如下：

一是对文化传统不能自觉地认同、弘扬、传播。对优秀传统文化不去爱惜、不去传承。不尊重文化遗产，不珍惜文化基因。传统节日、服饰、建筑等变色变味变质。

二是对文化资源不能进行创造性转化和创新性开发。文化产业不发达，文化企业缺乏好产品，没有发展特色文化产业的见识和能力，文化和旅游融合没有很好地做到资源互补、优势互补，乡村文化旅游还需大力提质、提档。

三是公共文化服务水平低下。文化事业僵化而不繁荣，文化设施设备不足或落后，乡村文化服务跟不上人民对美好生活的需要。

四是文化消费乏力。文化市场冷清而不活跃，缺少合适的文化娱乐方式，乡村文化人才生存困难，民营剧团等文化团体越来越少，赌博等不健康文化蔓延。

五是文化安全形势堪忧。社会主义意识形态深入人心方面还有很多工作要做，宗教力量活跃，信教人群多，信得深、信得广，文化阵地流失。

六是精神空虚、不思进取。一些贫困人员精神空虚、思想滞后，游手好闲、无所事事，不愿奋斗拼搏，幻想不劳而获，坐等上门救助。要遏制重复返贫、防止贫困代际传递，就要改变产生贫困思想的贫困文化氛围，提高扶贫对象自身素质，特别是文化素质，增强他们自我发展的能力。

七是文化发展机会不平等。要拥有吹拉弹唱、琴棋书画等方面的特长，既需要长期的、大量的金钱投入，也需要有艺术上的引路人、指路人、同行者。农村儿童普遍缺乏这些方面的文化发展机会。

从物质温饱到精神温饱，从物质小康到精神小康，脱贫攻坚首先要消除的是绝对贫困，这是历史唯物主义的、辩证唯物主义的科学态度、客观态度。相对贫困是没有办法消除的，因为人类不可能是整齐划一的，由于这样那样的原因，人的发展情况、富裕情况肯定有差别。在文化上，人与人之间也肯定有修养上的、学识上的差别。文化上的绝对贫困，应该是不识字的文盲。但是，现在不识字的文盲已经很少了。在文化上，在文化扶贫上，不仅仅是要消除文化绝对贫困，消除文盲，更重要、更长远的是要消除文化发展机会上的不平衡、文化发展能力上的不充分。要保证乡村居民基本的文化权益，为其提供基本的文化条件和文化发展机会，这才是今后文化扶贫解困的要义。也就是说，要着力解决基本的文化公平、文化发展机会问题。

文化贫困的上述种种表现，换个角度看，实际上也就是识别文化贫困的标准。有上述表现情况的，基本上可以认为是文化贫困。

与物质贫困相比，文化贫乏的范围更广、程度更深。因为牵涉到精神性、思想性因素，解决起来需要更大的投入，需要更长久的时间。但是，无论物质上贫富，文化上的贫乏都是存在的。文化贫乏犹如困境，物质贫困更多的是困难，相对好解决一些。对物质贫困，可以搞易地扶贫。对文化贫乏，怎么易地效果也不会很大，短期内也难以见到什么大的成效。对文化贫乏，属于物质方面的文化设施的建设，可以借脱贫攻坚的东风，在短期内快速解决。但对于偏重精神方面的文化修养、文化积累、文化能力，则难以速成，难以一蹴而就。

三、摆脱文化贫困的（外部）因素及作用

摆脱文化贫困,需要在经济、政治、文化、社会等方面综合采取措施。在这一部分重点谈除文化之外的因素及其作用,在下一部分集中谈文化方面的因素和作用。

党的十八大以来,以习近平同志为核心的党中央敢于历史担当,勇于攻坚克难,谋划了脱贫攻坚、摆脱贫困的蓝图,制订了时间表、路线图,以钉钉子的精神,抓铁有痕,踏石留印,一步一个脚印,一年一个变化,集中用八年的时间,消除了中国的绝对贫困,为实现全面小康、实现第一个一百年奋斗目标做出了重大贡献。

（一）史无前例的中国式脱贫攻坚战

为了摆脱贫困,在脱贫攻坚战中决战决胜,党的十八大以来,党中央采取很多扶贫的方法措施。

一是对自然条件恶劣的,采取易地搬迁扶贫、对口支援扶贫等方式。为此,发动全社会的力量投入脱贫攻坚工作中,中央部委普遍开展行业扶贫、定点扶贫工作,派出优秀干部到贫困地区工作,帮助贫困地区和贫困人口脱贫。

二是对交通闭塞的,采取各种措施修路,改善交通条件。结合国家区域发展战略、乡村振兴战略等工作,加大、加快高速铁路网、高速公路网、等级公路的建设,使越来越多的地方连接上交通要道,成为便捷交通网的受益者。要想富,先修路。这不仅是交通不便地区的期盼,也是经济落后地区的心愿。路通了,物资出去了,人流进来了,信息进来了,技术进来了。不仅可以搞多种经营,发展相关产业,一县一业,一村一品,还可以搞旅游业,搞文化产业,真正把青山绿水变成金山银山。

三是全力做好精准扶贫工作,对贫困户建档立卡,将有关扶贫资金直接输送到贫困户个人,既省去不必要的中间环节,又切断了挪用、贪污等弊端的路径。

四是不断创新、优化扶贫工作方式。2020年以来,新冠疫情肆虐全球,使

本就困难重重、发展乏力的全球经济雪上加霜、更加低迷。在这种不利局面下，有关方面顺应互联网+的发展潮流，创新、强化了消费扶贫等方式，组织发动机关人员购买贫困地区农副产品，让贫困地区的农副产品有出路、有销路，让贫困人群有活路、有富路。

五是大力推进产业扶贫。加大资金投入，新增资金、新增项目、新增建设用地指标，推动涉农资金整合、财政转移支付、资本市场进入、保险机构跟进等。依托和发挥贫困地区资源禀赋优势，选择资源紧密结合、市场相对稳定的特色产业，将资源优势有效转化为产业优势、经济优势。通过入股分红、订单帮扶、合作经营、劳动就业等多种形式，建立产业化龙头企业、新型经营主体与贫困人口的利益联结机制，拓宽贫困人口增收渠道。

六是培养选拔好的乡村干部，发展壮大乡村集体经济。很多乡村发展得好，大多得益于有一个好的带头人，有一个好的领导班子，有强大的村集体经济。在成都市战旗村，现任村总支书记高德敏，早在1980年前后，就被村支部作为重点培养对象，带领村民外出务工，后来又在村干部队伍中任职多年，一步一个脚印不断成长、进步，最后才挑起了村支书的重担。他的前任也是一任接过一任的担子，坚持发展干到底。经过几任村支书、村支部的努力，才迎来今天战旗村发展的大好局面。在湖北尧治河村，也是有了孙开林这一好的带头人，全村才走上了共同富裕的道路。

要选拔培养优秀的、文化水平高的村干部队伍。就调研所及，农村干部的文化水平仍然普遍不高。《民情村况信息表》的填表人有村支书、村主任、村会计，还有了解村子情况的村民。他们有的长期在村，有的主要在外边做生意、打工。文化状况不一，富裕情况更是差别很大。有的对村子情况比较了解，有的则不是很熟悉。填表人的态度也很重要。在前东葛村，由于龙山街道办主任看重这一调研，有通过各种渠道把前东葛村这一典型推出去的想法，因此，村干部支持这一调研，对表里的内容填写得比较认真、实在、全面。

要着力发展村集体经济。有工业、有企业的村子，比较富裕，村集体也有钱。还是说明、印证了一个道理，无农不稳，无工不富，无商不活。具体到一个一个的村子，这个说法还可以改一改，无工不富，无商不富，无企不富。

七是改革完善乡村管理制度和工作方式，吸引更多乡贤回流农村，鼓励城市人口流向农村，给乡村带来人流、带来资金、带来文化、带来资源。

八是搞好乡村教育。这里的教育，既有社会教育，也有学校教育。学校教育主要是教育行政部门的工作。在党的十九大报告中，把教育问题，也就是智的问题，又归为民生问题。乡村教育中的学校教育，现有体制下主要靠教育部门、民生部门、经济部门来统筹解决，不作为这里调研和探讨的重点。只是强调不能忽略这一方面，乡村教育搞好了、上去了，对乡村文化振兴、文化脱贫解困大有帮助、大有裨益。

这里重点说说乡村教育中的社会教育，要培养全面发展的农村人。农村的文化贫困问题，主要还是人的问题，人的思想问题、观念问题、学识学养问题。文化贫困，主要是在文化方面的无志、无智、无能。文化扶贫，首先是扶志，解决人的思想见识问题，树立勇于进取的意识，形成奋发有为的精神状态，把懒人变为勤人。其次是扶智，增加人的学识、见识，提升人的生产技能，开阔人的视野，把庸人变为能人。最后是引导村民进行有格调、有品位的文化娱乐休闲活动，提高其艺术欣赏乃至艺术鉴赏的能力和水平，把俗人变成雅人。

除了人懒、人庸、人粗俗造成的文化贫困外，还有就是人穷、人散造成的贫困。人穷，就是家里确实穷，穷得上不起学、出不了门；对于因物质贫困阻挡了上进道路的，就需要在物质上帮扶，让他上得了学、读得了书、做得了生意。另一种情况，就是人散，没有好的带头人，群龙无首，中国广大农村的很多村子就是因为群龙无首、一盘散沙而富裕不起来、发展不起来。龙无头不起，对这种情况，需要组织人事部门善于发现、敢于使用能够带领一个村子、一片地方繁荣富裕起来的能人、有本事的人，选准、选好第一书记等专职帮扶人员。

九是树立大扶贫的格局和观念。党的十九大报告提出，坚持大扶贫格局，注重扶贫同扶志、扶智相结合，注重扶贫攻坚与发展进步相结合。坚持大扶贫格局，努力做到因地、因人制宜，缺什么就补什么，能干什么就干什么，扶到点上、扶到根上；实施"五个一批"工程，即发展生产脱贫一批、易地搬迁脱贫一批、生态补偿脱贫一批、发展教育脱贫一批、社会保障兜底一批；创造创新其他扶贫形式，开展就业扶贫、健康扶贫、资产收益扶贫等。

解决文化贫困问题，是全面脱贫的重要内容。扶志、扶智，在一定意义上就是扶文。在文化贫困问题上，也要坚持大文化观念，使用大文化观念。党的十九大报告就文化领域和文化工作谈到了五个方面：牢牢掌握意识形态工作领导权，培育和践行社会主义核心价值观，加强思想道德建设，繁荣发展社会主义文艺，推动文化事业和文化产业发展。虽然没有直接讲乡村文化工作，但是，要做好农村的文化工作，解决农村文化贫困问题，需要自觉地聚焦于这五个方面。采用大格局观念来看待文化贫困问题、解决文化贫困问题的意义在于，解决农村文化贫困问题很重要，也很复杂。文化贫困，不只是存在于贫困农村地区，在发达的农村、富裕的农村，也存在文化贫困问题。以扶智为例，在一些富裕农村地区，封建迷信、求神拜佛盛行，这也是精神迷惘、文化贫困的一种表现形式。搞迷信，也是不智的表现。因此，对文化扶智，不能做简单化的、片面的理解。

（二）从脱贫攻坚的阶段性任务到乡村振兴的制度性安排

中西部22个省区市贫困县全部脱贫摘帽的过程是这样的：2019年12月，西藏全区全部贫困县完成摘帽。2020年2月，重庆、黑龙江、河南、山西、海南、陕西、湖南、河北8省市的全部贫困县完成脱贫摘帽。2020年3月，内蒙古的贫困县全部完成摘帽。2020年4月，吉林、湖北、江西、安徽、青海5省的贫困县全部完成摘帽。2020年11月，云南、新疆、四川、宁夏、广西、甘肃、贵州7省区的贫困县全部完成脱贫摘帽。

从上边的贫困县脱贫摘帽时间表可以看出，这里边有统一行动，政治性很强。脱贫攻坚，确实既是民生所需、民心所向，又是政治任务、政治行动。也许有人会片面地强调其是政治命令、政治需要，可能会有走形式的成分。实际上，把脱贫攻坚作为一项政治任务，是好事，而不是坏事。不排除在个别地方有个别人存在这种问题，把脱贫攻坚作为政治任务，走过场、做样子，敷衍了事，过过程序，一宣布了之。但是，从长远看，由于脱贫攻坚是政治任务，很多地方、很多官员会时时绷紧脱贫攻坚这根弦，不敢使其主政的地方出现大面积返贫的现象、大面积贫困的状况，会努力守住摆脱绝对贫困的底线，会努力兜住"两不愁三保障"（稳定实现农村贫困人口不愁吃、不愁穿，义务教育、基本医疗、住房安全有保障）的底。

正是因为脱贫攻坚是政治任务、政治责任，才有可能保持扶贫脱贫政策的稳定性、连续性，才有可能在全国累计选派300多万县级以上机关、国有企事业单位干部参加驻村帮扶，才有可能采取并实现如下措施和保障：贫困县党政正职保持稳定，做到摘帽不摘责任；脱贫攻坚主要政策继续执行，做到摘帽不摘政策；扶贫工作队不能撤，做到摘帽不摘帮扶；把防止返贫放在重要位置，做到摘帽不摘监管。可以看出，脱贫攻坚有从政治任务、政治责任在一定程度上机制化为政治制度的趋势，同时也成为对领导干部的一种政治道德的要求。

脱贫攻坚从经济上的摆脱贫困上升为政治任务、政治制度、政治道德，是党和国家在治理体系和治理能力现代化方面取得的重大成就，开创的崭新路径，丰富了治国理政的内容和形式。脱贫攻坚基本上成为一种政治制度安排主要表现在：

一是近年来，习近平总书记高度重视脱贫攻坚工作。2018年2月12日，习近平总书记在四川省成都市主持召开打好精准脱贫攻坚战座谈会，听取脱贫攻坚进展情况汇报，集中研究打好今后3年脱贫攻坚战之策。2019年4月16日，习近平总书记在重庆市主持召开解决"两不愁三保障"突出问题座谈会，强调"两不愁"基本解决了，"三保障"还存在不少薄弱环节。各地区各部门要高度重视，统一思想，抓好落实。要摸清底数，聚焦突出问题，加大工作力度，拿出过硬举措和办法，确保如期完成任务。

二是把脱贫攻坚作为全党工作的重中之重。党的十八大以来，党中央从全面建成小康社会要求出发，把扶贫开发工作纳入"五位一体"总体布局、"四个全面"战略布局，作为实现第一个百年奋斗目标的重点任务，作出一系列重大部署和安排，全面打响脱贫攻坚战。脱贫攻坚力度之大、规模之大、影响之深，前所未有,取得了决定性进展。党的十九大把打好脱贫攻坚战作为三大攻坚战之一,突出强调其对如期全面建成小康社会、实现我们党第一个百年奋斗目标具有的重要意义。

三是探索形成了中国特色脱贫攻坚制度体系。加强党对脱贫攻坚工作的全面领导,建立各负其责、各司其职的责任体系,精准识别、精准脱贫的工作体系,上下联动、统一协调的政策体系,保障资金、强化人力的投入体系,因地制宜、因村因户、因人施策的帮扶体系,广泛参与、合力攻坚的社会动员体系,多渠道全方位的监督体系,严格的考核评估体系,形成了中国特色脱贫攻坚制度体系,为脱贫攻坚提供了有力制度保障。

四是突出脱贫攻坚工作的组织保证。落实脱贫攻坚一把手负责制,省市县乡村五级书记一起抓,为脱贫攻坚提供坚强政治保证。坚持加大投入、强化资金支持,发挥政府投入主体和主导作用,吸引社会资金广泛参与脱贫攻坚。坚持社会动员、凝聚各方力量,充分发挥政府和社会两方面的作用,形成全社会广泛参与脱贫攻坚格局。

例如,甘肃强化脱贫攻坚的组织保证,在2018年出台了自己的点对点帮扶政策。副省级以上领导,每人包2个贫困村脱贫,选择6个贫困户直接对点帮扶。副厅级以上干部,每人包一个贫困村脱贫,选择4个贫困户直接对点帮扶。处级以下干部,每人直接对点帮扶2个贫困户。再如,省委宣传部有4个年轻人的帮扶户同在一个村,2018年春节相约一起去帮扶,共同在村委会住了6天,轮流在帮扶户家里吃饭,每人出了500元的饭钱。特意多给些饭钱,也带有帮扶的性质。

五是完善资金管理,强化监管。增强投入,确保扶贫投入同脱贫攻坚目标任务相适应。加强资金整合,防止资金闲置和损失浪费。健全公告公示制度,省、市、县扶贫资金分配结果一律公开,乡、村两级扶贫项目安排和资金使用情况一律公告公示,接受群众和社会监督。

六是组织干部轮训。打好脱贫攻坚战,关键在人的观念、能力、干劲。突出抓好各级扶贫干部学习培训,对县级以上领导干部,重点是提高思想认识,引导树立正确政绩观,掌握精准脱贫方法论,培养研究攻坚问题、解决攻坚难题能力。对基层干部,重点是提高实际能力,培育懂扶贫、会帮扶、作风硬的扶贫干部队伍。

四、文化自身在文化扶贫解困中的地位和作用

以上是站在文化之外看文化扶贫、谈文化扶贫,下面讨论一下如何就文化本身看文化扶贫,在文化之中谈文化脱贫解困。

在脱贫攻坚工作中,要解决文化何为、文化如何为的问题,才会增强文化扶贫解困的针对性、目的性,才会有的放矢、事半功倍。

对因客观的、物质的因素带来的贫困,只要各方重视,加大投入,基本上可以收到立竿见影的效果,而且能管相当长的时间。把一条路修好了,很多年都可以用。但是,对主观的、精神的因素造成的贫困,很难一蹴而就地解决,需要长期的努力和持续的关注,是久久为功的事情。乏智、乏志,都是造成贫困的主观的、精神的因素。解决智与志的问题,摆脱意识贫困与思路贫困,重点看文化扶贫的作用如何发挥。启智、鼓志,这是文化扶贫大有作为的地方,也是必须大有作为的地方。

(一)通过扶智扶志、启智鼓志来使人发奋自强、自力更生

习近平总书记在十八届中共中央政治局第三十九次集体学习时强调,要注重扶贫同扶志、扶智相结合,把贫困群众积极性和主动性充分调动起来,发扬自力更生精神,激发改变贫困面貌的干劲和决心。

中央一直强调文化和精神的力量在脱贫攻坚战中具有不可替代的重要作用。要通过乡村文化扶贫解困,使贫困人员、乡村居民普遍在思路、观念、眼界、见识、知识等方面得到提升。要通过现代信息手段,利用数字化发展成果,更好地把扶贫同扶智、扶志结合起来,相互促进。

一些贫困人员不仅物质贫困,而且精神"缺钙",意志不坚、精神迷茫,必须促使他们树立脱贫致富、勤劳致富的理想信念,振作精神,燃起激情,生发勇气。扶贫要扶志,中国古语,授人以鱼不如授人以渔。外国名言,影响人贫

困或富裕的决定性因素是人,是人的素质。古今中外的共识,要自力脱贫,要拔除穷根、消除贫困,最终需要从文化和思想的精神层面给予帮助和支持。把文化作为转变思想的突破口、另谋发展的加油站,将精神力量化为摆脱贫困的内生动力,让贫困人口自发地、主动地走出贫困、走向富裕。

文化扶贫重在精神扶贫、思想扶贫。把不想脱贫、不敢脱贫等作为破解思想贫困的主攻方向、先攻方向,引导贫困群众鼓起生活热情,坚定脱贫信心,依靠辛勤劳动脱贫致富。先把脱贫之志扶起来、立起来,再跟进智力扶贫、教育培训,通过开办脱贫攻坚农民夜校、讲习所,发展职业教育,针对性地开展种植养殖、家政服务等技能、技术培训,让"没想法"的贫困群众脑子转起来、心里热起来、身子动起来,用知识和技能脱贫致富,发力阻断贫困代际传递。营造良好帮扶导向,改进帮扶方式方法,多采用生产奖补、劳务补助、以工代赈等机制,促进形成自强自立、争先脱贫的精神风貌。

要持续对乡村居民开展启智鼓志的工作,不只是贫困人员,还有其他村民。在实现第二个百年目标的后期进程中,面向农村农民长期进行文化扶贫解困工作,尤其显得必要且重要。贫困群众既是脱贫攻坚的对象,又是脱贫致富的主体。摆脱贫困,关键是要帮助贫困人员摆脱意识贫困、思路贫困,激发贫困群众的积极性和主动性,激励和引导他们靠自己的努力改变命运。改进帮扶思路,从注重外部帮扶向注重外部帮扶与激发内生动力并重转变,提倡多劳多得,营造勤劳致富、光荣脱贫氛围。总之,要坚持以贫困群众为主体,激发其内生动力,充分调动贫困群众积极性、主动性、创造性,用人民群众的内生动力支撑脱贫攻坚。

美好生活、幸福生活从来不会从天而降,脱贫致富终归要靠群众自己。只有结合实际、因地制宜、精准施策、靶向发力,充分发挥文化的作用,让贫困户提高自我发展能力,通过自身"造血"巩固"输血"的成果,才能从根本上刨掉穷根、消除贫困。

(二)大力推进公共文化服务和建设

公共文化服务和建设要加大对基层的倾斜力度,特别是对乡村的倾斜力度，把主要资金、主要力量用到乡村公共文化建设上，用到乡村公共文化服务上，推进文化共享工程、数字图书馆推广工程、公共电子阅览室建设等数字文化惠民工程向贫困地区倾斜。夯实乡村文化基础设施和信息化基础设施，发展、完善公共数字文化设施网络，提档升级贫困地区公共文化设施，实现固定设施与流动设施、数字网络设施有机结合、相互补充和有效覆盖，形成较为完善的现代化公共文化服务体系和网络。不仅要配备设施、设备，还要配备软件和内容。加大公共文化服务内容供给，向贫困地区输送优质文化资源和文化项目，充分利用党员活动室、农家书屋、电影放映、体育健身等设施和资源，结合数字内容建设，根据贫困人口的年龄结构、文化水平、内在需求及地方特色，开发适合的文化内容，有针对性地提供电子图书、讲座视频资源或者与当地特色产业相关的网络培训课程。同时，还要把乡村公共文化设施的管理人员纳入帮扶范围，纳入公共文化建设的范围之中、资金使用的范围之中，除了要管培训，还要管报酬。避免只有死物，没有人管、没有人用的尴尬局面、浪费局面。

（三）发展特色文化产业

培育发展文化产业，通过产业脱贫，能够实实在在地让贫困人口的钱包鼓起来，生活好起来。文化产业既要做大做强，也要做小做精。广大乡村是适合发展特色文化产业的，特别是结合非物质文化遗产的保护、传承，开发出有地方特色、有民族色彩、有乡土气息的文化产品和个性鲜明的旅游纪念品，既有利于开发文化资源，推动传统文化的创造性转化创新性发展，又有利于文化和旅游的融合发展。

当前，我国贫困地区主要集中在中西部地区、革命老区、边疆或民族地区，很多地方的文化资源非常丰富，传统文化、革命文化、民族文化多姿多彩。可以依托公共文化设施和文化民生工程，鼓励贫困地区依托丰富的特色文化资源，发展特色农业、民间演出和乡村文化旅游等产业，发展农产品、手工艺品、非遗产品、艺术品等农村特色产品。推进"互联网+文化"，发展农村电商，扶持小微企业，带动就业。保护少数民族特色村寨及其建筑风格和整体风貌，培育打造一批特色文化乡镇、街区和古村落，扩大农民就业。引入社会力量，促进多元融合，不断繁荣贫困地区经济，增加贫困人口收入。

（四）培养乡村文化人才队伍

乡村文化的繁荣发展离不开结构合理、素质良好的乡村文化人才队伍。要通过集中培训，到文艺院团、高等院校工作、学习等方式，灵活培养乡村文化工作者。乡镇文化站要有专职工作人员，并且其要有组织文化志愿者开展活动的能力。村子要培养文化员，培养文化能人、有文艺特长的人才，能组织、带领村民自娱自乐。要形成、建立发动、组织文化志愿者入乡进村的体制机制，既为众多有艺术特长的大学生提供用武之地，又帮助他们成长、成才、成功。

（五）建好用好乡村文化阵地

重视乡村文化工作，搞好乡村文化建设，守住乡村意识形态争夺的前沿阵地，事关国家文化安全，事关国家长治久安。宗教在一些乡村发展很快，一些宗教划分教区，这些教区相当于某些宗教人士的领地、根据地，他们将之当作食邑，倾尽心血和精力经营，使宗教力量在一些地方很有影响。因此，必须建好、守住乡村文化阵地，建成文化堡垒。

（六）以文化渠道、文化工作方式增加贫困人口收入

一是通过参与文化工程建设获取劳务报酬。采取以工代赈等方式，组织贫困人口参与文化工程、文化项目建设，提高贫困人口参与度。政府投资建设的重大文化工程、文化项目、文化生态保护区，必须吸纳一定比例具有劳动能力的贫困人口参与工程建设，支付贫困人口合理的劳务报酬，增加贫困人口收入。

二是通过获取文化工作岗位得到工资性收入。支持在贫困地区设立文化生态管护员、文化志愿者、文化站工作人员、文化管理员等岗位，让能胜任岗位要求的贫困人口参加管护工作，实现家门口脱贫。对贫困县域内的公园、文化设施等，优先安排有劳动能力的贫困人口参与服务和管理。在加强、改善文化生态、提高文化设施水准的同时，精准带动贫困人口稳定增收脱贫。对口支援地区开展的文化建设、文化工程、文化项目，要主动联系贫困地区，为贫困人口提供相对稳定的工作岗位以增加其工资性收入。鼓励对口支援地区吸纳贫困地区贫困人口就业，使其得到稳定工资性收入。

三是通过发展文化产业增加经营性收入和财产性收入。在加强保护的前提下,充分利用文化资源优势,结合各类文化工程、文化项目建设,大力发展文化旅游产业、特色文化产业,通过土地流转、入股分红、合作经营、劳动就业、自主创业等方式,建立利益联结机制,完善收益分配制度,增加资产收益,拓宽增收渠道。

四是通过保护补偿等政策增加转移性收入。在安排文化惠民、基本公共文化服务等文化方面补助资金时,优先支持有需求、符合条件的贫困人口,使贫困人口获得补助性收入。

五、长期开展乡村文化扶贫解困工作

2020年11月23日,按照现行标准,中国832个贫困县全部脱贫摘帽,全国近一亿贫困人口全部摆脱绝对贫困。然而,这不等于说"船到码头车到站"了,贫困问题就此一了百了了。因为,不只是这近一亿的人口摆脱了绝对贫困,实际上还有更多的人,虽然不再是绝对贫困,却仍然不富裕。他们脱贫了,却没有致富。从贫困到富裕,还有很多的路要走,还要很多的事要做。

在脱贫攻坚工作取得决定性胜利之后,在"两不愁三保障"问题解决之后,农民的生活有了保障,衣、食、住、医有了保障,农村的学校教育有了保障,但是,乡村文化的建设和发展仍然任重道远,乡村文化的扶贫解困工作仍然任重道远。必须紧紧依托乡村振兴战略、文化强国战略等国家战略,做好乡村文化工作,实现乡村文化的繁荣发展。

实现乡村振兴、建设文化强国,是今后乡村文化扶贫解困工作的两个重要支撑、重要抓手。要借助乡村振兴战略、文化强国战略等国家战略,抓住机遇,推动乡村文化发展,促进乡村文化进步,努力解决乡村文化贫困的深层次问题。

(一)扎实推进乡村振兴,特别是乡村文化振兴

2018年3月8日上午,在参加十三届全国人大一次会议山东代表团审议时,习近平总书记指出,实施乡村振兴战略,是党的十九大作出的重大决策部署,是决胜全面建成小康社会、全面建设社会主义现代化强国的重大历史任务,是新

时代做好"三农"工作的总抓手。农业强不强、农村美不美、农民富不富,决定着全面小康社会的成色和社会主义现代化的质量。实施乡村振兴战略是一篇大文章,要统筹谋划,科学推进。一要推动乡村产业振兴,构建乡村产业体系,实现产业兴旺,全力以赴消除农村贫困,推动乡村生活富裕。二要推动乡村人才振兴,把人力资源开发放在首要位置,强化乡村振兴人才支撑,激励各类人才在农村广阔天地大展才华、大显身手,打造一支强大的乡村振兴人才队伍。三要推动乡村文化振兴,加强农村思想道德建设和公共文化建设,以社会主义核心价值观为引领,深入挖掘优秀传统农耕文化蕴含的思想观念、人文精神、道德规范,挖掘培育乡土文化人才,弘扬主旋律和社会正气,培育文明乡风、良好家风、淳朴民风,改善农民精神风貌,提高乡村社会文明程度,焕发乡村文明新气象。四要推动乡村生态振兴,坚持绿色发展,完善农村生活设施,打造农民安居乐业的美丽家园,让良好生态成为乡村振兴支撑点。五要推动乡村组织振兴,打造千千万万个坚强的农村基层党组织,培养千千万万名优秀的农村基层党组织书记,建立健全党委领导、政府负责、社会协同、公众参与、法治保障的现代乡村社会治理体制。

这是习近平总书记对实施乡村振兴战略的明确指示,极大推进了乡村振兴工作。中国特色社会主义进入新时代,我国社会主要矛盾已经转化为人民日益增长的美好生活需要和不平衡不充分的发展之间的矛盾。在中国,扶贫脱贫的主要对象是农民,扶贫脱贫的主战场在农村。在贫困地区全部脱贫摘帽后,让广大农民勤劳致富、过上美好生活,还有很多事情要做。在推动农业全面升级、农村全面进步、农民全面发展,以及加快实现农业农村现代化的新时代背景下,统筹实施乡村振兴战略,防止脱贫人口返贫,成为建成社会主义现代化强国的重中之重。

在乡村振兴战略中,乡村文化振兴是整个乡村振兴体系的重要内容和方面。乡村振兴离不开文化的引领。没有乡村文化振兴,就无法真正实现乡村全面振兴,无法落实乡村振兴战略。同样的,没有文化脱贫,也不会有真正的、全面的整体脱贫。

在脱贫攻坚中实现文化脱贫，在乡村振兴战略中实现乡村文化振兴，是发展所需、基层所盼、民心所向。让农村成为文化多样、文明多彩的地区，让农民成为文化丰富、文明进步的人群，让农村、农民成为中华文化繁荣发展的土壤，是实现文化繁荣兴盛、建设社会主义文化强国的重要基础、重要前提，是增强和彰显文化自信的重要基础、重要前提。

乡村文化振兴，不仅是通过志气的鼓舞、才智的发挥增强了精神力量、树起雄心壮志，还有发展文化经济而活跃、推动乡村经济，并为乡村转型发展提供新的动能和支柱。例如，早在2014年，尧治河村就在孙开林的带领下，以超前的意识、前瞻的眼光，着手发展文化旅游产业，在文旅融合上走到了时代前列、行业前列。他们清醒地认识到，村里的矿藏资源总有用尽的一天，而文化资源和保护得当的生态资源则是取之不尽、用之不竭的，必须及早着手，在继续开发经营好矿产资源，用好矿产资源型发展方式的同时，未雨绸缪，主动进入文化经济型的发展方式，发展文化旅游产业，以文促产，以文彰业，并响亮地提出了"做大文化旅游，加快转型发展"的口号和战略。尧治河村多措并举，内外兼修，很快就从有名的经济村，成为有名的文化村。[①]

一是村里投资1000多万元，修建文化活动广场，为弘扬乡村文化提供平台空间。

二是开展全村性的"十个一"文化建设工程，全村每家每户要有一间书房、一间客房、一幅字、一幅画、一个花坛、一件艺术品，开通一个博客，每人会背一首古诗、唱一首歌、讲一个故事。

三是发展生态农家乐，修建宾馆、老龙宫、磷矿博物馆，使尧治河村成为4A级景区。

四是买断邻近的房县的野人谷、野人洞两个景区50年经营权，投资1500万元提档升级，使两个景区都成为4A级景区，成功打造我国第一个野人主题旅游胜地，形成涵盖野人文化、神农文化、生物文化、地质文化、民间文化、帝王

---

① 参见《印象尧治河——中央、省、市媒体报道集锦》，湖北科学技术出版社2015年版。

文化的特色文化旅游目的地。

五是在尧治河成立尧文化传播研究院。作为全国第一家村级尧文化传播研究院，聘请有专长、有情怀的专家学者，深度挖掘传播尧文化，服务推动尧治河文化旅游产业稳步发展，为尧治河村的科学发展、绿色发展、文明发展、可持续发展提供强大的文化动力、智力支持。

尧治河村有文化情怀、有文化担当，注重文化旅游产业健康发展，使游客在3个4A级景区参观游玩时，不仅看整体发展、看共同富裕，看自然、看山水，还看风情、看文化，用文化振兴为乡村振兴添砖加瓦、增光添彩。

（二）在建设文化强国过程中推进乡村文化扶贫解困

没有乡村文化振兴，没有一个个文化强村、文化强乡，文化强国也就没有坚实的根基、深厚的土壤。在《中共中央关于制定国民经济和社会发展第十四个五年规划和二〇三五年远景目标的建议》中，明确到2035年，在基本实现社会主义现代化的同时，建成文化强国。从2011年十七届六中全会提出建设社会主义文化强国的目标，到2020年十九届五中全会明确提出2035年建成社会主义文化强国的时限，这近十年间，国内外形势发生了很大变化，世界从多边主义、自由主义向单边主义、保护主义急速转换。在这一大的时代背景下，重视文化工作，突出强调建设文化强国，意义重大。它有利于在纷繁多变、急剧转型的世界之中，坚定中国人的文化自信，增强中国人的民族自豪感、民族凝聚力。建成文化强国，既要努力建设中华民族现代文明，又要大力提炼展示中华文明的精神标识和文化精髓，还要着力厚植中华文化传承发展的根脉。建成文化强国的这些重大任务和应有之义，都需要在广大乡村展开，都需要在乡村文化的建设发展中去落地落实。文化强国的建设建成过程，也就是乡村文化的大发展大进步过程、大繁荣大兴盛过程。

建设长城、大运河、长征、黄河和长江等国家文化公园，是建设文化强国的重要抓手，是国家级的重大文化工程，是对中华传统文化进行创造性转化创新性发展的重要平台。国家文化公园不仅覆盖地域范围广，而且建设周期长，振兴乡村文化，推动乡村文化扶贫解困工作，必须抓住、用好国家文化公园建设的契机。

下 篇

民情村况信息表选录

第八章

民情村况信息表及相关事宜

在这一章，对民情村况信息表的设计、内容、填写、发放、收回等情况，以及为什么选择长期调研的研究、工作方法，予以必要说明。

一、民情村况信息表相关事项说明

2013年底到2014年末，我在山西省太原市娄烦县挂职，任副县长。娄烦县是太原市唯一的国家级贫困县，也是原文化部、现文化和旅游部的定点帮扶县。在做好分管的司法、金融工作，协管的文化工作的同时，我也想抓住机会，立足于这样一个面积约1290平方千米、人口却只有十几万的山区小县，对基层、对乡村进行深入调研，重点了解、分析乡村文化境况，从文化的角度切入贫困问题，力争取得解剖麻雀、以点带面的效果。

为了做好调研，并收集资料，我专门设计了《娄烦县某乡镇某村民情村况信息表》，包括10个大项、59个中项、150多个小项，主要涉及村里的人口、组织、资源、企业、收入、资产、教育、文化、人物、规划、宗教等方面和内容，目的是想较为全面、细致地了解县情、民情，特别是重点了解乡村的基层文化状况。在扎实了解娄烦县的民情、县情的基础上，尝试立足娄烦县山区、老区、库区的实际，根据省定限制开发区、省城水源保护地的定位，围绕生态涵养功能区、休闲旅游发展地、循环经济示范县的全县发展战略目标，探讨走生态立县、旅游兴县、文化强县发展路径的可行性。最初是想向全县三镇五乡的142个行政村发放信息表，请人安排村干部填写，同时也帮助他们理家底、拓视野、开思路。

后来，发现如果只在娄烦一个县里调研，在代表性、典型性、权威性上难免有欠缺，可能会有人质疑调研覆盖面太小，影响调研成果的说服力。因此，在对信息表进行调整，改名为《某省某县某乡镇某村民情村况信息表》后，先是把调研扩大到娄烦县周边邻县，在相邻的吕梁市方山县北武当镇庙底村、岚县东村镇坡上村、忻州市静乐县丰润镇李家会村发放信息表，以进行对比参照。后来又进一步扩大范围，走出山西，先后到北京市大兴区魏善庄镇吴庄村、山东省即墨市（今青岛市即墨区）龙山街道前东葛村、湖北省保康县马桥镇尧治河村、内蒙古自治区伊金霍洛旗阿勒腾席热镇瓦窑圪台村和乌兰察布市集宁区白海镇黄土场村、四川省合江县尧坝镇白村、成都市郫都区唐昌镇战旗村等村子进行调研。

　　这个书面调研表不直接叫调研表而叫《民情村况信息表》，是有原因和有考虑的。在设计调研表时，一开始确实直接叫调研表，但在设计过程中与一些乡、村干部接触、交流时，他们说如果叫调研表、调查表，以后找村干部填表时可能会增加难度。因为现在各种调查、检查很多，很多人看到调研调查的文字和表格，本能地会警觉、紧张，可能要么找借口拒绝填表，要么不认真填表，都达不到效果。因此，就把调研表、调查表改成了信息表，以便找人填写时方便，填表人填写时也放得开。即使把表的名称改成了《民情村况信息表》，后来在找人填表的过程中，仍然遇到了当初估计到的困难和问题，一看表格这么详细，特别是里边有关于村集体资产情况的内容，有的村干部本来是答应填表的，又直接或间接地拒绝了；有的则敷衍了事地随便填一填，对一些认为敏感的信息不予填写。

　　有必要说明的是，《民情村况信息表》里的有些调研项目，对一个个单独的小村子来说，显得大而无当。但是，把调研总起来看，从农村问题、乡村文化问题出发看，从问题导向来看，则又是不可少的、重要的调研内容。这就是个别与一般关系的一种表现形式、一种体现方式吧。

二、关于对乡村文化坚持进行长期调查研究的说明

　　为什么要花费这么大的精力、这么多的时间，劳心费力地设计、发放、收

回信息表，不仅要千里万里辗转奔波，还要到处找人帮忙、请人填表。为什么？就是为了要有第一手材料，要争取真材实料。没有调查，没有实证材料，只有纸上谈兵，结果显而易见，没有实践支撑的理论，是空洞的理论，那才真是浪费时间和精力，才真是劳民伤财、害人害己。

开国领袖毛泽东高度重视调查研究工作，不仅有关于调查研究的著名论断，例如，"没有调查，没有发言权"，"不做正确的调查同样没有发言权"[①]；而且还有很多传世的调查研究名篇，例如，《寻乌调查》（1930年5月）、《兴国调查》（1930年10月）、《东塘等处调查》（1930年11月）、《木口村调查》（1930年11月）、《长冈乡调查》（1933年11月）、《才溪乡调查》（1933年11月），以及《反对本本主义》（1930年5月）、《关于农村调查》（1941年9月）等。这些传世名篇，在《毛泽东农村调查文集》《毛泽东选集》《毛泽东文集》中，不同程度都有收录。

和历史伟人、时代先驱相比，我们是普通的。因此，我们要全方位、全身心地向伟人学习，学习他们工作、学习的方式方法。做理论工作、搞学术研究，也要重视并运用调查研究的方法。

在《反对本本主义》中，开宗明义指出，"没有调查，没有发言权"，因为"你对那个问题的现实情况和历史情况既然没有调查，不知底里，对于那个问题的发言便一定是瞎说一顿"[②]。本本主义一词，在当时具体指教条主义。反对本本主义，就是反对教条主义。

除了实地调查，也可以会议调查。实地调查，就是"迈开你的两脚，到你的工作范围的各部分各地方去走走，学个孔夫子的'每事问'，任凭什么才力小也能解决问题"。会议调查，就是在不出门的情况下，"可以召集那些明了情况的人来开个调查会，把你所谓困难问题的'来源'找到手，'现状'弄明白，你的这个困难问题也就容易解决了"。"调查就像'十月怀胎'，解决问题就像'一朝分

---

① 毛泽东：《毛泽东选集（第一卷）》，人民出版社1991年版，第118页。

② 《毛泽东农村调查文集》，人民出版社1982年版，第1页。

娩'。调查就是解决问题。"[①]

毛泽东历来重视调查工作，把进行社会调查作为领导工作的首要任务和决定政策的基础，并把进行社会调查规定为工作制度。重视调查工作，还要重视调查方法、调查结果、调查目的。调查还要适应工作需要，跟上形势发展、工作进展。"中国革命斗争的胜利要靠中国同志了解中国情况"，"全靠无产阶级政党的斗争策略的正确和坚决"[②]。要实现第二个百年奋斗目标，要建成社会主义强国，包括社会主义文化强国，仍然要靠中国同志了解中国情况。

在准备编印《农村调查》时，毛泽东亲自写了两篇序言，强调要把调查作为日常工作的重要内容，重视调查资料的保存和运用，自觉用发展的眼光看调查结论、调查观点。在序言一中，两次提及县域层面的调查。一是"一九二七年春天在湖南做的长沙、湘潭、湘乡、衡山、醴陵五县调查"，一是"一九二八年春天在井冈山做的宁冈、永新两县调查"[③]。本书的乡村文化调研，聚焦在一个县，重视县域层面，应是可行的、可取的。

这一专注于乡村文化的调研，是2014年开始进行的，到2023年，已经10年了。为什么持续时间这么长？一是因为这些年正处于脱贫攻坚、乡村振兴的关键时期，会有很多平常时期没有的举措和成效，需要时间观察。二是文化本身就是缓慢渐变的，需要长期观察。三是这些年，整个世界处于激烈的动荡变幻中，处于百年乃至千年未有之变局之中，也需要沉淀、需要长期观察。

对调查的长期性，毛泽东早有深刻认识、深入论述，"我们又相信事物是运动的，变化着的，进步着的。因此，我们的调查，也是长期的"。"我们的调查工作，是要有耐心地、有步骤地去作，不要性急。""从我个人调查农村来说，是经过了六七年的时间的。"[④]因此，遵循伟人教诲，对乡村问题、对乡村文化问题，我们不仅要做调查研究，还要坚持做长期的调查研究，有耐心、有定力。长期调研，日积月累，我们就可以深入地、细致地了解乡村文化的基本构成情况，

---

① 　《毛泽东农村调查文集》，人民出版社1982年版，第2—3页。

② 　《毛泽东农村调查文集》，人民出版社1982年版，第7页。

③ 　《毛泽东农村调查文集》，人民出版社1982年版，第14页。

④ 　《毛泽东农村调查文集》，人民出版社1982年版，第21—23页。

主要特点是什么，各部分之间的关系是什么，不同人群身上展现出什么样的文化性格，主要受什么文化因素影响、熏陶，等等。

调查研究是革命工作的法宝。周恩来、陈云等老一辈革命家、政治家，也普遍重视调查研究工作。周恩来把考察社会、了解民情与国情作为工作大事，把调查研究作为做好工作的基本途径，经常深入群众、深入基层，开展周密、务实的调研工作。强调调查研究要实事求是，避免形式主义；要不辞辛劳、亲临现场，与干部群众一起面对困难、解决问题；要与群众平等相待，真心实意联系群众，因势利导让群众讲真话、讲实话，从而通过调研了解到真实情况。在《陈云与调查研究》一书中，讲述了陈云关于调查研究的做法和成效。陈云认为，作决策、定政策，就是要把百分之九十的时间用于调查研究，用百分之十的时间来讨论决定；在调查研究和实际工作中，要不唯上、不唯书、只唯实，通过不断地交换、比较、反复来取得成果、取得实效。在1961年1月中共八届九中全会前的中央工作会议上，毛泽东号召"大兴调查研究之风"，随后中央领导人纷纷下基层调研。陈云选择回到家乡——上海市青浦县（今青浦区）进行调研，原因是熟悉本乡本土的情况。在15天的农村调查中，陈云几乎天天步行进村调研，还听了2次汇报，开了10次专题座谈会。调研告一段落后，陈云专门给毛泽东写信汇报回乡调查的情况，回京后还写了3篇调查报告，对中央及时、正确调整农村政策产生了积极影响。

习近平总书记极为重视调查研究工作，不仅长期身体力行开展调查研究，而且在不同场合多次强调调查研究是党的传家宝，是做好工作的基本功。早在2011年，习近平同志就曾专门著文论述调查研究问题；在当年11月16日中央党校秋季学期第二批入学学员开学典礼上，以《谈谈调查研究》的讲话，为学员们系统讲述了调查研究的意义、方法和要求。强调调查研究不仅是一种工作方法，而且是关系党和人民事业得失成败的大问题；要求学员们学习和掌握正确方法，努力提高调查研究水平和成效；主张建立和完善制度，保证调查研究经常化。

在新时代，党和政府不仅一如既往重视调查研究工作，而且结合新的时代条件、历史环境不断改进、丰富调查研究工作，使之成为实现国家治理体系和治理能力现代化的重要手段，成为实现中国式现代化的重要法宝，成为新时代的基本工作理念、治国理政的基本功夫。

2023年3月19日，新华社公开发布了中共中央办公厅印发的《关于在全党大兴调查研究的工作方案》。方案说明了在全党大兴调查研究的重要意义，引述了习近平总书记关于调查研究的经典论述：调查研究是谋事之基、成事之道，没有调查就没有发言权，没有调查就没有决策权；正确的决策离不开调查研究，正确的贯彻落实同样也离不开调查研究；调查研究是获得真知灼见的源头活水，是做好工作的基本功；要在全党大兴调查研究之风等。要求、鼓励县处级以上领导干部开展调查研究工作，听真话、查实情、见成效。方案还明确了全党大兴调查研究的总体要求、工作要求和调研内容、方法步骤等，指导性、针对性、实用性很强。

有革命前辈的指引，有全党大兴调查研究的时代机遇，调研作为学术研究的方法手段之一，还会长期使用下去；关于乡村文化的调研，还会长期坚持下去，为时代记录拍照，为历史存档留印，为学术和文化添砖加瓦。

第九章

民情村况信息表选录原则及信息表选录

多年的调研一路下来，反馈民情村况信息表的村子有161个。限于一本书的篇幅，不可能全部附录，只能有所选择，选录其中一部分。

娄烦县8个乡镇，除掉一个填写内容过少的外，剩余7个乡镇每个乡镇挑选2个左右村子，共选15个。挑选标准是填写的认真性，信息的完整性、真实性，一定的代表性等。

其他地方的村子，本来就是要比较、对照的，也能体现不同省区市的乡村特色和发展的大致水平，能选尽选，19个村子中选16个。

特别要说明、强调的是，这里附录的民情村况信息表，都是原样附上，填表人是怎样填写的，填写时是什么样子，尽量以什么原貌呈现。对个别极为明显的错讹之处，才酌情予以校正。这样做，是为了求真、保真，既看相关信息的真实情况，也看填表人填写的真实情况。填表人就是那样的文化程度、工作态度、做事习惯，不会刻意追求表述规范、用词准确，我们也不应去人为拔高，替他们改成"正式文件""标准文本"。结合上下文和语境，对填表人的意思，大多数读者应当是能看明白的。填表人本身的真实状态、真实表现、真实水平，也是当前乡村文化境况的一部分。在这里，看重的是实事求是、知人论世，避免的是形式主义、机械主义、教条主义。

为方便阅读和整体把握，现以表格形式列出反馈了民情村况信息表的、调研所及的省区市和县市区旗。合计调研所及有10个省区市、14个县市区旗。

民情村况信息表调研所及地方

省区市	县市区旗
山西省	娄烦县、方山县、静乐县、岚县
北京市	大兴区
山东省	即墨市（今青岛市即墨区）
湖北省	保康县
内蒙古自治区	伊金霍洛旗、乌兰察布市集宁区
江苏省	镇江市丹徒区
四川省	合江县
广东省	开平市
福建省	武夷山市
重庆市	巫山县

娄烦县静游镇河杨树底村民情村况信息表

问卷联系人：　　　　　　　　　　　　电话：
填表联系人：　　　　　　　　　　　　电话：
填写时间：2014年
（说明：1. 如所写内容较多，可以写在背面相应位置。2. 不留空格，无内容就写无。）

一、人口和村制

<table>
<tr><td rowspan="2">人口</td><td>总数</td><td>男</td><td>女</td><td rowspan="2">在居人口
（本地居家）</td><td>数量</td><td colspan="2">216</td></tr>
<tr><td>731</td><td>347</td><td>384</td><td>老中青比例</td><td colspan="2">2：7：1</td></tr>
<tr><td colspan="2">外居人口
（本地居外）</td><td colspan="2">499</td><td>来居人口
（外地来居）</td><td>16</td><td>本村总户数</td><td>238</td></tr>
<tr><td colspan="3">行政村直属自然村数量、名称</td><td colspan="3">河杨树底村</td><td>村民小组数量</td><td>1</td></tr>
<tr><td rowspan="3">村支书</td><td>姓名</td><td>杨</td><td>年龄</td><td>46</td><td>学历</td><td>大专</td><td>任职时间
（何年何月）</td><td>2011.11.16</td></tr>
<tr><td rowspan="2">主要谋生经营方式</td><td colspan="3" rowspan="2">种植、运输</td><td>年在村时间</td><td>120</td><td rowspan="2">年总收入</td><td rowspan="2">4万</td></tr>
<tr><td>年职务收入</td><td>8400</td></tr>
<tr><td rowspan="3">村主任</td><td>姓名</td><td>成</td><td>年龄</td><td>54</td><td>学历</td><td>大专</td><td>任职时间
（何年何月）</td><td>1996.10</td></tr>
<tr><td rowspan="2">主要谋生经营方式</td><td colspan="3" rowspan="2">种植、经商</td><td>年在村时间</td><td>120</td><td rowspan="2">年总收入</td><td rowspan="2">6万</td></tr>
<tr><td>年职务收入</td><td>8400</td></tr>
<tr><td colspan="2">村班子总人数</td><td>6</td><td colspan="2">村干部年工资、补助
等总额及来源</td><td colspan="4">村干部年补助金额：38400
来源于煤矿转让协议补贴</td></tr>
<tr><td colspan="2">全村中共党员总数</td><td>36</td><td colspan="2">30岁以下党员人数</td><td>4</td><td colspan="2">31~60岁党员人数</td><td>23</td></tr>
<tr><td rowspan="3">其他主要村干部情况</td><td>姓名</td><td colspan="3">岗位职责</td><td>姓名</td><td colspan="3">岗位职责</td></tr>
<tr><td>段</td><td colspan="3">全村日常内务，财物</td><td>李</td><td colspan="3">安全稳定，治安，护林防火</td></tr>
<tr><td>苏</td><td colspan="3">全村日常内务，民政</td><td>刘</td><td colspan="3">计生，人口流动</td></tr>
</table>

二、资源

（单位：平方米、亩、公斤、吨等）

总面积	3300亩	耕地面积	1080
林地面积	1100	退耕还林面积	
荒山、荒沟、荒坡、荒滩面积	1200	水域面积	

主要矿产品	种类	储量（万吨）	开采情况
	煤矿	700	已开采
	铝矾矿	300	未开采

主要农作物	品种	亩产量（公斤）	一年种几季
	土豆	1500	1
	玉米	700	1
	谷子	260	1

粮食自给率	村中储备粮食如遇灾荒可以食用支撑多少天		

主要蔬菜	品种	亩产量（公斤）	收获季节
	胡萝卜	800	秋季
	白菜	1000	秋季

主要林木	经济林	果树林	其他
			杨树325亩
			槐树131亩
			柳树21亩

主要中药材	野生		人工种植	
	品种	产量（公斤）	品种	亩产量（公斤）

三、农工商贸等企业

（单位：万元）

主要种植企业	名称	成洁种植合作社		
	年产值	30		
主要养殖企业	名称	壹鑫养殖场		
	年产值	50		
种植、养殖加工企业	名称	盛伟种养殖合作社		
	年产值	40		
主要工业企业	名称			
	年产值			
主要矿业企业	名称			
	年产值			
主要商业企业	名称	富康门市部		
	年收入	2		
水产品企业	名称			
	年产值			
主要服务业企业	名称			
	年收入			
主要科技企业	名称			
	年产值			

四、村级集体收入和资产状况

收入的主要渠道、方式	煤矿转让协议补贴
累计收入总金额	80万
收入的主要用途和支出事项	支付村日常事务开支
主要固定资产	村委办公楼,村磨坊
现金保有数量和保有方式	458639.14元,镇财会所
主要投资项目	
主要债权关系(钱物借给谁了)	
村级集体经济负债情况	

五、村民收入和资产状况

	数量	平均资产规模	主要致富方式
富裕家庭	5	100万	经商
中等家庭	数量	平均资产规模	基本致富方式
	136	10万~20万	务工、种植
贫困家庭	数量	大致资产状况	贫困主要原因
	75	3万~10万	无技术,无资金
上年度村人均收入(元)	4600		
上年度村户均收入(元)	15000		

六、教育

村小学校舍	面积	房间数	操场	投资额	资金来源	建成时间	当前用途
	120	4	300	40万	村财务	1996	教学

幼儿园教师	（类别）	学历			教龄		幼儿园学生	
		本科	大专	中专及以下	5年以下	6年以上	男	女
	正式							
	代课							

小学教师	（类别）	学历			教龄		村小学几个年级
		本科	大专	中专及以下	5年以下	6年以上	
	正式		2			2	1
	代课						

在本村上学的小学生		外地就读的小学生		
	男		男	8
	女 1		女	7

中学生	本乡镇上学		外地就学		职业技校生		大学生		研究生	
	男	女	男	女	男	女	男	女	男	女
	6	7	11	4	2	4				1

本村小学被合并撤销后小学生上学有何不方便	离家太远，上学不安全
小学生外地上学给家长的生产、生活带来什么不方便	为了孩子上学，家长都去外地陪学，打工
多大范围、几个村子或方圆几里保留一个年级完整的小学比较合适	3公里
集中合并后小学的教育质量教学水平提高还是下降了及具体表现	下降了
如何应对撤村并镇、移民进城等城镇化带来的农村小学教育格局剧变	加大人口密集区域的教育基础投资，把空闲的教育资源调配到人口密集区域，不要浪费资源

七、文化

文化（活动）室	面积	建成时间	投资额度	资金来源	使用率	名称
	40	2010	53万	上级扶持	100%	河杨树底文化室

文化广场	面积	建成时间	投资额度	资金来源	使用率	名称
	200	2010	53万	上级扶持	100%	河杨树底文化广场

文化活动的主要组织形式	棋牌、阅读、老年活动、都是自发组织
日常主要文化娱乐活动	棋牌、阅读
日常文娱活动主要参加人群	老年群体
日常文娱活动主要场所	村文化室，村文化广场
代表性的文化人才及其专长	
代表性的文化专业户的特长、人数及能否以之维持生计	
重要文物古迹	
主要风光景致	
主要典故传说	

八、主要知名人物

	姓名	年代	主要事迹
为官			
	姓名	年代	主要事迹
从军			
	姓名	年代	主要事迹
治学			
	姓名	年代	主要事迹
经商			
短期居住过的著名人物	姓名	年代	简要史实

九、发展思路和规划

发展的基本思路、方向	开发红色文化,建革命纪念馆,开发利用荒山荒坡种植经济林,开发红色旅游区
因地制宜、特色鲜明、科学合理的发展规划的主要内容	发展特色农业,种植本地特色农作物,养殖本地适合的优良家畜,努力提高群众收入
发展的主要制约因素、困难和破解措施	缺乏专业知识,有力的资金扶持,国家应加大对农村的基础投入,注重农民的培养

十、其他

主要庙宇、寺院堂观	名称	何人修建	建成时间	资金额度
	筹资方式	供奉什么	主要信奉人群	现管理使用者

祠堂有无及建、修情况		家谱有无及修、续情况	

其他值得注意、重视的事项、问题的建议	注重培养人民群众的正确信仰,严厉打击邪教侵入

(全表共8页)

娄烦县静游镇峰岭底村民情村况信息表

问卷联系人： 电话：

填表联系人： 电话：

填写时间：2014年

（说明：1. 如所写内容较多，可以写在背面相应位置。2. 不留空格，无内容就写无。）

一、人口和村制

人口	总数	男	女	在居人口 （本地居家）	数量	900
	3164	2000	1164		老中青比例	各1/3

外居人口 （本地居外）	2264	来居人口 （外地来居）	50	本村总户数	1028

行政村直属自然村数量、名称	峰岭底村		村民小组数量	11

村支书	姓名	王	年龄	61	学历	大专	任职时间 （何年何月）	2005.11.19	
	主要谋生经营方式	外垫地				年在村时间		年总收入	20万
						年职务收入	5000		

村主任	姓名	段	年龄	48	学历	大专	任职时间 （何年何月）	2008.11.19	
	主要谋生经营方式	蔬菜大棚				年在村时间	12个月	年总收入	10万
						年职务收入	5000		

村班子总人数	9	村干部年工资、补助等总额及来源	5万，转移支付

全村中共党员总数	53	30岁以下党员人数		31~60岁党员人数	53

其他主要村干部情况	姓名	岗位职责	姓名	岗位职责
	褚	支委委员	断	村委委员
	王	支委委员	段	支委委员

二、资源

（单位：平方米、亩、公斤、吨等）

总面积	15723	耕地面积	2000
林地面积	4923	退耕还林面积	2123
荒山、荒沟、荒坡、荒滩面积	8800	水域面积	

主要矿产品	种类	储量（万吨）	开采情况
	原煤	1500	停开采
	矿石	300	停开采
	青石	难以计数	停开采

主要农作物	品种	亩产量（公斤）	一年种几季
	山药	1500	1
	谷子	300	1
	玉米	500	1

粮食自给率	50%	村中储备粮食如遇灾荒可以食用支撑多少天	一年

主要蔬菜	品种	亩产量（公斤）	收获季节
	苘子白	5000	秋季

主要林木	经济林	果树林	其他
		核桃树2000亩	

主要中药材	野生		人工种植	
	品种	产量（公斤）	品种	亩产量（公斤）
	柴胡			
	黄芩			

三、农工商贸等企业

（单位：万元）

主要种植企业	名称	栓怀种植户	俊峰蔬菜棚	
	年产值	8	10	
主要养殖企业	名称	宏业绿康养殖场		
	年产值	869		
种植、养殖加工企业	名称	宏业绿康养殖场		
	年产值	700		
主要工业企业	名称			
	年产值			
主要矿业企业	名称			
	年产值			
主要商业企业	名称	志连门市部	俊安门市部	青连门市部
	年收入	2	2	2
水产品企业	名称			
	年产值			
主要服务业企业	名称			
	年收入			
主要科技企业	名称			
	年产值			

四、村级集体收入和资产状况

收入的主要渠道、方式	上级拨转移支付款
累计收入总金额	8万
收入的主要用途和支出事项	人畜吃水, 电费, 会议, 演出费
主要固定资产	教学楼一栋, 教师宿舍, 幼儿园, 文化大院, 村委办公室
现金保有数量和保有方式	
主要投资项目	
主要债权关系(钱物借给谁了)	
村级集体经济负债情况	

五、村民收入和资产状况

富裕家庭	数量	平均资产规模	主要致富方式
	300	5万	固定收入
中等家庭	数量	平均资产规模	基本致富方式
	400	3万	打工
贫困家庭	数量	大致资产状况	贫困主要原因
	500	1万	教育、疾病
上年度村人均收入(元)	2000		
上年度村户均收入(元)	1万		

六、教育

村小学校舍	面积	房间数	操场	投资额	资金来源	建成时间	当前用途
	11200	34	8242	190万	楼一华宇 房一村委	2011.9 1999.9	教学楼,办公用房

幼儿园教师	（类别）	学历			教龄		幼儿园学生	
		本科	大专	中专及以下	5年以下	6年以上	男	女
	正式						14	11
	代课	5	5			5		

小学教师	（类别）	学历			教龄		村小学几个年级
		本科	大专	中专及以下	5年以下	6年以上	
	正式	12	8	4	5	7	6
	代课						

在本村上学的小学生	男	52	外地就读的小学生	男	200
	女	25		女	300

中学生	本乡镇上学		外地就学		职业技校生		大学生		研究生	
	男	女	男	女	男	女	男	女	男	女
	5	6	100	200			20	17	3	

本村小学被合并撤销后小学生上学有何不方便	路途远,交通不便,增加家庭经济负担,特别是安全问题
小学生外地上学给家长的生产、生活带来什么不方便	孩子远离父母,心理会有压力,特别是自理能力差的孩子,家长不放心
多大范围、几个村子或方圆几里保留一个年级完整的小学比较合适	最好是大一些的村子集中办学
集中合并后小学的教育质量教学水平提高还是下降了及具体表现	集中办学,教育教学质量能提高,学生合并,教师集中优质教育资源,互相学习交流
如何应对撤村并镇、移民进城等城镇化带来的农村小学教育格局剧变	只能把发生的问题想办法解决,随着农村学生的减少,人们都想把自己的孩子送到更好的学校教育

七、文化

文化（活动）室	面积	建成时间	投资额度	资金来源	使用率	名称
	800	2006.7	80万			文化室

文化广场	面积	建成时间	投资额度	资金来源	使用率	名称
	10000	2006.7				文化大院

文化活动的主要组织形式	文艺演出
日常主要文化娱乐活动	读书看报 健身锻炼 科技培训
日常文娱活动主要参加人群	
日常文娱活动主要场所	文化室 文化大院
代表性的文化人才及其专长	赵爱珍 养殖专业户
代表性的文化专业户的特长、人数及能否以之维持生计	养猪专业户20人能以维持生计并发展
重要文物古迹	高君宇纪念馆
主要风光景致	烽火台、观音庙、娘娘庙、关帝庙
主要典故传说	《段解心讼人传说》《段两士力大传说》

八、主要知名人物

为官	姓名	年代	主要事迹
	高君宇	20	传播马列主义、五四运动健将
	段炽华	20	研究农科技术
从军	姓名	年代	主要事迹
治学	姓名	年代	主要事迹
经商	姓名	年代	主要事迹
	高佩天	民国	晋商文化
短期居住过的著名人物	姓名	年代	简要史实
	徐海东	20	打土豪、分田地
	林海清	20	百团大战
	高君宇	20	出生就读

九、发展思路和规划

发展的基本思路、方向	面对高君宇故居开放、来往观光人居多、需及时兴建商品一条街
因地制宜、特色鲜明、科学合理的发展规划的主要内容	拆迁排子房、修建三层楼、住户集中住兴建商品一条街
发展的主要制约因素、困难和破解措施	资金欠缺、上级不重视、村民有顾虑、解决城镇拥挤、农村涌入城市

十、其他

	名称	何人修建	建成时间	资金额度
主要庙宇寺院堂观	娘娘庙	汉代修建 耀清复修	2008.4.8	50万
	筹资方式	供奉什么	主要信奉人群	现管理使用者
	集资	三台圣母	7000余人	村委

祠堂有无及建、修情况	段氏祠堂修建完毕	家谱有无及修、续情况	褚氏家谱已出版 段氏家谱支付印刷

其他值得注意、重视的事项、问题的建议	皇帝庙需修复,烽火台需保护,关帝庙需维修;为了让非遗源远流长,需对文化歌谣,民歌加强收集,势在必行;望上级派人及时整理,以免流失

（全表共8页）

娄烦县静游镇上静游村民情村况信息表

问卷联系人：   电话：

填表联系人：   电话：

填写时间：2014年

（说明：1. 如所写内容较多，可以写在背面相应位置。2. 不留空格，无内容就写无。）

一、人口和村制

<table>
<tr><td rowspan="2">人口</td><td>总数</td><td>男</td><td>女</td><td rowspan="2">在居人口
（本地居家）</td><td>数量</td><td>1300</td></tr>
<tr><td>1722</td><td>1033</td><td>689</td><td>老中青比例</td><td></td></tr>
<tr><td colspan="2">外居人口
（本地居外）</td><td>422</td><td colspan="2">来居人口
（外地来居）</td><td>140</td><td>本村总户数</td><td>685</td></tr>
<tr><td colspan="4">行政村直属自然村数量、名称</td><td colspan="2">上静游村</td><td>村民小组数量</td><td>4</td></tr>
<tr><td rowspan="5">村支书</td><td colspan="2">姓名</td><td>韩</td><td>年龄</td><td>52</td><td>学历</td><td>高中</td><td>任职时间
（何年何月）</td><td>2009.11</td></tr>
<tr><td colspan="2" rowspan="2">主要谋生经营方式</td><td colspan="4" rowspan="2">经商</td><td>年在村时间</td><td>11月</td><td rowspan="2">年总收入</td><td rowspan="2">5万</td></tr>
<tr><td>年职务收入</td><td>8200</td></tr>
<tr><td rowspan="3">村主任</td><td colspan="2">姓名</td><td>韩</td><td>年龄</td><td>43</td><td>学历</td><td>高中</td><td>任职时间
（何年何月）</td><td>2011.11</td></tr>
<tr><td colspan="2" rowspan="2">主要谋生经营方式</td><td colspan="4" rowspan="2">经商</td><td>年在村时间</td><td>11月</td><td rowspan="2">年总收入</td><td rowspan="2">5万</td></tr>
<tr><td>年职务收入</td><td>8200</td></tr>
<tr><td colspan="3">村班子总人数</td><td>10</td><td colspan="2">村干部年工资、补助
等总额及来源</td><td colspan="4">56000，村级经费</td></tr>
<tr><td colspan="3">全村中共党员总数</td><td>54</td><td colspan="2">30岁以下党员人数</td><td colspan="2">2</td><td>31~60岁党员人数</td><td>52</td></tr>
<tr><td rowspan="4">其他主要村干部情况</td><td colspan="2">姓名</td><td colspan="3">岗位职责</td><td colspan="2">姓名</td><td colspan="2">岗位职责</td></tr>
<tr><td colspan="2">秦</td><td colspan="3">村副书记</td><td colspan="2">韩</td><td colspan="2">村委副主任</td></tr>
<tr><td colspan="2">韩</td><td colspan="3">支委委员</td><td colspan="2">韩</td><td colspan="2">村委委员</td></tr>
<tr><td colspan="2">韩</td><td colspan="3">支委委员</td><td colspan="2">张</td><td colspan="2">村委委员</td></tr>
</table>

二、资源

（单位：平方米、亩、公斤、吨等）

总面积		5723.7	耕地面积		2300.4
林地面积		950	退耕还林面积		655
荒山、荒沟、荒坡、荒滩、面积		1818.3	水域面积		
主要矿产品	种类		储量（万吨）		开采情况
主要农作物	品种		亩产量（公斤）		一年种几季
	玉米		1300		1
	谷子		800		1
	薯类		2000		1
粮食自给率	30%	村中储备粮食如遇灾荒可以食用支撑多少天			360天
主要蔬菜	品种		亩产量（公斤）		收获季节
主要林木	经济林		果树林		其他
	核桃树				

主要中药材	野生		人工种植	
	品种	产量（公斤）	品种	亩产量（公斤）

三、农工商贸等企业

（单位：万元）

主要种植企业	名称			
	年产值			
主要养殖企业	名称			
	年产值			
种植、养殖加工企业	名称			
	年产值			
主要工业企业	名称			
	年产值			
主要矿业企业	名称			
	年产值			
主要商业企业	名称	油坊		
	年收入	30		
水产品企业	名称			
	年产值			
主要服务业企业	名称			
	年收入			
主要科技企业	名称			
	年产值			

四、村级集体收入和资产状况

收入的主要渠道、方式	上级拨款 拆迁
累计收入总金额	75万
收入的主要用途和支出事项	管理人员工资 办公费 出差旅 福利 文化娱乐
主要固定资产	房屋
现金保有数量和保有方式	
主要投资项目	
主要债权关系（钱物借给谁了）	
村级集体经济负债情况	

五、村民收入和资产状况

富裕家庭	数量	平均资产规模	主要致富方式
	19		经商
中等家庭	数量	平均资产规模	基本致富方式
	100		打工
贫困家庭	数量	大致资产状况	贫困主要原因
	466		无职业 地少人多
上年度村人均收入（元）	4600		
上年度村户均收入（元）	11564		

六、教育

村小学校舍	面积	房间数	操场	投资额	资金来源	建成时间	当前用途
	1000	24	600	73万	拆迁	2010	教学

幼儿园教师	（类别）	学历			教龄		幼儿园学生	
		本科	大专	中专及以下	5年以下	6年以上	男	女
	正式							
	代课			2	2			2

小学教师	（类别）	学历			教龄		村小学几个年级
		本科	大专	中专及以下	5年以下	6年以上	
	正式		4	4		2	5
	代课						

在本村上学的小学生	男	1	外地就读的小学生	男	
	女	7		女	

中学生	本乡镇上学		外地就学		职业技校生		大学生		研究生	
	男	女	男	女	男	女	男	女	男	女
	5	5	12	11	3	1	5	4		

本村小学被合并撤销后小学生上学有何不方便	
小学生外地上学给家长的生产、生活带来什么不方便	因学返贫
多大范围、几个村子或方圆几里保留一个年级完整的小学比较合适	2里
集中合并后小学的教育质量教学水平提高还是下降了及具体表现	
如何应对撤村并镇、移民进城等城镇化带来的农村小学教育格局剧变	师资分配不均，增加一线教师待遇，留住人才

七、文化

文化（活动）室	面积	建成时间	投资额度	资金来源	使用率	名称
	120	2011	12	征地拆迁	10%	
文化广场	面积	建成时间	投资额度	资金来源	使用率	名称
	600	2005	20万	上级拨款	20%	

文化活动的主要组织形式	唱戏、社火活动
日常主要文化娱乐活动	散步
日常文娱活动主要参加人群	老人、孩子
日常文娱活动主要场所	学校院内
代表性的文化人才及其专长	
代表性的文化专业户的特长、人数及能否以之维持生计	
重要文物古迹	
主要风光景致	
主要典故传说	

八、主要知名人物

为官	姓名	年代	主要事迹

从军	姓名	年代	主要事迹

治学	姓名	年代	主要事迹

经商	姓名	年代	主要事迹

短期居住过的著名人物	姓名	年代	简要史实

九、发展思路和规划

发展的基本 思路、方向	依托静静铁路、太兴铁路、太佳高速交会于静游的优势，形成 物流集散地
因地制宜、特色 鲜明、科学合理的 发展规划的 主要内容	依托有利区域优势、发展物流集散业 加强水利设施建设、让村民吃上安全卫生自来水 做好家园清洁工程、优化发展环境
发展的主要 制约因素、困难和 破解措施	农村法制建设　基层组织建设　社会管理任务繁重 村民素质　决策创新素质　市场意识偏低 资金积累不足

十、其他

主要庙宇、寺院、堂观	名称	何人修建	建成时间	资金额度
	筹资方式	供奉什么	主要信奉人群	现管理使用者
祠堂有无及 建、修情况			家谱有无及 修、续情况	
其他值得注 意、重视的 事项、问题的 建议				

（全表共8页）

娄烦县盖家庄乡择石村民情村况信息表

问卷联系人: 电话:

填表联系人: 电话:

填写时间: 2014年

(说明: 1. 如所写内容较多, 可以写在背面相应位置。2. 不留空格, 无内容就写无。)

一、人口和村制

<table>
<tr><td rowspan="2">人口</td><td>总数</td><td>男</td><td>女</td><td rowspan="2">在居人口
(本地居家)</td><td>数量</td><td>400</td></tr>
<tr><td>610</td><td>340</td><td>270</td><td>老中青比例</td><td>2:3:1</td></tr>
<tr><td>外居人口
(本地居外)</td><td colspan="2">210</td><td>来居人口
(外地来居)</td><td>0</td><td>本村总户数</td><td>181</td></tr>
<tr><td colspan="4">行政村直属自然村数量、名称</td><td colspan="2">择石村、王家掌村</td><td>村民小组数量</td><td>2</td></tr>
<tr><td rowspan="3">村支书</td><td>姓名</td><td>李</td><td>年龄</td><td>34</td><td>学历</td><td>大专</td><td>任职时间
(何年何月)</td><td colspan="2">2005.10</td></tr>
<tr><td colspan="2" rowspan="2">主要谋生经营方式</td><td colspan="4" rowspan="2">种植</td><td>年在村时间</td><td>300</td><td rowspan="2">年总收入</td><td rowspan="2">1万</td></tr>
<tr><td>年职务收入</td><td>6000</td></tr>
<tr><td rowspan="3">村主任</td><td>姓名</td><td>周</td><td>年龄</td><td>42</td><td>学历</td><td>大专</td><td>任职时间
(何年何月)</td><td colspan="2">2008.12</td></tr>
<tr><td colspan="2" rowspan="2">主要谋生经营方式</td><td colspan="4" rowspan="2">种植</td><td>年在村时间</td><td>300</td><td rowspan="2">年总收入</td><td rowspan="2">1万</td></tr>
<tr><td>年职务收入</td><td>6000</td></tr>
<tr><td colspan="3">村班子总人数</td><td>7</td><td>村干部年工资、补助
等总额及来源</td><td colspan="4">补助3000, 来源于转移支付、管理费用</td></tr>
<tr><td colspan="3">全村中共党员总数</td><td>25</td><td>30岁以下党员人数</td><td colspan="2">2</td><td>31~60岁党员人数</td><td>23</td></tr>
<tr><td rowspan="4">其他主要村干部情况</td><td colspan="2">姓名</td><td colspan="2">岗位职责</td><td>姓名</td><td colspan="3">岗位职责</td></tr>
<tr><td colspan="2">李</td><td colspan="2">村副主任</td><td>周</td><td colspan="3">村委委员</td></tr>
<tr><td colspan="2">袁</td><td colspan="2">村副主任</td><td>张</td><td colspan="3">村委委员</td></tr>
<tr><td colspan="2">景</td><td colspan="2">副书记</td><td></td><td colspan="3"></td></tr>
</table>

二、资源

（单位：平方米、亩、公斤、吨等）

总面积	3平方千米	耕地面积	1500亩
林地面积	3000亩	退耕还林面积	1600亩
荒山、荒沟、荒坡、荒滩面积	6000亩	水域面积	无

主要矿产品	种类	储量（万吨）	开采情况
	铁矿	1000	未开采
	石晶	1900	未开采

主要农作物	品种	亩产量（公斤）	一年种几季
	土豆	2000	1
	谷子	1000	1

粮食自给率	30%	村中储备粮食如遇灾荒可以食用支撑多少天	90

主要蔬菜	品种	亩产量（公斤）	收获季节

主要林木	经济林	果树林	其他
	油松		
	杨树		
	落叶松		

主要中药材	野生		人工种植	
	品种	产量（公斤）	品种	亩产量（公斤）

三、农工商贸等企业

（单位：万元）

主要种植企业	名称			
	年产值			
主要养殖企业	名称	大聚源养殖场		
	年产值	50		
种植、养殖加工企业	名称			
	年产值			
主要工业企业	名称	鲁地选矿厂	晶鑫选矿厂	兴元造矿厂
	年产值			
主要矿业企业	名称	宏海选矿厂	昌益选矿厂	
	年产值			
主要商业企业	名称			
	年收入			
水产品企业	名称			
	年产值			
主要服务业企业	名称			
	年收入			
主要科技企业	名称			
	年产值			

四、村级集体收入和资产状况

收入的主要渠道、方式	管理费用,转移支付
累计收入总金额	25万
收入的主要用途和支出事项	财务支出,干部补助,村里修建
主要固定资产	100万
现金保有数量和保有方式	10万,银行存款
主要投资项目	红白理事会用房一座
主要债权关系(钱物借给谁了)	
村级集体经济负债情况	外欠

五、村民收入和资产状况

富裕家庭	数量	平均资产规模	主要致富方式
中等家庭	数量	平均资产规模	基本致富方式
	120		种植、打工
贫困家庭	数量	大致资产状况	贫困主要原因
	66		无就业
上年度村人均收入(元)	800		
上年度村户均收入(元)	2000		

六、教育

村小学校舍	面积	房间数	操场	投资额	资金来源	建成时间	当前用途
	210	7	1	14万	扶贫	1993	闲置

幼儿园教师	（类别）	学历			教龄		幼儿园学生	
		本科	大专	中专及以下	5年以下	6年以上	男	女
	正式							
	代课							

小学教师	（类别）	学历			教龄		村小学几个年级
		本科	大专	中专及以下	5年以下	6年以上	
	正式						
	代课						

在本村上学的小学生	男		外地就读的小学生	男	18
	女			女	20

中学生	本乡镇上学		外地就学		职业技校生		大学生		研究生	
	男	女	男	女	男	女	男	女	男	女
			19	18				11		1

本村小学被合并撤销后小学生上学有何不方便	
小学生外地上学给家长的生产生活带来什么不方便	居住、小学
多大范围、几个村子或方圆几里保留一个年级完整的小学比较合适	一村一个
集中合并后小学的教育质量教学水平提高还是下降了及具体表现	总体下降，因为办理学生太多
如何应对撤村并镇、移民进城等城镇化带来的农村小学教育格局剧变	没办法

七、文化

文化 （活动）室	面积	建成时间	投资额度	资金来源	使用率	名称
	30	2011	3万	县文化局资助 30%，村里支出		

文化广场	面积	建成时间	投资额度	资金来源	使用率	名称
	300m^2	2012	3万	上级资助， 村务支出		

文化活动的 主要组织形式	群体
日常主要文化娱乐活动	打篮球，看电影
日常文娱活动主要参加人群	村民
日常文娱活动主要场所	文化广场，文化室
代表性的文化人才及其专长	
代表性的文化专业户的特 长、人数及能否以之维持 生计	
重要文物古迹	
主要风光景致	村西有海拔2300米的皇姑山风景
主要典故传说	

八、主要知名人物

为官	姓名	年代	主要事迹

从军	姓名	年代	主要事迹

治学	姓名	年代	主要事迹

经商	姓名	年代	主要事迹

短期居住过的著名人物	姓名	年代	简要史实
	刘玉堤	40	1941年在本村养病
	贺龙	40	在村住10余天（1941）
	余秋里	40	在村筹备反"扫荡"（1941）
	张宗逊	40	在村开过会（1940）

九、发展思路和规划

发展的基本思路、方向	在三年之内使全村脱贫,五年之内走向小康
因地制宜、特色鲜明、科学合理的发展规划的主要内容	土地流转,种植经济作物,向旅游业发展
发展的主要制约因素、困难和破解措施	无投资人,引进资金,快速发展

十、其他

主要庙宇、寺院、堂观	名称	何人修建	建成时间	资金额度
	三神庙、龙王庙、娘娘庙	褚定海、周建云	2014年、2007年	50万、8万
	筹资方式	供奉什么	主要信奉人群	现管理使用者
	个人	太上老君、龙王、三台圣母	村民	择石村

祠堂有无及建、修情况		家谱有无及修、续情况	
其他值得注意、重视的事项、问题的建议			

（全表共8页）

娄烦县盖家庄乡南峪村民情村况信息表

问卷联系人：　　　　　　　　　　　电话：
填表联系人：　　　　　　　　　　　电话：
填写时间：2014年
（说明：1. 如所写内容较多，可以写在背面相应位置。2. 不留空格，无内容就写无。）

一、人口和村制

<table>
<tr><td rowspan="2">人口</td><td>总数</td><td>男</td><td>女</td><td rowspan="2">在居人口
（本地居家）</td><td>数量</td><td colspan="2">694</td></tr>
<tr><td>768</td><td></td><td></td><td>老中青比例</td><td colspan="2"></td></tr>
<tr><td colspan="2">外居人口
（本地居外）</td><td>74</td><td>来居人口
（外地来居）</td><td>26</td><td>本村总户数</td><td colspan="2">179</td></tr>
<tr><td colspan="3">行政村直属自然村数量、名称</td><td colspan="2">南峪村</td><td>村民小组数量</td><td colspan="2"></td></tr>
<tr><td rowspan="3">村支书</td><td>姓名</td><td>李</td><td>年龄</td><td>52</td><td>学历</td><td>大专</td><td>任职时间
（何年何月）</td><td>89.11</td></tr>
<tr><td rowspan="2">主要谋生经营方式</td><td rowspan="2" colspan="3">农业</td><td>年在村时间</td><td>常年</td><td rowspan="2">年总收入</td><td rowspan="2">2.2万</td></tr>
<tr><td>年职务收入</td><td>2000</td></tr>
<tr><td rowspan="3">村主任</td><td>姓名</td><td>李</td><td>年龄</td><td>38</td><td>学历</td><td>大专</td><td>任职时间
（何年何月）</td><td>2011.12</td></tr>
<tr><td rowspan="2">主要谋生经营方式</td><td rowspan="2" colspan="3">自来水合同职工</td><td>年在村时间</td><td>30天</td><td rowspan="2">年总收入</td><td rowspan="2">4万</td></tr>
<tr><td>年职务收入</td><td>2000</td></tr>
<tr><td colspan="2">村班子总人数</td><td>10人</td><td>村干部年工资、
补助
等总额及来源</td><td colspan="5">2万</td></tr>
<tr><td colspan="2">全村中共党员总数</td><td>35</td><td colspan="2">30岁以下党员人数</td><td colspan="2">31~60岁党员人数</td><td>35</td></tr>
<tr><td rowspan="4">其他主要村干部情况</td><td colspan="2">姓名</td><td colspan="3">岗位职责</td><td>姓名</td><td colspan="2">岗位职责</td></tr>
<tr><td colspan="2">李</td><td colspan="3">副书记</td><td>李</td><td colspan="2">委员</td></tr>
<tr><td colspan="2">冯</td><td colspan="3">支部委员</td><td>武</td><td colspan="2">委员</td></tr>
<tr><td colspan="2">郝</td><td colspan="3">村副主任</td><td>郝</td><td colspan="2">支部</td></tr>
</table>

二、资源

（单位：平方米、亩、公斤、吨等）

总面积	15500	耕地面积	1788.3
林地面积		退耕还林面积	9747
荒山、荒沟、荒坡、荒滩面积	3000	水域面积	

主要矿产品	种类	储量（万吨）	开采情况

主要农作物	品种	亩产量（公斤）	一年种几季
	玉米	500	1
	山药	1000	1
	谷子	1000	1

粮食自给率	80%	村中储备粮食如遇灾荒可以食用支撑多少天	5个月

主要蔬菜	品种	亩产量（公斤）	收获季节

主要林木	经济林	果树林	其他
	落叶松		
	油松		
	杨桦		

主要中药材	野生		人工种植	
	品种	产量（公斤）	品种	亩产量（公斤）

三、农工商贸等企业

（单位：万元）

主要种植企业	名称			
	年产值			
主要养殖企业	名称	羊		
	年产值	4		
种植、养殖加工企业	名称			
	年产值			
主要工业企业	名称			
	年产值			
主要矿业企业	名称			
	年产值			
主要商业企业	名称			
	年收入			
水产品企业	名称			
	年产值			
主要服务业企业	名称			
	年收入			
主要科技企业	名称			
	年产值			

四、村级集体收入和资产状况

收入的主要渠道、方式	农业
累计收入总金额	20余万
收入的主要用途和支出事项	生活日常费用
主要固定资产	办公楼、学校
现金保有数量和保有方式	
主要投资项目	
主要债权关系（钱物借给谁了）	
村级集体经济负债情况	200万

五、村民收入和资产状况

富裕家庭	数量	平均资产规模	主要致富方式
中等家庭	数量	平均资产规模	基本致富方式
	50		农业
贫困家庭	数量	大致资产状况	贫困主要原因
	127		收入偏低、老弱病残
上年度村人均收入（元）	2000		
上年度村户均收入（元）	1.2万		

六、教育

村小学校舍	面积	房间数	操场	投资额	资金来源	建成时间	当前用途
	120m²	8	30m²	5万	上拨	1997	教学

幼儿园教师	(类别)	学历			教龄		幼儿园学生	
		本科	大专	中专及以下	5年以下	6年以上	男	女
	正式						6	5
	代课	1		初中	1			

小学教师	(类别)	学历			教龄		村小学几个年级
		本科	大专	中专及以下	5年以下	6年以上	
	正式	1	1			2	2
	代课						

在本村上学的小学生	男	6	外地就读的小学生	男	
	女	6		女	

中学生	本乡镇上学		外地就学		职业技校生		大学生		研究生	
	男	女	男	女	男	女	男	女	男	女
	20	10					6	4		2

本村小学被合并撤销后小学生上学有何不方便	交通不便，不能自理
小学生外地上学给家长的生产生活带来什么不方便	照顾小孩误工，经济困难
多大范围、几个村子或方圆几里保留一个年级完整的小学比较合适	1~2公里
集中合并后小学的教育质量教学水平提高还是下降了及具体表现	集中上学质量明显下降
如何应对撤村并镇、移民进城等城镇化带来的农村小学教育格局剧变	交通补贴多加校车

七、文化

文化 （活动）室	面积	建成时间	投资额度	资金来源	使用率	名称
	50m²	97年	10万	自给	100%	

文化广场	面积	建成时间	投资额度	资金来源	使用率	名称
	700%	97年	5万	自给	100%	

文化活动的 主要组织形式	看书、体育
日常主要文化娱乐活动	体育、看书
日常文娱活动主要参加人群	
日常文娱活动主要场所	
代表性的文化人才及其专长	
代表性的文化专业户的特长、 人数及能否以之维持 生计	
重要文物古迹	抗战时期八路军120师使用过的宅院
主要风光景致	
主要典故传说	抗日战争英雄故里

八、主要知名人物

为官	姓名	年代	主要事迹
	李荫厚	50	扶贫救困后当县长

从军	姓名	年代	主要事迹
	李平海	40	抗日先锋，被敌人打死
	李安后	40	抗日先锋，被敌人杀害
	李荫丛	40	抗日先锋，被敌人杀害

治学	姓名	年代	主要事迹

经商	姓名	年代	主要事迹

短期居住过的著名人物	姓名	年代	简要史实
	张宗逊		抗战时期在我村驻两年八个月
	余秋里		抗战时期在我村驻两年八个月

九、发展思路和规划

发展的基本思路、方向	开发红色文化建革命纪念馆,开发利用荒山、荒坡种植经济林,开发红色旅游区
因地制宜、特色鲜明、科学合理的发展规划的主要内容	种植2000亩经济林,300亩大棚菜
发展的主要制约因素、困难和破解措施	经济困难

十、其他

	名称	何人修建	建成时间	资金额度
主要庙宇、寺院、堂观	观音庙	重建翻修	1996年	4000
	筹资方式	供奉什么	主要信奉人群	现管理使用者
	个人	观音	村民	李不贵
祠堂有无及建、修情况	无		家谱有无及修、续情况	《李氏家谱》已成
其他值得注意、重视的事项、问题的建议				

（全表共8页）

娄烦县米峪镇乡柴厂村民情村况信息表

问卷联系人：　　　　　　　　　　　　电话：
填表联系人：　　　　　　　　　　　　电话：
填写时间：2014年
（说明：1. 如所写内容较多，可以写在背面相应位置。2. 不留空格，无内容就写无。）

一、人口和村制

人口	总数	男	女	在居人口 （本地居家）	数量		503
	956	480	473		老中青比例		
外居人口 （本地居外）		453	来居人口 （外地来居）	12	本村总户数		304
行政村直属自然村数量、名称				柴厂村、圪徐沟	村民小组数量		2

村支书	姓名	阎	年龄	50	学历	高中	任职时间 （何年何月）	2011.12	
	主要谋生经营方式		务农			年在村时间	常年	年总收入	
						年职务收入	7200		
村主任	姓名	阎	年龄	58	学历	高中	任职时间 （何年何月）	2011.12	
	主要谋生经营方式		务农			年在村时间	30天	年总收入	
						年职务收入	7200		

村班子总人数	10	村干部年工资、补助等总额及来源	2万

全村中共党员总数	32	30岁以下党员人数	6	31~60岁党员人数	19

其他主要村干部情况	姓名	岗位职责	姓名	岗位职责
	王	村支部委员	阎	村委委员
	王	支部委员	阎	村委副主任
	阎	村党支部副书记	王	村委委员

二、资源

（单位：平方米、亩、公斤、吨等）

总面积	15000亩	耕地面积	4800亩
林地面积	6340亩	退耕还林面积	359亩
荒山、荒沟、荒坡、荒滩面积	3500亩	水域面积	0

主要矿产品	种类	储量（万吨）	开采情况

主要农作物	品种	亩产量（公斤）	一年种几季
	土豆	2000	1
	玉米	500	1
	谷子	240	1

粮食自给率	100%	村中储备粮食如遇灾荒可以食用支撑多少天	1年

主要蔬菜	品种	亩产量（公斤）	收获季节

主要林木	经济林	果树林	其他
	杨树	杏树	
	油松	核桃	

主要中药材	野生		人工种植	
	品种	产量（公斤）	品种	亩产量（公斤）

三、农工商贸等企业

（单位：万元）

主要种植企业	名称			
	年产值			
主要养殖企业	名称			
	年产值			
种植、养殖加工企业	名称			
	年产值			
主要工业企业	名称			
	年产值			
主要矿业企业	名称			
	年产值			
主要商业企业	名称			
	年收入			
水产品企业	名称			
	年产值			
主要服务业企业	名称			
	年收入			
主要科技企业	名称			
	年产值			

四、村级集体收入和资产状况

收入的主要渠道、方式	
累计收入总金额	
收入的主要用途和支出事项	修自来水,修路
主要固定资产	村委会,文化大院
现金保有数量和保有方式	
主要投资项目	
主要债权关系（钱物借给谁了）	
村级集体经济负债情况	

五、村民收入和资产状况

富裕家庭	数量	平均资产规模	主要致富方式
中等家庭	数量	平均资产规模	基本致富方式
贫困家庭	数量	大致资产状况	贫困主要原因
	148		生病,无经济来源,年老
上年度村人均收入（元）	2600		
上年度村户均收入（元）	1万		

六、教育

村小学校舍	面积	房间数	操场	投资额	资金来源	建成时间	当前用途
	1亩	4	1	13万	县教育局	2010.8	学校

幼儿园教师	（类别）	学历			教龄		幼儿园学生	
		本科	大专	中专及以下	5年以下	6年以上	男	女
	正式			1		1		
	代课							1

小学教师	（类别）	学历			教龄		村小学几个年级
		本科	大专	中专及以下	5年以下	6年以上	
	正式			1		1	1
	代课						

在本村上学的小学生	男	4	外地就读的小学生	男	22
	女	2		女	10

中学生	本乡镇上学		外地就学		职业技校生		大学生		研究生	
	男	女	男	女	男	女	男	女	男	女
	10	8	4	6	2	5	4	3	1	0

本村小学被合并撤销后小学生上学有何不方便	孩子年龄小，上学远
小学生外地上学给家长的生产生活带来什么不方便	供读吃力
多大范围、几个村子或方圆几里保留一个年级完整的小学比较合适	1~2公里
集中合并后小学的教育质量教学水平提高还是下降及具体表现	提高了
如何应对撤村并镇、移民进城等城镇化带来的农村小学教育格局剧变	不知道

七、文化

文化 （活动）室	面积	建成时间	投资额度	资金来源	使用率	名称
	30m^2	2010.09		县财政援助50%		

文化广场	面积	建成时间	投资额度	资金来源	使用率	名称
	1000 m^2	2012.07		县财政援助 100%		

文化活动的 主要组织形式	
日常主要文化娱乐活动	锻炼身体
日常文娱活动主要参加人群	本村老人、孩子、妇女
日常文娱活动主要场所	文化广场、教堂
代表性的文化人才及其专长	
代表性的文化专业户的特长、 人数及能否以之维持 生计	
重要文物古迹	
主要风光景致	
主要典故传说	

八、主要知名人物

为官	姓名	年代	主要事迹

从军	姓名	年代	主要事迹

治学	姓名	年代	主要事迹

经商	姓名	年代	主要事迹

短期居住过的著名人物	姓名	年代	简要史实

九、发展思路和规划

发展的基本思路、方向	提高农民技术，发展一村一品
因地制宜、特色鲜明、科学合理的发展规划的主要内容	因地制宜，制定适合我村种植产业，培训村民农业种植技术，扩大外来资金投入力度
发展的主要制约因素、困难和破解措施	基础落后，农民专业水平不够，劳动力的流失，没有好的致富门路

十、其他

主要庙宇、寺院、堂观	名称	何人修建	建成时间	资金额度
	天主教堂	教会	1995.10	30万
	筹资方式	供奉什么	主要信奉人群	现管理使用者
	集资	天主	柴厂村民	教会

祠堂有无及建、修情况		家谱有无及修、续情况	
其他值得注意、重视的事项、问题的建议			

（全表共8页）

娄烦县米峪镇乡曹家掌村民情村况信息表

问卷联系人：　　　　　　　　　　　　电话：
填表联系人：　　　　　　　　　　　　电话：
填写时间：2014年
（说明：1. 如所写内容较多，可以写在背面相应位置。2. 不留空格，无内容就写无。）

一、人口和村制

人口	总数	男	女	在居人口 （本地居家）	数量	560	
	765	425	340		老中青比例		
外居人口 （本地居外）	205		来居人口 （外地来居）	18	本村总户数	215户	
行政村直属自然村数量、名称				曹家掌村		村民小组数量	0

村支书	姓名	李	年龄	51	学历	高中	任职时间 （何年何月）	2011.12	
	主要谋生经营方式		种地			年在村时间	9月	年总收入	5万
						年职务收入	8500		

村主任	姓名	李	年龄	38	学历	高中	任职时间 （何年何月）	2011.12	
	主要谋生经营方式		种地			年在村时间	10月	年总收入	2.3万
						年职务收入	8500		

村班子总人数	8	村干部年工资、补助等总额及来源	47000元，其中村"两委"主干职务收入来源于工资，大学生村官职务收入来源于中央、省、市财政生活补贴

全村中共党员总数	27	30岁以下党员人数	0	31~60岁党员人数	2

其他主要村干部情况	姓名	岗位职责	姓名	岗位职责
	席	支部委员	苏	支部副书记
	王	村委副主任	李	村委委员
	冯	村委委员	闫	村委委员

二、资源

（单位：平方米、亩、公斤、吨等）

总面积	4300亩	耕地面积	2260亩
林地面积		退耕还林面积	856亩
荒山、荒沟、荒坡、荒滩面积	1180	水域面积	

主要矿产品	种类	储量（万吨）	开采情况

主要农作物	品种	亩产量（公斤）	一年种几季
	马铃薯	2500	一季
	玉米	600	一季
	谷子	400	一季

粮食自给率	100%	村中储备粮食如遇灾荒可以食用支撑多少天	200天

主要蔬菜	品种	亩产量（公斤）	收获季节
	胡萝卜	3000	秋季
	苘子白	4000	秋季
	豆角	1000	夏季

主要林木	经济林	果树林	其他
	油松	核桃	杨树
	白皮松	杏树	柳树

主要中药材	野生		人工种植	
	品种	产量（公斤）	品种	亩产量（公斤）

三、农工商贸等企业

（单位：万元）

主要种植企业	名称			
	年产值			
主要养殖企业	名称	娄烦县广汇源养鸡专业合作社		
	年产值	80		
种植、养殖加工企业	名称			
	年产值			
主要工业企业	名称			
	年产值			
主要矿业企业	名称			
	年产值			
主要商业企业	名称			
	年收入			
水产品企业	名称			
	年产值			
主要服务业企业	名称			
	年收入			
主要科技企业	名称			
	年产值			

四、村级集体收入和资产状况

收入的主要渠道、方式	转移支付
累计收入总金额	3万
收入的主要用途和支出事项	干部报酬,办公经费
主要固定资产	学校、村委会、自来水设施、节水灌溉设施等
现金保有数量和保有方式	
主要投资项目	
主要债权关系(钱物借给谁了)	
村级集体经济负债情况	

五、村民收入和资产状况

富裕家庭	数量	平均资产规模	主要致富方式
中等家庭	数量	平均资产规模	基本致富方式
	135	9万	打工、务农
贫困家庭	数量	大致资产状况	贫困主要原因
	180	房屋	因病、因残、年老无劳力、缺乏致富技能
上年度村人均收入(元)	2400		
上年度村户均收入(元)	6000		

六、教育

村小学校舍	面积	房间数	操场	投资额	资金来源	建成时间	当前用途
	150m²	3	1000	30万	上级拨付与村级自筹	2000年	学校

幼儿园教师	（类别）	学历			教龄		幼儿园学生	
		本科	大专	中专及以下	5年以下	6年以上	男	女
	正式						5	4
	代课			1				

小学教师	（类别）	学历			教龄		村小学几个年级
		本科	大专	中专及以下	5年以下	6年以上	
	正式			1		1	三个
	代课						

在本村上学的小学生	男	6	外地就读的小学生	男	20
	女	5		女	10

中学生	本乡镇上学		外地就学		职业技校生		大学生		研究生	
	男	女	男	女	男	女	男	女	男	女
	11	8	22	19	4	7	6	3	2	1

本村小学被合并撤销后小学生上学有何不方便	路程远
小学生外地上学给家长的生产生活带来什么不方便	增加了生活负担
多大范围、几个村子或方圆几里保留一个年级完整的小学比较合适	方圆5里
集中合并后小学的教育质量教学水平提高还是下降了及具体表现	
如何应对撤村并镇、移民进城等城镇化带来的农村小学教育格局剧变	

七、文化

文化 (活动) 室	面积	建成时间	投资额度	资金来源	使用率	名称
	60m²	2012	5万	自筹	30%	图书室

文化广场	面积	建成时间	投资额度	资金来源	使用率	名称
	860m²	2010	2.6万	上级拨付	50%	

文化活动的主要组织形式	
日常主要文化娱乐活动	
日常文娱活动主要参加人群	
日常文娱活动主要场所	
代表性的文化人才及其专长	
代表性的文化专业户的特长、人数及能否以之维持生计	
重要文物古迹	
主要风光景致	
主要典故传说	

八、主要知名人物

为官	姓名	年代	主要事迹

从军	姓名	年代	主要事迹

治学	姓名	年代	主要事迹

经商	姓名	年代	主要事迹

短期居住过的著名人物	姓名	年代	简要史实

九、发展思路和规划

发展的基本 思路、方向	发展集中连片的规模化种植
因地制宜、特色 鲜明、科学合理的 发展规划的 主要内容	
发展的主要 制约因素、困难和 破解措施	强有力的村"两委"班子,缺乏发展富民的现金模式

十、其他

主要庙宇、寺院、堂观	名称	何人修建	建成时间	资金额度
	观音庙	李杰	2009	20万
	筹资方式	供奉什么	主要信奉人群	现管理使用者
	个人出资	观音	老人	李杰

祠堂有无及 建、修情况		家谱有无及 修、续情况	

其他值得注 意、重视的 事项、问题的 建议	

（全表共8页）

娄烦县天池店乡兑集沟村民情村况信息表

问卷联系人：　　　　　　　　　　　电话：
填表联系人：　　　　　　　　　　　电话：
填写时间：2014年
（说明：1. 如所写内容较多，可以写在背面相应位置。2. 不留空格，无内容就写无。）

一、人口和村制

人口	总数	男	女	在居人口（本地居家）	数量	
	428	232	196		老中青比例	
外居人口（本地居外）	375人		来居人口（外地来居）	2人	本村总户数	133
行政村直属自然村数量、名称			兑集沟村		村民小组数量	15

村支书	姓名	王	年龄	46	学历	大专	任职时间（何年何月）		2012.12
	主要谋生经营方式		经商			年在村时间	10个月	年总收入	2.4万
						年职务收入	8000		

村主任	姓名	武	年龄	37	学历	初中	任职时间（何年何月）		2011.12
	主要谋生经营方式		经商			年在村时间	10个月	年总收入	2.8万
						年职务收入	8000		

村班子总人数	5	村干部年工资、补助等总额及来源	9600元 乡转移支付
全村中共党员总数	27	30岁以下党员人数	31~60岁党员人数

其他主要村干部情况	姓名	岗位职责	姓名	岗位职责
	李	村委委员	吕	副书记
	苏	村副主任	刘	村会计
	刘	村副主任	刘	清洁卫生管理

二、资源

（单位：平方米、亩、公斤、吨等）

总面积	7875亩	耕地面积	2100亩
林地面积	1000亩	退耕还林面积	835.7亩
荒山、荒沟、荒坡、荒滩面积	3139.3亩	水域面积	800亩

主要矿产品	种类	储量（万吨）	开采情况

主要农作物	品种	亩产量（公斤）	一年种几季
	土豆	1500	一季
	谷子	800	一季
	玉米	1000	一季

粮食自给率	50%	村中储备粮食如遇灾荒可以食用支撑多少天	1年

主要蔬菜	品种	亩产量（公斤）	收获季节
	莲子白	2000	秋季
	西红柿	1500	秋季
	豆角	1000	秋季

主要林木	经济林	果树林	其他
	核桃 400亩	梨树 300亩	

主要中药材	野生		人工种植	
	品种	产量（公斤）	品种	亩产量（公斤）
			藜麦	300

三、农工商贸等企业

（单位：万元）

主要种植企业	名称	文贵		
	年产值			
主要养殖企业	名称			
	年产值			
种植、养殖加工企业	名称	富民		
	年产值			
主要工业企业	名称			
	年产值			
主要矿业企业	名称			
	年产值			
主要商业企业	名称			
	年收入			
水产品企业	名称	文贵	新建鱼池20亩	
	年产值			
主要服务业企业	名称			
	年收入			
主要科技企业	名称			
	年产值			

四、村级集体收入和资产状况

收入的主要渠道、方式	上级支持
累计收入总金额	一事一议15万元, 修排水渠、太阳路灯10万元, 采摘园20万, 村开发20万, 生态环境治理20万, 总计85万
收入的主要用途和支出事项	
主要固定资产	文化中心, 井、坝、学校、路灯、体育场
现金保有数量和保有方式	乡农经站保管
主要投资项目	
主要债权关系（钱物借给谁了）	
村级集体经济负债情况	10万元

五、村民收入和资产状况

富裕家庭	数量	平均资产规模	主要致富方式
	8户	车、房	经商
中等家庭	数量	平均资产规模	基本致富方式
	39	窑洞、土地	种地、打工
贫困家庭	数量	大致资产状况	贫困主要原因
	56户	没有门路	
上年度村人均收入（元）	4300		
上年度村户均收入（元）	1.2万		

六、教育

村小学校舍	面积	房间数	操场	投资额	资金来源	建成时间	当前用途
	150平	7	300	30万	教育局	2011年	日间照料

<table>
<tr><td rowspan="3">幼儿园教师</td><td rowspan="2">（类别）</td><td colspan="3">学历</td><td colspan="2">教龄</td><td colspan="2">幼儿园学生</td></tr>
<tr><td>本科</td><td>大专</td><td>中专及以下</td><td>5年以下</td><td>6年以上</td><td>男</td><td>女</td></tr>
<tr><td>正式</td><td></td><td>1</td><td></td><td></td><td>1</td><td rowspan="2" colspan="2">1</td></tr>
<tr><td></td><td>代课</td><td></td><td></td><td></td><td></td><td></td></tr>
</table>

<table>
<tr><td rowspan="3">小学教师</td><td rowspan="2">（类别）</td><td colspan="3">学历</td><td colspan="2">教龄</td><td colspan="2">村小学几个年级</td></tr>
<tr><td>本科</td><td>大专</td><td>中专及以下</td><td>5年以下</td><td>6年以上</td><td colspan="2"></td></tr>
<tr><td>正式</td><td></td><td></td><td></td><td></td><td></td><td colspan="2"></td></tr>
<tr><td></td><td>代课</td><td></td><td></td><td>1</td><td></td><td colspan="2">1</td></tr>
</table>

<table>
<tr><td rowspan="2">在本村上学的小学生</td><td>男</td><td rowspan="2">外地就读的小学生</td><td>男</td><td>25</td></tr>
<tr><td>女</td><td>女</td><td>20</td></tr>
</table>

中学生	本乡镇上学		外地就学		职业技校生		大学生		研究生	
	男	女	男	女	男	女	男	女	男	女
	15	10	10	8	3	5	7	4		

本村小学被合并撤销后小学生上学有何不方便	居住不方便
小学生外地上学给家长的生产生活带来什么不方便	影响种地、打工
多大范围、几个村子或方圆几里保留一个年级完整的小学比较合适	1公里
集中合并后小学的教育质量教学水平提高还是下降了及具体表现	提高：综合能力提高
如何应对撤村并镇、移民进城等城镇化带来的农村小学教育格局剧变	

七、文化

文化 （活动）室	面积	建成时间	投资额度	资金来源	使用率	名称
	70平	2011年		教育局支援	80%	

文化广场	面积	建成时间	投资额度	资金来源	使用率	名称
	280平	2007年	21万	上级支援加 村自筹	90%	

文化活动的 主要组织形式	学习、看书、象棋
日常主要文化娱乐活动	象棋
日常文娱活动主要参加人群	中老年
日常文娱活动主要场所	图书馆
代表性的文化人才及其专长	象棋
代表性的文化专业户的特长、 人数及能否以之维持 生计	不能
重要文物古迹	娘娘庙、老爷庙
主要风光景致	
主要典故传说	娘娘庙、村民的由来

八、主要知名人物

为官	姓名	年代	主要事迹
	郝巧明	70	县蔬菜办主任、林业局局长、扶贫办主任、城关镇镇长
	郝志英	80	市税务局

从军	姓名	年代	主要事迹

治学	姓名	年代	主要事迹

经商	姓名	年代	主要事迹

短期居住过的著名人物	姓名	年代	简要史实
	李源潮	2010年	考察民情
	张宝顺	2003年	考察民情

九、发展思路和规划

发展的基本思路、方向	发展具有农家特色的旅游及古老传统加工，养殖业，采摘园，产业调整带动旅游发展
因地制宜、特色鲜明、科学合理的发展规划的主要内容	一、采摘园建设； 二、传统粮油加工； 三、鱼池； 四、种植产业调整
发展的主要制约因素、困难和破解措施	资金不够，宣传不到位

十、其他

主要庙宇、寺院、堂观	名称	何人修建	建成时间	资金额度
	娘娘庙、关公庙	郝巧明	1997年维修	18万
	筹资方式	供奉什么	主要信奉人群	现管理使用者
	村民集资			

祠堂有无及建、修情况		家谱有无及修、续情况	
其他值得注意、重视的事项、问题的建议			

（全表共8页）

娄烦县天池店乡白家滩村民情村况信息表

问卷联系人：　　　　　　　　　　　　　电话：
填表联系人：　　　　　　　　　　　　　电话：
填写时间：2014年
（说明：1. 如所写内容较多，可以写在背面相应位置。2. 不留空格，无内容就写无。）

一、人口和村制

<table>
<tr><td rowspan="2">人口</td><td>总数</td><td>男</td><td>女</td><td rowspan="2">在居人口
（本地居家）</td><td>数量</td><td colspan="2">380</td></tr>
<tr><td>623</td><td>303</td><td>320</td><td>老中青比例</td><td colspan="2">2：5：3</td></tr>
<tr><td colspan="2">外居人口
（本地居外）</td><td colspan="2">243</td><td>来居人口
（外地来居）</td><td>本村总户数</td><td colspan="2">154户</td></tr>
<tr><td colspan="3">行政村直属自然村数量、名称</td><td colspan="3">白家滩村</td><td>村民小组数量</td><td></td></tr>
<tr><td rowspan="3">村支书</td><td>姓名</td><td>冯</td><td>年龄</td><td>30</td><td>学历</td><td>本科</td><td>任职时间
（何年何月）</td><td>2011.12</td></tr>
<tr><td colspan="3" rowspan="2">主要谋生经营方式</td><td colspan="3" rowspan="2">工资</td><td>年在村时间</td><td>8个月</td><td rowspan="2">年总收入</td><td rowspan="2">2.5万</td></tr>
<tr><td>年职务收入</td><td></td></tr>
<tr><td rowspan="3">村主任</td><td>姓名</td><td>张</td><td>年龄</td><td>53</td><td>学历</td><td>初中</td><td>任职时间
（何年何月）</td><td>2011.12</td></tr>
<tr><td colspan="3" rowspan="2">主要谋生经营方式</td><td colspan="3" rowspan="2">务农</td><td>年在村时间</td><td>12个月</td><td rowspan="2">年总收入</td><td rowspan="2">19800</td></tr>
<tr><td>年职务收入</td><td>8000</td></tr>
<tr><td colspan="3">村班子总人数</td><td>6</td><td>村干部年工资、补助等总额及来源</td><td colspan="4">每名主干8000元（大学生村干部任主干除外），来源：组织部下拨款</td></tr>
<tr><td colspan="3">全村中共党员总数</td><td>18</td><td>30岁以下党员人数</td><td>2</td><td colspan="2">31~60岁党员人数</td><td>13</td></tr>
<tr><td rowspan="3">其他主要村干部情况</td><td colspan="2">姓名</td><td colspan="2">岗位职责</td><td>姓名</td><td colspan="3">岗位职责</td></tr>
<tr><td colspan="2">尤</td><td colspan="2">支部副书记</td><td>尤</td><td colspan="3">支委委员</td></tr>
<tr><td colspan="2">张</td><td colspan="2">村委副主任</td><td>王</td><td colspan="3">村委委员</td></tr>
</table>

二、资源

（单位：公里、平方米、亩、公斤、吨等）

总面积	方圆13公里	耕地面积	1200亩
林地面积	3000亩	退耕还林面积	890亩
荒山、荒沟、荒坡、荒滩面积	700亩	水域面积	

主要矿产品	种类	储量（万吨）	开采情况

主要农作物	品种	亩产量（公斤）	一年种几季
	玉米	250	一季
	土豆	540	一季
	谷类	150	一季

粮食自给率	20%	村中储备粮食如遇灾荒可以食用支撑多少天	

主要蔬菜	品种	亩产量（公斤）	收获季节

主要林木	经济林	果树林	其他
	核桃树	苹果树	
		梨树	

主要中药材	野生		人工种植	
	品种	产量（公斤）	品种	亩产量（公斤）

三、农工商贸等企业

（单位：万元）

主要种植企业	名称			
	年产值			
主要养殖企业	名称			
	年产值			
种植、养殖加工企业	名称			
	年产值			
主要工业企业	名称			
	年产值			
主要矿业企业	名称			
	年产值			
主要商业企业	名称			
	年收入			
水产品企业	名称			
	年产值			
主要服务业企业	名称			
	年收入			
主要科技企业	名称			
	年产值			

四、村级集体收入和资产状况

收入的主要渠道、方式	上级转移支付拨款
累计收入总金额	3万
收入的主要用途和支出事项	财务、杂物开支（报刊、计生）
主要固定资产	村委会、学校
现金保有数量和保有方式	
主要投资项目	
主要债权关系（钱物借给谁了）	
村级集体经济负债情况	

五、村民收入和资产状况

	数量	平均资产规模	主要致富方式
富裕家庭	3户	约10万元	搞运输业，承包工程
	数量	平均资产规模	基本致富方式
中等家庭	55户	约3万元	全家外出打工
	数量	大致资产状况	贫困主要原因
贫困家庭	96户	没有值钱资产，房屋是最大资产	家庭无劳力，孩子上学费用高，生病致贫
上年度村人均收入（元）	3990		
上年度村户均收入（元）	15300		

六、教育

村小学校舍	面积	房间数	操场	投资额	资金来源	建成时间	当前用途
	160m²	8间			教育局拨款	2010年	1间用作教室，一间教师宿舍，其余空置

幼儿园教师	（类别）	学历			教龄		幼儿园学生	
		本科	大专	中专及以下	5年以下	6年以上	男	女
	正式							
	代课							

小学教师	（类别）	学历			教龄		村小学几个年级
		本科	大专	中专及以下	5年以下	6年以上	
	正式						1
	代课			1			

在本村上学的小学生	男	2	外地就读的小学生	男	15
	女	1		女	20

中学生	本乡镇上学		外地就学		职业技校生		大学生		研究生	
	男	女	男	女	男	女	男	女	男	女
	2	1	8	7			6	5		

本村小学被合并撤销后小学生上学有何不方便	需要去外地或几公里以外的村子上学，路上增加了风险，同时家长接送，加重了身体负担，还需要购置交通工具，同时也加重了经济负担
小学生外地上学给家长的生产生活带来什么不方便	小学生去外地上学，家长需要租房子，耕地也弃耕，加重了家庭负担
多大范围、几个村子或方圆几里保留一个年级完整的小学比较合适	5里
集中合并后小学的教育质量教学水平提高还是下降了及具体表现	下降了
如何应对撤村并镇、移民进城等城镇化带来的农村小学教育格局剧变	

七、文化

文化（活动）室	面积	建成时间	投资额度	资金来源	使用率	名称
	30m²	2010年		上级拨款	偶尔使用	
文化广场	面积	建成时间	投资额度	资金来源	使用率	名称
	1000m²	2010年		上级拨款	偶尔使用	

文化活动的主要组织形式	
日常主要文化娱乐活动	
日常文娱活动主要参加人群	
日常文娱活动主要场所	
代表性的文化人才及其专长	
代表性的文化专业户的特长、人数及能否以之维持生计	
重要文物古迹	
主要风光景致	
主要典故传说	

八、主要知名人物

为官	姓名	年代	主要事迹

从军	姓名	年代	主要事迹

治学	姓名	年代	主要事迹

经商	姓名	年代	主要事迹

短期居住过的著名人物	姓名	年代	简要史实

九、发展思路和规划

发展的基本思路、方向	今年白家滩村借助扶贫单位帮扶的有力优势，准备发展养羊和养鸡产业
因地制宜、特色鲜明、科学合理的发展规划的主要内容	
发展的主要制约因素、困难和破解措施	困难：1. 村民技术水平低；2. 经济基础薄弱；破解措施：1. 加大对村民技能方面培训；2. 加大招商引资力度。

十、其他

	名称	何人修建	建成时间	资金额度
主要庙宇、寺院、堂观				
	筹资方式	供奉什么	主要信奉人群	现管理使用者

祠堂有无及建、修情况		家谱有无及修、续情况	
其他值得注意、重视的事项、问题的建议			

（全表共8页）

娄烦县杜交曲镇策马村民情村况信息表

问卷联系人：　　　　　　　　　　　　电话：
填表联系人：　　　　　　　　　　　　电话：
填写时间：2014年
（说明：1. 如所写内容较多，可以写在背面相应位置。2. 不留空格，无内容就写无。）

一、人口和村制

<table>
<tr><td rowspan="2">人口</td><td>总数</td><td>男</td><td>女</td><td rowspan="2">在居人口
（本地居家）</td><td>数量</td><td colspan="2">418</td></tr>
<tr><td>618</td><td></td><td></td><td>老中青比例</td><td colspan="2">3：2：1</td></tr>
<tr><td colspan="2">外居人口
（本地居外）</td><td>200</td><td>来居人口
（外地来居）</td><td></td><td colspan="2">本村总户数</td><td>218</td></tr>
<tr><td colspan="3">行政村直属自然村数量、名称</td><td colspan="3">策马村</td><td>村民小组数量</td><td>12</td></tr>
<tr><td rowspan="3">村支书</td><td>姓名</td><td>王</td><td>年龄</td><td>59</td><td>学历</td><td>初中</td><td>任职时间
（何年何月）</td><td colspan="2">2011.11</td></tr>
<tr><td colspan="2" rowspan="2">主要谋生经营方式</td><td colspan="4" rowspan="2">种植</td><td>年在村时间</td><td>常年</td><td rowspan="2">年总收入</td><td rowspan="2">2万</td></tr>
<tr><td>年职务收入</td><td>6000</td></tr>
<tr><td rowspan="3">村主任</td><td>姓名</td><td>王</td><td>年龄</td><td>60</td><td>学历</td><td>小学</td><td>任职时间
（何年何月）</td><td colspan="2">2011.11</td></tr>
<tr><td colspan="2" rowspan="2">主要谋生经营方式</td><td colspan="4" rowspan="2">种植</td><td>年在村时间</td><td>常年</td><td rowspan="2">年总收入</td><td rowspan="2">3万</td></tr>
<tr><td>年职务收入</td><td>6000</td></tr>
<tr><td colspan="3">村班子总人数</td><td>7</td><td colspan="2">村干部年工资、补助等总额及来源</td><td colspan="4"></td></tr>
<tr><td colspan="3">全村中共党员总数</td><td>32</td><td colspan="2">30岁以下党员人数</td><td>10</td><td colspan="2">31~60岁党员人数</td><td>22</td></tr>
<tr><td rowspan="5">其他主要村干部情况</td><td colspan="2">姓名</td><td colspan="2">岗位职责</td><td>姓名</td><td colspan="4">岗位职责</td></tr>
<tr><td colspan="2">王</td><td colspan="2">副书记</td><td>王</td><td colspan="4">村委委员</td></tr>
<tr><td colspan="2">王</td><td colspan="2">支部委员</td><td>刘</td><td colspan="4">支委副书记，村副主任</td></tr>
<tr><td colspan="2">王</td><td colspan="2">村副主任</td><td></td><td colspan="4"></td></tr>
</table>

二、资源

（单位：平方米、亩、公斤、吨等）

总面积		耕地面积	424亩
林地面积		退耕还林面积	1443.7亩
荒山、荒沟、荒坡、荒滩面积	5700亩	水域面积	

主要矿产品	种类	储量（万吨）	开采情况

主要农作物	品种	亩产量（公斤）	一年种几季
	玉米	500	1
	谷子	400	1
	豆类	1000	1

粮食自给率	村中储备粮食如遇灾荒可以食用支撑多少天	

主要蔬菜	品种	亩产量（公斤）	收获季节
	山药	1000	
	萝卜	500	

主要林木	经济林	果树林	其他
	枣树		

主要中药材	野生		人工种植	
	品种	产量（公斤）	品种	亩产量（公斤）

三、农工商贸等企业

（单位：万元）

主要种植企业	名称	豆类		
	年产值			
主要养殖企业	名称	猪、羊		
	年产值			
种植、养殖加工企业	名称			
	年产值			
主要工业企业	名称			
	年产值			
主要矿业企业	名称			
	年产值			
主要商业企业	名称			
	年收入			
水产品企业	名称			
	年产值			
主要服务业企业	名称			
	年收入			
主要科技企业	名称			
	年产值			

四、村级集体收入和资产状况

收入的主要渠道、方式	
累计收入总金额	
收入的主要用途和支出事项	
主要固定资产	村委会二楼20间，学校20间
现金保有数量和保有方式	
主要投资项目	
主要债权关系（钱物借给谁了）	
村级集体经济负债情况	

五、村民收入和资产状况

富裕家庭	数量	平均资产规模	主要致富方式
中等家庭	数量	平均资产规模	基本致富方式
	100		
贫困家庭	数量	大致资产状况	贫困主要原因
	118		
上年度村人均收入（元）			
上年度村户均收入（元）			

六、教育

	面积	房间数	操场	投资额	资金来源	建成时间	当前用途
村小学校舍							

幼儿园教师	（类别）	学历			教龄		幼儿园学生	
		本科	大专	中专及以下	5年以下	6年以上	男	女
	正式							
	代课							

小学教师	（类别）	学历			教龄		村小学几个年级
		本科	大专	中专及以下	5年以下	6年以上	
	正式						无学校
	代课						

在本村上学的小学生	男		外地就读的小学生	男
	女			女

中学生	本乡镇上学		外地就学		职业技校生		大学生		研究生	
	男	女	男	女	男	女	男	女	男	女

本村小学被合并撤销后小学生上学有何不方便	交通不便，生活不便
小学生外地上学给家长的生产生活带来什么不方便	种地不方便
多大范围、几个村子或方圆几里保留一个年级完整的小学比较合适	一村一校比较合适
集中合并后小学的教育质量教学水平提高还是下降了及具体表现	一般
如何应对撤村并镇、移民进城等城镇化带来的农村小学教育格局剧变	

七、文化

文化 （活动）室	面积	建成时间	投资额度	资金来源	使用率	名称
	100 m²	2004年				

文化广场	面积	建成时间	投资额度	资金来源	使用率	名称
	300 m²	2013年	30万	扶贫		

文化活动的 主要组织形式	读书，看报
日常主要文化娱乐活动	体育锻炼
日常文娱活动主要参加人群	
日常文娱活动主要场所	广场
代表性的文化人才及其专长	
代表性的文化专业户的特长、 人数及能否以之维持 生计	
重要文物古迹	圣水庙
主要风光景致	圣水滩
主要典故传说	舍身崖

八、主要知名人物

为官	姓名	年代	主要事迹

从军	姓名	年代	主要事迹

治学	姓名	年代	主要事迹

经商	姓名	年代	主要事迹

短期居住过的著名人物	姓名	年代	简要史实

九、发展思路和规划

发展的基本 思路、方向	
因地制宜、特色 鲜明、科学合理的 发展规划的 主要内容	
发展的主要 制约因素、困难和 破解措施	

十、其他

	名称	何人修建	建成时间	资金额度
主要庙 宇、寺 院、堂 观	圣水庙	嘉靖年间		
	筹资方式	供奉什么	主要信奉人群	现管理使用者

祠堂有无及 建、修情况		家谱有无及 修、续情况	
其他值得注 意、重视的 事项、问题的 建议			

（全表共8页）

娄烦县杜交曲镇龙尾头村民情村况信息表

问卷联系人：　　　　　　　　　　电话：
填表联系人：　　　　　　　　　　电话：
填写时间：2014年
（说明：1. 如所写内容较多，可以写在背面相应位置。2. 不留空格，无内容就写无。）

一、人口和村制

<table>
<tr><td rowspan="2">人口</td><td>总数</td><td>男</td><td>女</td><td rowspan="2">在居人口
（本地居家）</td><td>数量</td><td>100</td></tr>
<tr><td>580</td><td>300</td><td>280</td><td>老中青比例</td><td></td></tr>
<tr><td>外居人口
（本地居外）</td><td colspan="2">480</td><td>来居人口
（外地来居）</td><td colspan="2">本村总户数</td><td>210</td></tr>
<tr><td colspan="4">行政村直属自然村数量、名称</td><td colspan="2">龙尾头村</td><td>村民小组数量</td><td>20</td></tr>
<tr><td rowspan="3">村支书</td><td>姓名</td><td>王</td><td>年龄</td><td>51</td><td>学历</td><td>初中</td><td>任职时间
（何年何月）</td><td>2011.11</td></tr>
<tr><td rowspan="2">主要谋生经营方式</td><td colspan="3" rowspan="2">种植、养殖</td><td>年在村时间</td><td>半年</td><td rowspan="2">年总收入</td><td rowspan="2">5万</td></tr>
<tr><td>年职务收入</td><td>9000</td></tr>
<tr><td rowspan="3">村主任</td><td>姓名</td><td>王</td><td>年龄</td><td></td><td>学历</td><td></td><td>任职时间
（何年何月）</td><td></td></tr>
<tr><td rowspan="2">主要谋生经营方式</td><td colspan="3" rowspan="2"></td><td>年在村时间</td><td></td><td rowspan="2">年总收入</td><td rowspan="2"></td></tr>
<tr><td>年职务收入</td><td></td></tr>
<tr><td colspan="2">村班子总人数</td><td>4</td><td colspan="2">村干部年工资、补助等总额及来源</td><td colspan="3"></td></tr>
<tr><td colspan="2">全村中共党员总数</td><td>31</td><td colspan="2">30岁以下党员人数</td><td colspan="2">31~60岁党员人数</td><td>31</td></tr>
<tr><td rowspan="4">其他主要村干部情况</td><td>姓名</td><td colspan="3">岗位职责</td><td>姓名</td><td colspan="3">岗位职责</td></tr>
<tr><td>王</td><td colspan="3">副书记</td><td></td><td colspan="3"></td></tr>
<tr><td>崔</td><td colspan="3">支委</td><td></td><td colspan="3"></td></tr>
<tr><td>赵</td><td colspan="3">村副主任</td><td></td><td colspan="3"></td></tr>
</table>

二、资源

（单位：平方米、亩、公斤、吨等）

总面积		耕地面积	2800
林地面积	7781.84	退耕还林面积	920亩
荒山、荒沟、荒坡、荒滩面积		水域面积	

主要矿产品	种类	储量（万吨）	开采情况

主要农作物	品种	亩产量（公斤）	一年种几季
	高粱	400	1
	玉米	400	1
	谷子	300	1

粮食自给率		村中储备粮食如遇灾荒可以食用支撑多少天	

主要蔬菜	品种	亩产量（公斤）	收获季节
	萝卜	500	秋
	白菜	500	秋
	山药	1000	秋

主要林木	经济林	果树林	其他
	柳树		
	杨树		

主要中药材	野生		人工种植	
	品种	产量（公斤）	品种	亩产量（公斤）

三、农工商贸等企业

（单位：万元）

主要种植企业	名称	玉米、谷子		
	年产值			
主要养殖企业	名称	羊、鸡		
	年产值			
种植、养殖加工企业	名称			
	年产值			
主要工业企业	名称			
	年产值			
主要矿业企业	名称			
	年产值			
主要商业企业	名称			
	年收入			
水产品企业	名称			
	年产值			
主要服务业企业	名称			
	年收入			
主要科技企业	名称			
	年产值			

四、村级集体收入和资产状况

收入的主要渠道、方式	
累计收入总金额	
收入的主要用途和支出事项	
主要固定资产	村委会房子20间
现金保有数量和保有方式	
主要投资项目	
主要债权关系（钱物借给谁了）	
村级集体经济负债情况	

五、村民收入和资产状况

	数量	平均资产规模	主要致富方式
富裕家庭			
中等家庭	数量	平均资产规模	基本致富方式
	50		
贫困家庭	数量	大致资产状况	贫困主要原因
	160		
上年度村人均收入（元）			
上年度村户均收入（元）			

六、教育

村小学校舍	面积	房间数	操场	投资额	资金来源	建成时间	当前用途

幼儿园教师	（类别）	学历			教龄		幼儿园学生	
		本科	大专	中专及以下	5年以下	6年以上	男	女
	正式							
	代课							

小学教师	（类别）	学历			教龄		村小学几个年级
		本科	大专	中专及以下	5年以下	6年以上	
	正式						
	代课						无小学

在本村上学的小学生	男	外地就读的小学生	男
	女		女

中学生	本乡镇上学		外地就学		职业技校生		大学生		研究生	
	男	女	男	女	男	女	男	女	男	女

本村小学被合并撤销后小学生上学有何不方便	生活不便，交通不便
小学生外地上学给家长的生产生活带来什么不方便	种植、养殖不方便
多大范围、几个村子或方圆几里保留一个年级完整的小学比较合适	一村一校比较合适
集中合并后小学的教育质量教学水平提高还是下降了及具体表现	一般
如何应对撤村并镇、移民进城等城镇化带来的农村小学教育格局剧变	

七、文化

文化 （活动）室	面积	建成时间	投资额度	资金来源	使用率	名称
	30 m²					

文化广场	面积	建成时间	投资额度	资金来源	使用率	名称
	100 m²		30万	扶贫		

文化活动的 主要组织形式	
日常主要文化娱乐活动	读书、看报、音乐
日常文娱活动主要参加人群	30
日常文娱活动主要场所	广场、体育锻炼
代表性的文化人才及其专长	音乐专长
代表性的文化专业户的特长、 人数及能否以之维持 生计	
重要文物古迹	
主要风光景致	娄烦县的南大门
主要典故传说	

八、主要知名人物

为官	姓名	年代	主要事迹

从军	姓名	年代	主要事迹

治学	姓名	年代	主要事迹

经商	姓名	年代	主要事迹

短期居住过的著名人物	姓名	年代	简要史实

九、发展思路和规划

发展的基本 思路、方向	
因地制宜、特色 鲜明、科学合理的 发展规划的 主要内容	
发展的主要 制约因素、困难和 破解措施	

十、其他

	名称	何人修建	建成时间	资金额度
主要庙 宇、寺 院、堂 观	圣水庙	嘉靖年间		
	筹资方式	供奉什么	主要信奉人群	现管理使用者

祠堂有无及 建、修情况		家谱有无及 修、续情况	
其他值得注 意、重视的 事项、问题的 建议			

（全表共8页）

娄烦县庙湾乡盐市崖村民情村况信息表

问卷联系人：　　　　　　　　　　　　电话：
填表联系人：　　　　　　　　　　　　电话：
填写时间：2014年

（说明：1. 如所写内容较多，可以写在背面相应位置。2. 不留空格，无内容就写无。）

一、人口和村制

<table>
<tr><td rowspan="2">人口</td><td>总数</td><td>男</td><td>女</td><td rowspan="2">在居人口
（本地居家）</td><td>数量</td><td colspan="2">485</td></tr>
<tr><td>549</td><td>329</td><td>220</td><td>老中青比例</td><td colspan="2"></td></tr>
<tr><td colspan="2">外居人口
（本地居外）</td><td colspan="2">64</td><td>来居人口
（外地来居）</td><td colspan="2">本村总户数</td><td>210</td></tr>
<tr><td colspan="3">行政村直属自然村数量、名称</td><td colspan="3">盐市崖村</td><td colspan="2">村民小组数量</td></tr>
<tr><td rowspan="3">村支书</td><td>姓名</td><td>张</td><td>年龄</td><td>43</td><td>学历</td><td>大学</td><td>任职时间
（何年何月）</td><td>2003.10</td></tr>
<tr><td rowspan="2">主要谋生经营方式</td><td colspan="4" rowspan="2">种地</td><td>年在村时间</td><td>290</td><td rowspan="2">年总收入</td><td rowspan="2">35000</td></tr>
<tr><td>年职务收入</td><td>8200</td></tr>
<tr><td rowspan="3">村主任</td><td>姓名</td><td>张</td><td>年龄</td><td>52</td><td>学历</td><td>高中</td><td>任职时间
（何年何月）</td><td>2008.11</td></tr>
<tr><td rowspan="2">主要谋生经营方式</td><td colspan="4" rowspan="2">种地</td><td>年在村时间</td><td>285</td><td rowspan="2">年总收入</td><td rowspan="2">35000</td></tr>
<tr><td>年职务收入</td><td>8200</td></tr>
<tr><td colspan="3">村班子总人数</td><td>6</td><td>村干部年工资、补助等总额及来源</td><td colspan="4">6000元 转移支付</td></tr>
<tr><td colspan="3">全村中共党员总数</td><td>23</td><td>30岁以下党员人数</td><td>1</td><td colspan="2">31~60岁党员人数</td><td>16</td></tr>
<tr><td rowspan="4">其他主要村干部情况</td><td>姓名</td><td colspan="3">岗位职责</td><td>姓名</td><td colspan="3">岗位职责</td></tr>
<tr><td>张</td><td colspan="3">副书记</td><td>刘</td><td colspan="3">村委委员</td></tr>
<tr><td>郭</td><td colspan="3">支委委员</td><td></td><td colspan="3"></td></tr>
<tr><td>段</td><td colspan="3">村委副主任</td><td></td><td colspan="3"></td></tr>
</table>

二、资源

（单位：平方米、亩、公斤、吨等）

总面积	3700亩	耕地面积	750
林地面积	280	退耕还林面积	298
荒山、荒沟、荒坡、荒滩面积	2290	水域面积	82

主要矿产品	种类	储量（万吨）	开采情况

主要农作物	品种	亩产量（公斤）	一年种几季
	土豆	1000	1
	谷子	300	
	玉米	400	

粮食自给率	60%	村中储备粮食如遇灾荒可以食用支撑多少天	

主要蔬菜	品种	亩产量（公斤）	收获季节

主要林木	经济林	果树林	其他
	300亩		

主要中药材	野生		人工种植	
	品种	产量（公斤）	品种	亩产量（公斤）

三、农工商贸等企业

（单位：万元）

主要种植企业	名称	玉米、谷子		
	年产值			
主要养殖企业	名称	羊、鸡		
	年产值			
种植、养殖加工企业	名称			
	年产值			
主要工业企业	名称			
	年产值			
主要矿业企业	名称			
	年产值			
主要商业企业	名称			
	年收入			
水产品企业	名称			
	年产值			
主要服务业企业	名称			
	年收入			
主要科技企业	名称			
	年产值			

四、村级集体收入和资产状况

收入的主要渠道、方式	
累计收入总金额	
收入的主要用途和支出事项	
主要固定资产	村委会、磨坊
现金保有数量和保有方式	
主要投资项目	
主要债权关系（钱物借给谁了）	
村级集体经济负债情况	

五、村民收入和资产状况

富裕家庭	数量	平均资产规模	主要致富方式
中等家庭	数量	平均资产规模	基本致富方式
贫困家庭	数量	大致资产状况	贫困主要原因
	549人		缺资金和技术
上年度村人均收入（元）	4300		
上年度村户均收入（元）			

六、教育

	面积	房间数	操场	投资额	资金来源	建成时间	当前用途	
村小学校舍								

		学历			教龄		幼儿园学生	
幼儿园教师	（类别）	本科	大专	中专及以下	5年以下	6年以上	男	女
	正式							
	代课							

		学历			教龄		村小学几个年级	
小学教师	（类别）	本科	大专	中专及以下	5年以下	6年以上		
	正式							
	代课							

在本村上学的小学生	男		外地就读的小学生	男	
	女			女	

	本乡镇上学		外地就学		职业技校生		大学生		研究生	
中学生	男	女	男	女	男	女	男	女	男	女

本村小学被合并撤销后小学生上学有何不方便	交通
小学生外地上学给家长的生产生活带来什么不方便	影响村民收入
多大范围、几个村子或方圆几里保留一个年级完整的小学比较合适	1公里
集中合并后小学的教育质量教学水平提高还是下降了及具体表现	
如何应对撤村并镇、移民进城等城镇化带来的农村小学教育格局剧变	

七、文化

文化 （活动）室	面积	建成时间	投资额度	资金来源	使用率	名称
	55	2010		物产集团	100%	

文化广场	面积	建成时间	投资额度	资金来源	使用率	名称
	95m²	2010		物产集团	100%	

文化活动的 主要组织形式	
日常主要文化娱乐活动	打牌
日常文娱活动主要参加人群	在村人员
日常文娱活动主要场所	文化室、文化广场
代表性的文化人才及其专长	
代表性的文化专业户的特长、 人数及能否以之维持 生计	
重要文物古迹	
主要风光景致	
主要典故传说	

八、主要知名人物

	姓名	年代	主要事迹
为官			
	姓名	年代	主要事迹
从军			
	姓名	年代	主要事迹
治学			
	姓名	年代	主要事迹
经商			
	姓名	年代	简要史实
短期居住过的著名人物			

九、发展思路和规划

发展的基本思路、方向	适宜发展经济林
因地制宜、特色鲜明、科学合理的发展规划的主要内容	整理土地
发展的主要制约因素、困难和破解措施	缺水、交通不便

十、其他

主要庙宇、寺院、堂观	名称	何人修建	建成时间	资金额度
	筹资方式	供奉什么	主要信奉人群	现管理使用者

祠堂有无及建、修情况		家谱有无及修、续情况	
其他值得注意、重视的事项、问题的建议			

（全表共8页）

娄烦县庙湾乡双井村民情村况信息表

问卷联系人：　　　　　　　　　　　电话：
填表联系人：　　　　　　　　　　　电话：
填写时间：2014年
（说明：1. 如所写内容较多，可以写在背面相应位置。2. 不留空格，无内容就写无。）

一、人口和村制

人口	总数	男	女	在居人口 (本地居家)	数量		235	
	902	545	357		老中青比例		4：2：1	
外居人口 (本地居外)		667	来居人口 (外地来居)	无	本村总户数		372	
行政村直属自然村数量、名称				东洼村、天洼村	村民小组数量		5	
村支书	姓名	郭	年龄	56	学历	高中	任职时间 (何年何月)	2005年12月——至今
	主要谋生经营方式		种地、打工		年在村时间	12个月	年总收入	2.7万
					年职务收入	8200		
村主任	姓名	郭	年龄	55	学历	高中	任职时间 (何年何月)	2000年——至今
	主要谋生经营方式		种树、种地		年在村时间	8个月	年总收入	3.5万
					年职务收入	8200		
村班子总人数		4	村干部年工资、补助等总额及来源		24400元 转移支付			
全村中共党员总数		25	30岁以下党员人数	2	31~60岁党员人数			16
其他主要村干部情况	姓名		岗位职责		姓名		岗位职责	
	张		支部副书记、村委副主任					
	冯		村委委员					

二、资源

（单位：平方米、亩、公斤、吨等）

总面积	23200亩	耕地面积	5200亩
林地面积	645亩	退耕还林面积	645亩
荒山、荒沟、荒坡、荒滩面积	18000亩	水域面积	无

主要矿产品	种类	储量（万吨）	开采情况

主要农作物	品种	亩产量（公斤）	一年种几季
	土豆	1100	一季
	谷子	400	一季
	玉米	450	一季

粮食自给率	40%	村中储备粮食如遇灾荒可以食用支撑多少天	150

主要蔬菜	品种	亩产量（公斤）	收获季节

主要林木	经济林	果树林	其他
	苹果	核桃	

主要中药材	野生		人工种植	
	品种	产量（公斤）	品种	亩产量（公斤）

三、农工商贸等企业

（单位：万元）

主要种植企业	名称			
	年产值			
主要养殖企业	名称	羊		
	年产值	30		
种植、养殖加工企业	名称	油房、小杂粮加工		
	年产值	100		
主要工业企业	名称			
	年产值			
主要矿业企业	名称			
	年产值			
主要商业企业	名称			
	年收入			
水产品企业	名称			
	年产值			
主要服务业企业	名称			
	年收入			
主要科技企业	名称			
	年产值			

四、村级集体收入和资产状况

收入的主要渠道、方式	
累计收入总金额	
收入的主要用途和支出事项	用于村人畜吃水、道路维修、学校
主要固定资产	村委会办公房子、学校、人畜吃水设备
现金保有数量和保有方式	
主要投资项目	
主要债权关系（钱物借给谁了）	
村级集体经济负债情况	68500元

五、村民收入和资产状况

	数量	平均资产规模	主要致富方式
富裕家庭	3	500万元	加工、养殖、包工
中等家庭	数量	平均资产规模	基本致富方式
	150	5万元	打工
贫困家庭	数量	大致资产状况	贫困主要原因
	219	2万元	无经济来源
上年度村人均收入（元）	2650		
上年度村户均收入（元）	8500		

255

六、教育

村小学校舍		面积	房间数	操场	投资额	资金来源	建成时间	当前用途
		450m²	11	40m²	28万元	上级、村自筹	2005年	学校占用

幼儿园教师	（类别）	学历			教龄		幼儿园学生	
		本科	大专	中专及以下	5年以下	6年以上	男	女
	正式							
	代课							

小学教师	（类别）	学历			教龄		村小学几个年级	
		本科	大专	中专及以下	5年以下	6年以上		
	正式			3		3	3	
	代课			3		3		

在本村上学的小学生			外地就读的小学生		
	男	1		男	30
	女	2		女	25

中学生	本乡镇上学		外地就学		职业技校生		大学生		研究生	
	男	女	男	女	男	女	男	女	男	女
	无	无	15	12	10	8	3	3	无	无

本村小学被合并撤销后小学生上学有何不方便	上学难、住宿难
小学生外地上学给家长的生产生活带来什么不方便	经济负担
多大范围、几个村子或方圆几里保留一个年级完整的小学比较合适	方圆都没有学生和家长居住,都不合适
集中合并后小学的教育质量教学水平提高还是下降了及具体表现	大部分是下降了
如何应对撤村并镇、移民进城等城镇化带来的农村小学教育格局剧变	暂时难以转变

七、文化

文化 （活动）室	面积	建成时间	投资额度	资金来源	使用率	名称
	28m²	2005年	2万	村自筹	20%	村文化室

文化广场	面积	建成时间	投资额度	资金来源	使用率	名称
	50m²	2011年	1.2万	上级投资	30%	村文化广场

文化活动的 主要组织形式	
日常主要文化娱乐活动	
日常文娱活动主要参加人群	
日常文娱活动主要场所	
代表性的文化人才及其专长	
代表性的文化专业户的特长、 人数及能否以之维持 生计	
重要文物古迹	
主要风光景致	
主要典故传说	

八、主要知名人物

	姓名	年代	主要事迹
为官	郭正安	1990—1999	娄烦县副县长,1990年调任太原扶贫办
	郭开立	2008—2013	省税务局二分局局长,现任运城市税务局局长
	郭开社	2010—2011	任娄烦县人社局局长
	姓名	年代	主要事迹
从军	郭士毛	1946年	在临汾战役牺牲
	郭脸儿	1950年	赴朝参战,任连长
	郭平则	1950年	赴朝参战,任连长
	姓名	年代	主要事迹
治学	郭振川	1973—1980	杜交曲中学校长,培养了大批人才
	姓名	年代	主要事迹
经商			
	姓名	年代	简要史实
短期居住过的著名人物			

九、发展思路和规划

发展的基本 思路、方向	改造田间边路,平整二坡地,使耕地能进机械,达到机械化操作水平
因地制宜、特色 鲜明、科学合理的 发展规划的 主要内容	改造二坡耕地,使坡地变成梯田耕地
发展的主要 制约因素、困难和 破解措施	经济来源不足,上级不重视改造二坡耕地,无集中资金改造二坡耕地

十、其他

主要庙宇、寺院、堂观	名称	何人修建	建成时间	资金额度
	筹资方式	供奉什么	主要信奉人群	现管理使用者
祠堂有无及 建、修情况			家谱有无及 修、续情况	
其他值得注 意、重视的 事项、问题的 建议	建议上级重视改造田间道路,平整二坡耕地			

（全表共8页）

娄烦县娄烦镇凤凰村民情村况信息表

问卷联系人：　　　　　　　　　　电话：
填表联系人：　　　　　　　　　　电话：
填写时间：2014年
（说明：1. 如所写内容较多，可以写在背面相应位置。2. 不留空格，无内容就写无。）

一、人口和村制

<table>
<tr><td rowspan="2">人口</td><td>总数</td><td>男</td><td>女</td><td rowspan="2">在居人口
（本地居家）</td><td>数量</td><td></td></tr>
<tr><td>237</td><td>130</td><td>107</td><td>老中青比例</td><td></td></tr>
<tr><td colspan="2">外居人口
（本地居外）</td><td colspan="2">190</td><td colspan="2">来居人口
（外地来居）</td><td>本村总户数</td><td>83</td></tr>
<tr><td colspan="4">行政村直属自然村数量、名称</td><td colspan="2">凤凰村</td><td>村民小组数量</td><td>5</td></tr>
<tr><td rowspan="3">村支书</td><td>姓名</td><td>王</td><td>年龄</td><td>57</td><td>学历</td><td>高中</td><td>任职时间
（何年何月）</td><td>2008年10月</td></tr>
<tr><td rowspan="2">主要谋生经营方式</td><td colspan="3" rowspan="2">种地</td><td>年在村时间</td><td>6个月</td><td rowspan="2">年总收入</td><td rowspan="2">1.5万</td></tr>
<tr><td>年职务收入</td><td>1000</td></tr>
<tr><td rowspan="3">村主任</td><td>姓名</td><td>苏</td><td>年龄</td><td>53</td><td>学历</td><td>高中</td><td>任职时间
（何年何月）</td><td>2003年10月</td></tr>
<tr><td rowspan="2">主要谋生经营方式</td><td colspan="3" rowspan="2">种地</td><td>年在村时间</td><td>8个月</td><td rowspan="2">年总收入</td><td rowspan="2">1.5万</td></tr>
<tr><td>年职务收入</td><td>6000</td></tr>
<tr><td colspan="3">村班子总人数</td><td>5</td><td colspan="2">村干部年工资、补助等总额及来源</td><td colspan="2">1万余元，转移支付</td></tr>
<tr><td colspan="3">全村中共党员总数</td><td>10</td><td colspan="2">30岁以下党员人数</td><td colspan="2">31~60岁党员人数</td></tr>
<tr><td rowspan="4">其他主要村干部情况</td><td>姓名</td><td colspan="2">岗位职责</td><td>姓名</td><td colspan="3">岗位职责</td></tr>
<tr><td>支</td><td colspan="2">副支书</td><td></td><td colspan="3"></td></tr>
<tr><td>苏</td><td colspan="2">副主任</td><td></td><td colspan="3"></td></tr>
<tr><td>苏</td><td colspan="2">支部委员</td><td></td><td colspan="3"></td></tr>
</table>

二、资源

（单位：平方米、亩、公斤、吨等）

总面积	1.6亩	耕地面积	2000
林地面积	3000	退耕还林面积	1000
荒山、荒沟、荒坡、荒滩面积	1万	水域面积	

主要矿产品	种类	储量（万吨）	开采情况

主要农作物	品种	亩产量（公斤）	一年种几季
	谷子、豆、杂粮	100	一季

粮食自给率		村中储备粮食如遇灾荒可以食用支撑多少天	

主要蔬菜	品种	亩产量（公斤）	收获季节

主要林木	经济林	果树林	其他

主要中药材	野生		人工种植	
	品种	产量（公斤）	品种	亩产量（公斤）

三、农工商贸等企业

（单位：万元）

主要种植企业	名称			
	年产值			
主要养殖企业	名称			
	年产值			
种植、养殖加工企业	名称			
	年产值			
主要工业企业	名称			
	年产值			
主要矿业企业	名称			
	年产值			
主要商业企业	名称			
	年收入			
水产品企业	名称			
	年产值			
主要服务业企业	名称			
	年收入			
主要科技企业	名称			
	年产值			

四、村级集体收入和资产状况

收入的主要渠道、方式	转移支付
累计收入总金额	2万
收入的主要用途和支出事项	党校党所,干部补助,打印,办公
主要固定资产	
现金保有数量和保有方式	
主要投资项目	
主要债权关系(钱物借给谁了)	
村级集体经济负债情况	

五、村民收入和资产状况

	数量	平均资产规模	主要致富方式
富裕家庭	2		
中等家庭	数量	平均资产规模	基本致富方式
	30		打工
贫困家庭	数量	大致资产状况	贫困主要原因
	50		
上年度村人均收入(元)	1000		
上年度村户均收入(元)	4000		

六、教育

村小学校舍	面积	房间数	操场	投资额	资金来源	建成时间	当前用途
村小学校舍							

幼儿园教师	（类别）	学历			教龄		幼儿园学生	
		本科	大专	中专及以下	5年以下	6年以上	男	女
	正式							
	代课							

小学教师	（类别）	学历			教龄		村小学几个年级
		本科	大专	中专及以下	5年以下	6年以上	
	正式						
	代课						

在本村上学的小学生	男	外地就读的小学生	男
	女		女

中学生	本乡镇上学		外地就学		职业技校生		大学生		研究生	
	男	女	男	女	男	女	男	女	男	女
			20	40	4	3	6	3	2	

本村小学被合并撤销后小学生上学有何不方便	外地就读
小学生外地上学给家长的生产生活带来什么不方便	租房，费用过多
多大范围、几个村子或方圆几里保留一个年级完整的小学比较合适	
集中合并后小学的教育质量教学水平提高还是下降了及具体表现	
如何应对撤村并镇、移民进城等城镇化带来的农村小学教育格局剧变	

七、文化

文化 （活动）室	面积	建成时间	投资额度	资金来源	使用率	名称
	$80m^2$	2008年	3万	政府		

文化广场	面积	建成时间	投资额度	资金来源	使用率	名称
	$200m^2$	2010年	1万	政府		

文化活动的 主要组织形式	
日常主要文化娱乐活动	
日常文娱活动主要参加人群	
日常文娱活动主要场所	
代表性的文化人才及其专长	
代表性的文化专业户的特长、 人数及能否以之维持 生计	
重要文物古迹	
主要风光景致	
主要典故传说	

八、主要知名人物

	姓名	年代	主要事迹
为官			
	姓名	年代	主要事迹
从军			
	姓名	年代	主要事迹
治学			
	姓名	年代	主要事迹
经商			
	姓名	年代	简要史实
短期居住过的著名人物			

九、发展思路和规划

发展的基本思路、方向	
因地制宜、特色鲜明、科学合理的发展规划的主要内容	
发展的主要制约因素、困难和破解措施	

十、其他

	名称	何人修建	建成时间	资金额度
主要庙宇、寺院、堂观				
	筹资方式	供奉什么	主要信奉人群	现管理使用者
	村民		群众	村民
祠堂有无及建、修情况		家谱有无及修、续情况		
其他值得注意、重视的事项、问题的建议				

（全表共8页）

娄烦县娄烦镇杜家岭村民情村况信息表

问卷联系人：　　　　　　　　　　　　电话：
填表联系人：　　　　　　　　　　　　电话：
填写时间：2014年
（说明：1. 如所写内容较多，可以写在背面相应位置。2. 不留空格，无内容就写无。）

一、人口和村制

<table>
<tr><td rowspan="2">人口</td><td>总数</td><td>男</td><td>女</td><td rowspan="2">在居人口
（本地居家）</td><td>数量</td><td colspan="2">20</td></tr>
<tr><td>135</td><td>79</td><td>56</td><td>老中青比例</td><td colspan="2"></td></tr>
<tr><td colspan="2">外居人口
（本地居外）</td><td>115</td><td colspan="2">来居人口
（外地来居）</td><td>无</td><td>本村总户数</td><td>35</td></tr>
<tr><td colspan="4">行政村直属自然村数量、名称</td><td colspan="3">杜家岭</td><td>村民小组数量</td><td>1</td></tr>
<tr><td rowspan="3">村支书</td><td colspan="2">姓名</td><td>郝</td><td>年龄</td><td>51</td><td>学历</td><td>初中</td><td>任职时间
（何年何月）</td><td>2012.12</td></tr>
<tr><td colspan="2" rowspan="2">主要谋生经营方式</td><td colspan="4" rowspan="2">打工</td><td>年在村时间</td><td>无</td><td rowspan="2">年总收入</td><td rowspan="2">1万多</td></tr>
<tr><td>年职务收入</td><td>5000</td></tr>
<tr><td rowspan="3">村主任</td><td colspan="2">姓名</td><td>吴</td><td>年龄</td><td>50</td><td>学历</td><td>初中</td><td>任职时间
（何年何月）</td><td>2012.12</td></tr>
<tr><td colspan="2" rowspan="2">主要谋生经营方式</td><td colspan="4" rowspan="2">打工</td><td>年在村时间</td><td>无</td><td rowspan="2">年总收入</td><td rowspan="2">1万多</td></tr>
<tr><td>年职务收入</td><td>5000</td></tr>
<tr><td colspan="3">村班子总人数</td><td>5</td><td colspan="2">村干部年工资、补助等总额及来源</td><td colspan="4">1.3万，来源是转移支付</td></tr>
<tr><td colspan="3">全村中共党员总数</td><td>12</td><td colspan="2">30岁以下党员人数</td><td>无</td><td colspan="2">31~60岁党员人数</td><td>10</td></tr>
<tr><td rowspan="4">其他主要村干部情况</td><td colspan="2">姓名</td><td colspan="3">岗位职责</td><td>姓名</td><td colspan="3">岗位职责</td></tr>
<tr><td colspan="2">崔</td><td colspan="3">副书记</td><td></td><td colspan="3"></td></tr>
<tr><td colspan="2">郝</td><td colspan="3">副主任</td><td></td><td colspan="3"></td></tr>
<tr><td colspan="2">郝</td><td colspan="3">会计</td><td></td><td colspan="3"></td></tr>
</table>

二、资源

（单位：平方米、亩、公斤、吨等）

总面积	1560亩	耕地面积	560.2亩
林地面积	311	退耕还林面积	204
荒山、荒沟、荒坡、荒滩面积		水域面积	

主要矿产品	种类	储量（万吨）	开采情况

主要农作物	品种	亩产量（公斤）	一年种几季
	土豆	500	1

粮食自给率		村中储备粮食如遇灾荒可以食用支撑多少天	

主要蔬菜	品种	亩产量（公斤）	收获季节

主要林木	经济林	果树林	其他

主要中药材	野生		人工种植	
	品种	产量（公斤）	品种	亩产量（公斤）

三、农工商贸等企业

（单位：万元）

主要种植企业	名称			
	年产值			
主要养殖企业	名称			
	年产值			
种植、养殖加工企业	名称			
	年产值			
主要工业企业	名称			
	年产值			
主要矿业企业	名称			
	年产值			
主要商业企业	名称			
	年收入			
水产品企业	名称			
	年产值			
主要服务业企业	名称			
	年收入			
主要科技企业	名称			
	年产值			

四、村级集体收入和资产状况

收入的主要渠道、方式	种地
累计收入总金额	
收入的主要用途和支出事项	养家糊口
主要固定资产	无
现金保有数量和保有方式	
主要投资项目	
主要债权关系（钱物借给谁了）	
村级集体经济负债情况	

五、村民收入和资产状况

富裕家庭	数量	平均资产规模	主要致富方式
中等家庭	数量	平均资产规模	基本致富方式
贫困家庭	数量	大致资产状况	贫困主要原因
	35		
上年度村人均收入（元）	600		
上年度村户均收入（元）	1800		

六、教育

村小学校舍	面积	房间数	操场	投资额	资金来源	建成时间	当前用途

幼儿园教师	（类别）	学历			教龄		幼儿园学生	
		本科	大专	中专及以下	5年以下	6年以上	男	女
	正式							
	代课							

小学教师	（类别）	学历			教龄		村小学几个年级
		本科	大专	中专及以下	5年以下	6年以上	
	正式						
	代课						

在本村上学的小学生	男	外地就读的小学生	男
	女		女

中学生	本乡镇上学		外地就学		职业技校生		大学生		研究生	
	男	女	男	女	男	女	男	女	男	女
			2	3						

本村小学被合并撤销后小学生上学有何不方便	要出外租房
小学生外地上学给家长的生产生活带来什么不方便	要专门出外租房, 给小孩做饭, 误了生产
多大范围、几个村子或方圆几里保留一个年级完整的小学比较合适	一个村子留个学校最好
集中合并后小学的教育质量教学水平提高还是下降了及具体表现	下降
如何应对撤村并镇、移民进城等城镇化带来的农村小学教育格局剧变	不知

七、文化

文化 （活动）室	面积	建成时间	投资额度	资金来源	使用率	名称

文化广场	面积	建成时间	投资额度	资金来源	使用率	名称

文化活动的 主要组织形式	
日常主要文化娱乐活动	
日常文娱活动主要参加人群	
日常文娱活动主要场所	
代表性的文化人才及其专长	
代表性的文化专业户的特长、 人数及能否以之维持 生计	
重要文物古迹	
主要风光景致	
主要典故传说	

八、主要知名人物

为官	姓名	年代	主要事迹

从军	姓名	年代	主要事迹

治学	姓名	年代	主要事迹

经商	姓名	年代	主要事迹

短期居住过的著名人物	姓名	年代	简要史实

九、发展思路和规划

发展的基本思路、方向	土地贫瘠，只有发展土地来源才是出路
因地制宜、特色鲜明、科学合理的发展规划的主要内容	土地很多，但贫瘠，只能出让土地，寻找出路
发展的主要制约因素、困难和破解措施	缺钱，能贷款开发就好了

十、其他

主要庙宇、寺院、堂观	名称	何人修建	建成时间	资金额度
	筹资方式	供奉什么	主要信奉人群	现管理使用者
祠堂有无及建、修情况			家谱有无及修、续情况	
其他值得注意、重视的事项、问题的建议				

（全表共8页）

为了控制全书篇幅，其他地方，从19个村子中，选录16个村子的民情村况信息表。

山西省吕梁市方山县北武当镇庙底村民情村况信息表

问卷联系人：　　　　　　　　　　　　电话：
填表联系人：　　　　　　　　　　　　电话：
填写时间：2014年
（说明：1. 如所写内容较多，可以写在背面相应位置。2. 不留空格，无内容就写无。）

一、人口和村制

人口	总数	男	女	在居人口（本地居家）		数量		350
	518	312	206			老中青比例		
外居人口（本地居外）		153	来居人口（外地来居）		15	本村总户数		185
行政村直属自然村数量、名称				庙底村		村民小组数量		2
村支书	姓名	刘	年龄	48	学历	中专	任职时间（何年何月）	2004.3
	主要谋生经营方式		养殖、种植		年在村时间	340	年总收入	6.5万
					年职务收入	4000		
村主任	姓名	吕	年龄	42	学历	小学	任职时间（何年何月）	2012.11
	主要谋生经营方式		外出经营		年在村时间	60	年总收入	11万
					年职务收入	4000		
村班子总人数		6	村干部年工资、补助等总额及来源			乡镇补贴		
全村中共党员总数		21	30岁以下党员人数		2	31~60岁党员人数		16
其他主要村干部情况	姓名		岗位职责		姓名		岗位职责	
	薛		农安副主任		庄		支部委员	
	张		安员					
	李		支部委员					

二、资源

（单位：平方米、亩、公斤、吨等）

总面积	9700	耕地面积	1200
林地面积	5000	退耕还林面积	605
荒山、荒沟、荒坡、荒滩面积	3500	水域面积	5

主要矿产品	种类	储量（万吨）	开采情况

主要农作物	品种	亩产量（公斤）	一年种几季
	玉米	600	一季
	土豆	1100	一季
	谷子	300	一季

粮食自给率	村中储备粮食如遇灾荒可以食用支撑多少天

主要蔬菜	品种	亩产量（公斤）	收获季节
	西红柿	4000	秋季

主要林木	经济林	果树林	其他
	杨树		核桃树
	油松		仁用杏
	采树		

主要中药材	野生		人工种植	
	品种	产量（公斤）	品种	亩产量（公斤）
	猪苓	505	柴胡	100
	黄芩	55		

三、农工商贸等企业

（单位：万元）

主要种植企业	名称			
	年产值			
主要养殖企业	名称	牛	羊	
	年产值	5	5	
种植、养殖加工企业	名称			
	年产值			
主要工业企业	名称	木生有限公司		
	年产值	150		
主要矿业企业	名称			
	年产值			
主要商业企业	名称			
	年收入			
水产品企业	名称			
	年产值			
主要服务业企业	名称			
	年收入			
主要科技企业	名称			
	年产值			

四、村级集体收入和资产状况

收入的主要渠道、方式	上级转移支付资金, 土地流转收入
累计收入总金额	312万
收入的主要用途和支出事项	村委会公益事业, 日常事务支出
主要固定资产	村委办公室, 学校, 新建（危房搬过）分配房
现金保有数量和保有方式	乡级农经站管理
主要投资项目	
主要债权关系（钱物借给谁了）	
村级集体经济负债情况	20多万元

五、村民收入和资产状况

	数量	平均资产规模	主要致富方式
富裕家庭	2	40万	养殖
中等家庭	数量	平均资产规模	基本致富方式
	10	7万元	养殖
贫困家庭	数量	大致资产状况	贫困主要原因
	173	窑洞、粮食	种植为生, 土地少, 气候差, 产量低
上年度村人均收入（元）	1100		
上年度村户均收入（元）	3300		

六、教育

村小学校舍	面积	房间数	操场	投资额	资金来源	建成时间	当前用途
	480	8			明德资金	2006	闲置

幼儿园教师	(类别)	学历			教龄		幼儿园学生	
		本科	大专	中专及以下	5年以下	6年以上	男	女
	正式							
	代课							

小学教师	(类别)	学历			教龄		村小学几个年级	
		本科	大专	中专及以下	5年以下	6年以上		
	正式							
	代课							

在本村上学的小学生	男	外地就读的小学生	男	17
	女		女	14

中学生	本乡镇上学		外地就学		职业技校生		大学生		研究生	
	男	女	男	女	男	女	男	女	男	女

本村小学被合并撤销后小学生上学有何不方便	交通、住宿、饮食不便
小学生外地上学给家长的生产生活带来什么不方便	耽误劳务,造成经济损失,交通不便,担心交通事故等
多大范围、几个村子或方圆几里保留一个年级完整的小学比较合适	一村一校最合适
集中合并后小学的教育质量教学水平提高还是下降了及具体表现	下降,成绩差,体质差
如何应对撤村并镇、移民进城等城镇化带来的农村小学教育格局剧变	加快移民进城,不然长时间就会造成教育落后的局面

七、文化

文化 （活动）室	面积	建成时间	投资额度	资金来源	使用率	名称
	40 平方米	2012年	5万元	县级自筹	100%	老年文化活动室

文化广场	面积	建成时间	投资额度	资金来源	使用率	名称
	660 平方米	2008年	3万元	集资	100%	庙底村文化广场

文化活动的 主要组织形式	1.流动、自由活动；2.集体活动
日常主要文化娱乐活动	打牌、文艺
日常文娱活动主要参加人群	中老年人
日常文娱活动主要场所	活动室、文化广场
代表性的文化人才及其专长	
代表性的文化专业户的特长、 人数及能否以之维持 生计	
重要文物古迹	
主要风光景致	
主要典故传说	九龙庙与真武山相关传说有联系

八、主要知名人物

	姓名	年代	主要事迹
为官			
	姓名	年代	主要事迹
从军			
	姓名	年代	主要事迹
治学			
	姓名	年代	主要事迹
经商			
	姓名	年代	简要史实
短期居住过的著名人物			

九、发展思路和规划

发展的基本思路、方向	以种植、养殖为宜,发展经济;以移民进城为宜,发展教育
因地制宜、特色鲜明、科学合理的发展规划的主要内容	因地制宜,根据本村山、水、气候情况,养牛、养羊、养猪、养鸡等,根据气候种植土豆、玉米、柴胡等
发展的主要制约因素、困难和破解措施	种植、养殖的销路困难,交通不便,市场不好

十、其他

主要庙宇、寺院、堂观	名称	何人修建	建成时间	资金额度
	筹资方式	供奉什么	主要信奉人群	现管理使用者

祠堂有无及建、修情况		家谱有无及修、续情况	
其他值得注意、重视的事项、问题的建议			

（全表共8页）

山西省忻州市静乐县丰润镇李家会村民情村况信息表

问卷联系人：　　　　　　　　　　　　　电话：
填表联系人：　　　　　　　　　　　　　电话：
填写时间：2014年
（说明：1. 如所写内容较多，可以写在背面相应位置。2. 不留空格，无内容就写无。）

一、人口和村制

人口	总数	男	女	在居人口 （本地居家）	数量		127	
	282	147	135		老中青比例		6：3：1	

外居人口 （本地居外）	155	来居人口 （外地来居）	16	本村总户数	79户

行政村直属自然村数量、名称	丰润镇李家会村民	村民小组数量	1

村支书	姓名	李	年龄	50	学历	初中	任职时间 （何年何月）		2005.11
	主要谋生经营方式		司机			年在村时间	6个月	年总收入	3万元
						年职务收入	3200		

村主任	姓名	李	年龄	35	学历	高中	任职时间 （何年何月）		2011.11
	主要谋生经营方式		自行经营店铺			年在村时间	3个月	年总收入	8-10万元
						年职务收入	3200		

村班子总人数	6	村干部年工资、补助等总额及来源	政府补贴，6400元

全村中共党员总数	12	30岁以下党员人数	4	31~60岁党员人数	6

其他主要村干部情况	姓名	岗位职责	姓名	岗位职责
	李	副主任	李	支委
	李	支委	李	村委委员

二、资源

（单位：平方米、亩、公斤、吨等）

总面积	1870亩	耕地面积	900亩
林地面积	24亩	退耕还林面积	280亩
荒山、荒沟、荒坡、荒滩面积	380亩	水域面积	无

主要矿产品	种类	储量（万吨）	开采情况

主要农作物	品种	亩产量（公斤）	一年种几季
	谷子	500	一季
	土豆	2000	一季
	玉米	500	一季

粮食自给率	80%	村中储备粮食如遇灾荒可以食用支撑多少天	90天

主要蔬菜	品种	亩产量（公斤）	收获季节
	胡萝卜	400	秋季

主要林木	经济林	果树林	其他

主要中药材	野生		人工种植	
	品种	产量（公斤）	品种	亩产量（公斤）

三、农工商贸等企业

（单位：万元）

主要种植企业	名称			
	年产值			
主要养殖企业	名称			
	年产值			
种植、养殖加工企业	名称			
	年产值			
主要工业企业	名称	静乐县鑫盛源洗煤有限公司		
	年产值	120万吨		
主要矿业企业	名称			
	年产值			
主要商业企业	名称			
	年收入			
水产品企业	名称			
	年产值			
主要服务业企业	名称			
	年收入			
主要科技企业	名称			
	年产值			

四、村级集体收入和资产状况

收入的主要渠道、方式	村级管理费,占地补偿
累计收入总金额	9200元/年 40万
收入的主要用途和支出事项	招待费、办公费、基础设施建设、公益事业支出
主要固定资产	村委办公室,党员活动室,农机具2台,供水供电设施
现金保有数量和保有方式	银行存款 20万
主要投资项目	耕地恢复,深层井,人畜饮水
主要债权关系(钱物借给谁了)	
村级集体经济负债情况	

五、村民收入和资产状况

富裕家庭	数量	平均资产规模	主要致富方式
	3	100万元	经商
中等家庭	数量	平均资产规模	基本致富方式
	6	60万元	经商
贫困家庭	数量	大致资产状况	贫困主要原因
	47	基本生活能够保障	因病、无劳动力
上年度村人均收入(元)	3670		
上年度村户均收入(元)	1.3万		

六、教育

村小学校舍	面积	房间数	操场	投资额	资金来源	建成时间	当前用途
	107m²	3	86m²			1978.7	村委使用

幼儿园教师	（类别）	学历			教龄		幼儿园学生	
		本科	大专	中专及以下	5年以下	6年以上	男	女
	正式							
	代课							

小学教师	（类别）	学历			教龄		村小学几个年级	
		本科	大专	中专及以下	5年以下	6年以上		
	正式							
	代课							

在本村上学的小学生	男	外地就读的小学生	男
	女		女

中学生	本乡镇上学		外地就学		职业技校生		大学生		研究生	
	男	女	男	女	男	女	男	女	男	女

本村小学被合并撤销后小学生上学有何不方便	交通不便，有校车最好
小学生外地上学给家长的生产生活带来什么不方便	需有大人接送孩子，路途较远，导致大人无法外出工作
多大范围、几个村子或方圆几里保留一个年级完整的小学比较合适	
集中合并后小学的教育质量教学水平提高还是下降了及具体表现	有所提高，学科较全，班级明确
如何应对撤村并镇、移民进城等城镇化带来的农村小学教育格局剧变	

七、文化

文化 （活动）室	面积	建成时间	投资额度	资金来源	使用率	名称

文化广场	面积	建成时间	投资额度	资金来源	使用率	名称

文化活动的 主要组织形式	
日常主要文化娱乐活动	唱戏
日常文娱活动主要参加人群	
日常文娱活动主要场所	
代表性的文化人才及其专长	
代表性的文化专业户的特长、 人数及能否以之维持 生计	
重要文物古迹	
主要风光景致	
主要典故传说	

八、主要知名人物

为官	姓名	年代	主要事迹

从军	姓名	年代	主要事迹

治学	姓名	年代	主要事迹

经商	姓名	年代	主要事迹

短期居住过的著名人物	姓名	年代	简要史实

九、发展思路和规划

发展的基本思路、方向	主要农作物种植发展为主,但要选好品种,以高附加值的农作物种植为主,改善耕地条件
因地制宜、特色鲜明、科学合理的发展规划的主要内容	现在村里面面临无人耕种的状况,要发展农业,提高农民发展,只有改变土地的耕种条件(修路、整地),加大机械的可操作条件,并为下一步土地流转利用打好基础,同时引导农民选用新的农业技术、品种
发展的主要制约因素、困难和破解措施	主要是年轻劳力全部外出务工,农地大量荒芜,条件好的交通便利的种点,条件不好的没人种,耕种比较传统,没有新的品种、技术,以及后续加工、销售环节的支持,很难形成规模,见到效益。步骤:1.改善现有的基础设施条件;2.联系投资方,流转土地;3.鼓励在外青年回村投资,带动村民发展。

十、其他

	名称	何人修建	建成时间	资金额度
主要庙宇、寺院、堂观				
	筹资方式	供奉什么	主要信奉人群	现管理使用者

祠堂有无及建、修情况		家谱有无及修、续情况	有

其他值得注意、重视的事项、问题的建议	

(全表共8页)

山西省吕梁市岚县东村镇坡上村民情村况信息表

问卷联系人：　　　　　　　　　　　电话：
填表联系人：　　　　　　　　　　　电话：
填写时间：2014年
（说明：1. 如所写内容较多，可以写在背面相应位置。2. 不留空格，无内容就写无。）

一、人口和村制

人口	总数	男	女	在居人口 （本地居家）	数量		5879
	7645	3821	3824		老中青比例		2：3：3
外居人口 （本地居外）		1766	来居人口 （外地来居）		本村总户数		2548
行政村直属自然村数量、名称				东村镇坡上村		村民小组数量	

村支书	姓名	程	年龄	59	学历	大专	任职时间 （何年何月）		2008.1
	主要谋生经营方式		县医院职工			年在村时间	300天	年总收入	3.6万
						年职务收入	3600		

村主任	姓名	刘	年龄	41	学历	大专	任职时间 （何年何月）		2009.1
	主要谋生经营方式		经营洗浴			年在村时间	250天	年总收入	3.8万
						年职务收入	3600		

村班子总人数	7	村干部年工资、补助等总额及来源	补助，2000
全村中共党员总数	40	30岁以下党员人数	1	31~60岁党员人数	12

其他主要村干部情况	姓名	岗位职责	姓名	岗位职责
	郭	支委宣传委员	李	村委记账员
	郭	支委纪检委员	陈	村委妇女干部
	程	支委组织委员		

二、资源

（单位：平方米、亩、公斤、吨等）

总面积	2平方千米	耕地面积	976亩
林地面积	1200亩	退耕还林面积	458亩
荒山、荒沟、荒坡、荒滩面积	1400亩	水域面积	无

主要矿产品	种类	储量（万吨）	开采情况

主要农作物	品种	亩产量（公斤）	一年种几季
	玉米	750	一季
	山药	1000	一季

粮食自给率	100%	村中储备粮食如遇灾荒可以食用支撑多少天	20

主要蔬菜	品种	亩产量（公斤）	收获季节
	西红柿	1500	秋季
	青角	1000	秋季
	苘子白	10000	秋季

主要林木	经济林	果树林	其他
			油松

主要中药材	野生		人工种植	
	品种	产量（公斤）	品种	亩产量（公斤）

三、农工商贸等企业

（单位：万元）

主要种植企业	名称			
	年产值			
主要养殖企业	名称	玉龙养殖场		
	年产值	10		
种植、养殖加工企业	名称			
	年产值			
主要工业企业	名称			
	年产值			
主要矿业企业	名称			
	年产值			
主要商业企业	名称			
	年收入			
水产品企业	名称			
	年产值			
主要服务业企业	名称			
	年收入			
主要科技企业	名称			
	年产值			

四、村级集体收入和资产状况

收入的主要渠道、方式	粮食
累计收入总金额	1464000元
收入的主要用途和支出事项	生活支出
主要固定资产	办公楼一栋
现金保有数量和保有方式	
主要投资项目	
主要债权关系（钱物借给谁了）	
村级集体经济负债情况	580万元

五、村民收入和资产状况

富裕家庭	数量	平均资产规模	主要致富方式
	2		养殖
中等家庭	数量	平均资产规模	基本致富方式
	40		
贫困家庭	数量	大致资产状况	贫困主要原因
	2506		以农为主，无稳定收入
上年度村人均收入（元）	2600		
上年度村户均收入（元）	7800		

六、教育

村小学校舍	面积	房间数	操场	投资额	资金来源	建成时间	当前用途
	18600	156	1	350万元	上拨	2004年	教学

幼儿园教师	（类别）	学历			教龄		幼儿园学生	
		本科	大专	中专及以下	5年以下	6年以上	男	女
	正式							
	代课							

小学教师	（类别）	学历			教龄		村小学几个年级
		本科	大专	中专及以下	5年以下	6年以上	
	正式	28				28	6
	代课	28				28	

在本村上学的小学生			外地就读的小学生		
	男	253		男	161
	女	264		女	142

中学生	本乡镇上学		外地就学		职业技校生		大学生		研究生	
	男	女	男	女	男	女	男	女	男	女

本村小学被合并撤销后小学生上学有何不方便	
小学生外地上学给家长的生产生活带来什么不方便	
多大范围、几个村子或方圆几里保留一个年级完整的小学比较合适	
集中合并后小学的教育质量教学水平提高还是下降了及具体表现	
如何应对撤村并镇、移民进城等城镇化带来的农村小学教育格局剧变	

七、文化

文化 （活动）室	面积	建成时间	投资额度	资金来源	使用率	名称

文化广场	面积	建成时间	投资额度	资金来源	使用率	名称
	1万	2013	240万元	上级拨付	60%	柳林湾游乐园

文化活动的 主要组织形式	自由活动
日常主要文化娱乐活动	散步、跳舞
日常文娱活动主要参加人群	中老年人群
日常文娱活动主要场所	柳林湾游乐园
代表性的文化人才及其专长	无
代表性的文化专业户的特长、 人数及能否以之维持 生计	无
重要文物古迹	龙天寺古庙
主要风光景致	大雄宝殿
主要典故、传说	佛教圣地，正月十五灯油法会

八、主要知名人物

	姓名	年代	主要事迹
为官	刘程彦	90	天津河西区副区长

	姓名	年代	主要事迹
从军	刘贵林	60	北京301医院骨科主任医师

	姓名	年代	主要事迹
治学			

	姓名	年代	主要事迹
经商			

	姓名	年代	简要史实
短期居住过的著名人物			

九、发展思路和规划

发展的基本思路、方向	
因地制宜、特色鲜明、科学合理的发展规划的主要内容	
发展的主要制约因素、困难和破解措施	

十、其他

	名称	何人修建	建成时间	资金额度
主要庙宇、寺院、堂观	龙天寺	刘满拴	2010年	200万元
	筹资方式	供奉什么	主要信奉人群	现管理使用者
	自筹	如来佛祖	刘满拴	
祠堂有无及建、修情况	无		家谱有无及修、续情况	有
其他值得注意、重视的事项、问题的建议				

（全表共8页）

北京市大兴区魏善庄镇吴庄村民情村况信息表

问卷联系人：　　　　　　　　　　　　电话：
填表联系人：　　　　　　　　　　　　电话：
填写时间：2016年
（说明：1. 如所写内容较多，可以写在背面相应位置。2. 不留空格，无内容就写无。）

一、人口和村制

<table>
<tr><td rowspan="2">人口</td><td>总数</td><td>男</td><td>女</td><td rowspan="2">在居人口
（本地居家）</td><td>数量</td><td colspan="2">891</td></tr>
<tr><td>891</td><td>461</td><td>430</td><td>老中青比例</td><td colspan="2">2：4：4</td></tr>
<tr><td colspan="2">外居人口
（本地居外）</td><td colspan="2">无</td><td>来居人口
（外地来居）</td><td>无</td><td>本村总户数</td><td>290</td></tr>
<tr><td colspan="4">行政村直属自然村数量、名称</td><td colspan="2">吴庄村</td><td>村民小组数量</td><td>3</td></tr>
<tr><td rowspan="3">村支书</td><td>姓名</td><td>郝</td><td>年龄</td><td>51</td><td>学历</td><td>大专</td><td>任职时间
（何年何月）</td><td>2011年至今</td></tr>
<tr><td rowspan="2">主要谋生经营方式</td><td colspan="4" rowspan="2">村委会上班</td><td>年在村时间</td><td>长期</td><td rowspan="2">年总收入</td><td rowspan="2">3.8万元</td></tr>
<tr><td>年职务收入</td><td>3.5万元</td></tr>
<tr><td rowspan="3">村主任</td><td>姓名</td><td>同上</td><td>年龄</td><td></td><td>学历</td><td></td><td>任职时间
（何年何月）</td><td>1993年至
2009年</td></tr>
<tr><td rowspan="2">主要谋生经营方式</td><td colspan="4" rowspan="2">同上</td><td>年在村时间</td><td></td><td rowspan="2">年总收入</td><td rowspan="2"></td></tr>
<tr><td>年职务收入</td><td></td></tr>
<tr><td colspan="2">村班子总人数</td><td colspan="2">7人</td><td>村干部年工资、补助等总额及来源</td><td colspan="4">20万元</td></tr>
<tr><td colspan="2">全村中共党员总数</td><td colspan="2">26</td><td>30岁以下党员人数</td><td>3</td><td>31~60岁党员人数</td><td colspan="2">23</td></tr>
<tr><td rowspan="4">其他主要村干部情况</td><td>姓名</td><td colspan="2">岗位职责</td><td colspan="2">姓名</td><td colspan="3">岗位职责</td></tr>
<tr><td>李</td><td colspan="2">出纳员</td><td colspan="2">刘</td><td colspan="3">支部委员</td></tr>
<tr><td>钱</td><td colspan="2">村委委员</td><td colspan="2">刘</td><td colspan="3">会计</td></tr>
<tr><td>刘</td><td colspan="2">小组长</td><td colspan="2">胡</td><td colspan="3">小组长</td></tr>
</table>

二、资源

（单位：平方米、亩、公斤、吨等）

总面积	3100亩	耕地面积	1500亩
林地面积	无	退耕还林面积	无
荒山、荒沟、荒坡、荒滩面积	无	水域面积	无

主要矿产品	种类	储量（万吨）	开采情况
	无		

主要农作物	品种	亩产量（公斤）	一年种几季
	土地流转（不种地了）		

粮食自给率	无	村中储备粮食如遇灾荒可以食用支撑多少天	

主要蔬菜	品种	亩产量（公斤）	收获季节
	无		

主要林木	经济林	果树林	其他
	500亩	冬枣	

主要中药材	野生		人工种植	
	品种	产量（公斤）	品种	亩产量（公斤）
	无			

三、农工商贸等企业

（单位：万元）

主要种植企业	名称	无		
	年产值			
主要养殖企业	名称	无		
	年产值			
种植、养殖加工企业	名称	无		
	年产值			
主要工业企业	名称	无		
	年产值			
主要矿业企业	名称	无		
	年产值			
主要商业企业	名称	无		
	年收入			
水产品企业	名称	无		
	年产值			
主要服务业企业	名称	新魏印刷厂		
	年收入	300		
主要科技企业	名称	无		
	年产值			

四、村级集体收入和资产状况

收入的主要渠道、方式	收取土地承包款
累计收入总金额	415万元
收入的主要用途和支出事项	过节费、老龄费、村民医保费
主要固定资产	230万元
现金保有数量和保有方式	3700万元，通过银行资本运作
主要投资项目	
主要债权关系（钱物借给谁了）	无
村级集体经济负债情况	无

五、村民收入和资产状况

富裕家庭	数量	平均资产规模	主要致富方式
中等家庭	数量	平均资产规模	基本致富方式
贫困家庭	数量	大致资产状况	贫困主要原因
上年度村人均收入（元）	9000		
上年度村户均收入（元）	3.6万		

六、教育

村小学校舍	面积	房间数	操场	投资额	资金来源	建成时间	当前用途	
	无							

幼儿园教师	（类别）	学历			教龄		幼儿园学生	
		本科	大专	中专及以下	5年以下	6年以上	男	女
	正式	无						
	代课							

小学教师	（类别）	学历			教龄		村小学几个年级	
		本科	大专	中专及以下	5年以下	6年以上		
	正式	无						
	代课							

在本村上学的小学生	男	无	外地就读的小学生	男	60
	女			女	45

中学生	本乡镇上学		外地就学		职业技校生		大学生		研究生	
	男	女	男	女	男	女	男	女	男	女
	21	14								

本村小学被合并撤销后小学生上学有何不方便	交通不便
小学生外地上学给家长的生产生活带来什么不方便	接送不便
多大范围、几个村子或方圆几里保留一个年级完整的小学比较合适	有校车合适
集中合并后小学的教育质量教学水平提高还是下降了及具体表现	
如何应对撤村并镇、移民进城等城镇化带来的农村小学教育格局剧变	

七、文化

文化 （活动）室	面积	建成时间	投资额度	资金来源	使用率	名称
	4000 平方米	2013年	251万元	自筹及上级补助		

文化广场	面积	建成时间	投资额度	资金来源	使用率	名称
	1500 平方米	2012年	65万元	上级补助		

文化活动的 主要组织形式	集体组织
日常主要文化娱乐活动	正常
日常文娱活动主要参加人群	老年人居多
日常文娱活动主要场所	文化广场
代表性的文化人才及其专长	腰鼓
代表性的文化专业户的特长、 人数及能否以之维持 生计	无
重要文物古迹	无
主要风光景致	无
主要典故传说	无

八、主要知名人物

为官	姓名	年代	主要事迹
	郝振阳	50	交通局主任

从军	姓名	年代	主要事迹
	无		

治学	姓名	年代	主要事迹
	无		

经商	姓名	年代	主要事迹
	无		

短期居住过的著名人物	姓名	年代	简要史实
	无		

九、发展思路和规划

发展的基本 思路、方向	依托国际月季洲际大会所建场馆, 多用我村剩余劳动力, 解决家庭收入
因地制宜、特色 鲜明、科学合理的 发展规划的 主要内容	
发展的主要 制约因素、困难和 破解措施	

十、其他

主要庙宇、寺院、堂观	名称	何人修建	建成时间	资金额度
	无			
	筹资方式	供奉什么	主要信奉人群	现管理使用者

祠堂有无及 建、修情况		家谱有无及 修、续情况	

其他值得注 意、重视的 事项、问题的 建议	无

（全表共8页）

山东省即墨市（今青岛市即墨区）龙山街道办前东葛村民情村况信息表

问卷联系人：　　　　　　　　　　　　电话：
填表联系人：　　　　　　　　　　　　电话：
填写时间：2016年
（说明：1. 如所写内容较多，可以写在背面相应位置。2. 不留空格，无内容就写无。）

一、人口和村制

人口	总数	男	女	在居人口 （本地居家）	数量	
	791	393	398		老中青比例	
外居人口 （本地居外）			来居人口 （外地来居）	1300	本村总户数	236户（加来居共700户）
行政村直属自然村数量、名称			前东葛村		村民小组数量	6

村支书	姓名	刘	年龄	41	学历	大专	任职时间 （何年何月）	2000年12月
	主要谋生经营方式		泰合信混凝土有限公司、中阳路桥有限公司		年在村时间		常年坐班	年总收入
					年职务收入		3.8万	

村主任	姓名		年龄		学历		任职时间 （何年何月）	
	主要谋生经营方式				年在村时间			年总收入
					年职务收入			

村班子总人数	5	村干部年工资、补助等总额及来源	合计204631元，转移支付和村庄收入

全村中共党员总数	39	30岁以下党员人数	8	31~60岁党员人数	16

其他主要村干部情况	姓名	岗位职责	姓名	岗位职责
	刘	组织、民兵、宣传	刘	会计、民政
	刘	民兵、治安	谭	计生、妇女

二、资源

（单位：平方米、亩、公斤、吨等）

总面积	1610亩	耕地面积	现有耕地100亩
林地面积		退耕还林面积	
荒山、荒沟、荒坡、荒滩面积	600亩	水域面积	

主要矿产品	种类	储量（万吨）	开采情况
	无		

主要农作物	品种	亩产量（公斤）	一年种几季
	无		

粮食自给率	无	村中储备粮食如遇灾荒可以食用支撑多少天	

主要蔬菜	品种	亩产量（公斤）	收获季节
	无		

主要林木	经济林	果树林	其他
	无		

主要中药材	野生		人工种植	
	品种	产量（公斤）	品种	亩产量（公斤）
	无			

三、农工商贸等企业

（单位：万元）

主要种植企业	名称			
	年产值			
主要养殖企业	名称			
	年产值			
种植、养殖加工企业	名称			
	年产值			
主要工业企业	名称	即发集团		
	年产值	1万		
主要矿业企业	名称			
	年产值			
主要商业企业	名称			
	年收入			
水产品企业	名称			
	年产值			
主要服务业企业	名称			
	年收入			
主要科技企业	名称			
	年产值			

四、村级集体收入和资产状况

收入的主要渠道、方式	土地租赁、出租
累计收入总金额	145万
收入的主要用途和支出事项	村庄日常管理支出和村民福利
主要固定资产	村委办公楼
现金保有数量和保有方式	1713662.17元，街道办代管账户
主要投资项目	无
主要债权关系（钱物借给谁了）	无
村级集体经济负债情况	无

五、村民收入和资产状况

富裕家庭	数量	平均资产规模	主要致富方式
	30	固定资产150万以上	开企业、做生意
中等家庭	数量	平均资产规模	基本致富方式
	201	固定资产50万以上	务工
贫困家庭	数量	大致资产状况	贫困主要原因
	5	居住平房一处	大病，丧失务工能力
上年度村人均收入（元）	26800		
上年度村户均收入（元）	80400		

六、教育

村小学校舍	面积	房间数	操场	投资额	资金来源	建成时间	当前用途

幼儿园教师	（类别）	学历			教龄		幼儿园学生	
		本科	大专	中专及以下	5年以下	6年以上	男	女
	正式			√		√	15	16
	代课							

小学教师	（类别）	学历			教龄		村小学几个年级
		本科	大专	中专及以下	5年以下	6年以上	
	正式						
	代课						

在本村上学的小学生	男	无	外地就读的小学生	男
	女			女

中学生	本乡镇上学		外地就学		职业技校生		大学生		研究生	
	男	女	男	女	男	女	男	女	男	女

本村小学被合并撤销后小学生上学有何不方便	方便
小学生外地上学给家长的生产生活带来什么不方便	无
多大范围、几个村子或方圆几里保留一个年级完整的小学比较合适	7个自然村,方圆2公里
集中合并后小学的教育质量教学水平提高还是下降了及具体表现	提高了
如何应对撤村并镇、移民进城等城镇化带来的农村小学教育格局剧变	

七、文化

文化（活动）室	面积	建成时间	投资额度	资金来源	使用率	名称
	70平方米	2005年	10万	村庄收入	100%	村文化活动室

文化广场	面积	建成时间	投资额度	资金来源	使用率	名称
	1980平方米	2005年	28万	集体收入	100%	村文体活动中心

文化活动的主要组织形式	集体组织唱歌、舞蹈、秧歌、广场舞，打篮球，老年人打门球，健身器材
日常主要文化娱乐活动	唱歌，扭秧歌，广场舞
日常文娱活动主要参加人群	中老年人
日常文娱活动主要场所	村文化活动室，文化广场
代表性的文化人才及其专长	刘：魔术、小品、戏曲。刘：音乐、舞蹈、广场舞。江：广场舞、秧歌。
代表性的文化专业户的特长、人数及能否以之维持生计	刘：魔术、小品、戏曲。刘：音乐、舞蹈、广场舞。能维持生计。
重要文物古迹	无
主要风光景致	村里有两个人文景观，有文化街（街墙画宣传画），有4个休闲小广场
主要典故传说	葛村由来。刘统勋送灯笼。

八、主要知名人物

	姓名	年代	主要事迹
为官	刘	1980年代中	国家海洋局北海分局纪委书记
	刘	当代	青岛市市南区科技局局长
	刘	2000年左右	青岛市市南区房产管理处处长
从军	姓名	年代	主要事迹
	刘	1980年代末	部队副团级转业干部
治学	姓名	年代	主要事迹
	刘	1970年代末	即墨职高校长
	刘	当代	青岛市十九中校长
经商	姓名	年代	主要事迹
	刘	当代	朗讯集团财务总监
	刘	当代	青岛大元制衣总经理
	刘	当代	青岛泰和信混凝土有限公司总经理,青岛市人大代表
短期居住过的著名人物	姓名	年代	简要史实

九、发展思路和规划

发展的基本思路、方向	村定位："美丽乡村"精品示范村,幸福之村。发展策略:融区域、显特色、焕活力、留乡愁
因地制宜、特色鲜明、科学合理的发展规划的主要内容	一、与周边工业园区、村庄等区域共享融合,优化区域道路交通。商业、文化体育等服务设施。二、通过村庄污水整治、环境整治等建设,以及村庄时代建筑风貌和环境特色,营造村庄特色文化。三、打造乡村日常生活场所,优化邻里交往空间,植入文化归属感;优化产业结构,提升企业经营活力。
发展的主要制约因素、困难和破解措施	资金不足。需要政府有关部门大力支持。

十、其他

主要庙宇、寺院、堂观	名称	何人修建	建成时间	资金额度
	筹资方式	供奉什么	主要信奉人群	现管理使用者

祠堂有无及建、修情况		家谱有无及修、续情况	有
其他值得注意、重视的事项、问题的建议	无		

（全表共8页）

湖北省保康县马桥镇尧治河村民情村况信息表

问卷联系人：　　　　　　　　　　　　电话：
填表联系人：　　　　　　　　　　　　电话：
填写时间：2016年
（说明：1. 如所写内容较多，可以写在背面相应位置。2. 不留空格，无内容就写无。）

一、人口和村制

人口	总数	男	女	在居人口 （本地居家）	数量		647
	667	395	272		老中青比例		1：2：3
外居人口 （本地居外）	20		来居人口 （外地来居）		本村总户数		169
行政村直属自然村数量、名称				尧治河村	村民小组数量		2

村支书	姓名	孙	年龄	60	学历	大专	任职时间 （何年何月）		1988年
	主要谋生经营方式		工资、股份			年在村时间	11	年总收入	15万
						年职务收入	12万		

村主任	姓名	同上	年龄	60	学历	大专	任职时间 （何年何月）		1988年
	主要谋生经营方式		工资、股份			年在村时间	11	年总收入	15万
						年职务收入	12万		

村班子总人数		12	村干部年工资、补助等总额及来源		120万，工资、股份		
全村中共党员总数		224	30岁以下党员人数	89	31~60岁党员人数		135

其他主要村干部情况	姓名	岗位职责	姓名	岗位职责
	杨	村副主任		
	黄	妇代会主任		

二、资源

（单位：平方米、亩、公斤、吨等）

总面积	33.4平方千米	耕地面积	7000亩
林地面积	38689亩	退耕还林面积	1497.8亩
荒山、荒沟、荒坡、荒滩面积		水域面积	

主要矿产品	种类	储量（万吨）	开采情况
	磷矿	10000	500万吨/年

主要农作物	品种	亩产量（公斤）	一年种几季
	玉米	350	1
	土豆	450	1

粮食自给率	无	村中储备粮食如遇灾荒可以食用支撑多少天

主要蔬菜	品种	亩产量（公斤）	收获季节
	白菜		冬季
	萝卜		冬季

主要林木	经济林	果树林	其他

主要中药材	野生		人工种植	
	品种	产量（公斤）	品种	亩产量（公斤）
			黄连	
			苍术	

三、农工商贸等企业

（单位：万元）

主要种植企业	名称	药材种植		
	年产值	10		
主要养殖企业	名称	生猪养殖		
	年产值	10		
种植、养殖加工企业	名称			
	年产值			
主要工业企业	名称			
	年产值			
主要矿业企业	名称	股份公司		
	年产值	11000		
主要商业企业	名称	尧神旅游		
	年收入	1200		
水产品企业	名称			
	年产值			
主要服务业企业	名称			
	年收入			
主要科技企业	名称	水电企业		
	年产值	本村开发500万，外地开发800万		

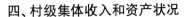

四、村级集体收入和资产状况

收入的主要渠道、方式	企业收入，上级财政扶持
累计收入总金额	
收入的主要用途和支出事项	
主要固定资产	28亿
现金保有数量和保有方式	
主要投资项目	磷矿、旅游、水电、酒店、餐饮服务业
主要债权关系（钱物借给谁了）	
村级集体经济负债情况	

五、村民收入和资产状况

富裕家庭	数量	平均资产规模	主要致富方式
	80		办企业、承包工程
中等家庭	数量	平均资产规模	基本致富方式
	70		工资、务工、分配
贫困家庭	数量	大致资产状况	贫困主要原因
	13		缺劳力，因病因残
上年度村人均收入（元）	2.1万		
上年度村户均收入（元）	22.9万		

六、教育

村小学校舍	面积	房间数	操场	投资额	资金来源	建成时间	当前用途
	3000平方米		1	800多万元	自筹,上级扶持	2006年5月	

幼儿园教师	(类别)	学历			教龄		幼儿园学生	
		本科	大专	中专及以下	5年以下	6年以上	男	女
	正式							
	代课							

小学教师	(类别)	学历			教龄		村小学几个年级
		本科	大专	中专及以下	5年以下	6年以上	
	正式		5			3	3
	代课				2		

在本村上学的小学生	男	24	外地就读的小学生	男	5
	女	21		女	6

中学生	本乡镇上学		外地就学		职业技校生		大学生		研究生	
	男	女	男	女	男	女	男	女	男	女

本村小学被合并撤销后小学生上学有何不方便	
小学生外地上学给家长的生产生活带来什么不方便	
多大范围、几个村子或方圆几里保留一个年级完整的小学比较合适	
集中合并后小学的教育质量教学水平提高还是下降了及具体表现	
如何应对撤村并镇、移民进城等城镇化带来的农村小学教育格局剧变	

七、文化

文化 （活动）室	面积	建成时间	投资额度	资金来源	使用率	名称
	300 平方米	2014年	200万元	自筹		

文化广场	面积	建成时间	投资额度	资金来源	使用率	名称
	800 平方米	2008年、 2014年	1000万元	自筹		

文化活动的 主要组织形式	自由,村办
日常主要文化娱乐活动	文艺节目,台球,乒乓球,跑步,围棋
日常文娱活动主要参加人群	村民,职工
日常文娱活动主要场所	室内,室外
代表性的文化人才及其专长	
代表性的文化专业户的特长、 人数及能否以之维持 生计	
重要文物古迹	
主要风光景致	自然风光,尧帝神峡,老龙宫
主要典故传说	

八、主要知名人物

	姓名	年代	主要事迹
为官			

	姓名	年代	主要事迹
从军			

	姓名	年代	主要事迹
治学			

	姓名	年代	主要事迹
经商			

	姓名	年代	简要史实
短期居住过的著名人物			

九、发展思路和规划

发展的基本思路、方向	中国山区幸福村
因地制宜、特色鲜明、科学合理的发展规划的主要内容	
发展的主要制约因素、困难和破解措施	资金

十、其他

	名称	何人修建	建成时间	资金额度
主要庙宇、寺院、堂观	龙门寺,观音阁	村		
	筹资方式	供奉什么	主要信奉人群	现管理使用者
	自筹	十八罗汉		

祠堂有无及建、修情况		家谱有无及修、续情况	
其他值得注意、重视的事项、问题的建议			

（全表共8页）

内蒙古自治区鄂尔多斯市伊金霍洛旗阿勒腾席热镇瓦窑圪台村民情村况信息表

问卷联系人：　　　　　　　　　　　　电话：
填表联系人：　　　　　　　　　　　　电话：
填写时间：2016年
（说明：1. 如所写内容较多, 可以写在背面相应位置。2. 不留空格, 无内容就写无。）

一、人口和村制

人口	总数	男	女	在居人口（本地居家）	数量		317	
	317	190	127		老中青比例		1∶1∶1	
外居人口（本地居外）		无		来居人口（外地来居）	无	本村总户数		107
行政村直属自然村数量、名称				瓦窑圪台村		村民小组数量		1
村支书	姓名		年龄		学历		任职时间（何年何月）	
	主要谋生经营方式					年在村时间		年总收入
						年职务收入		
村主任	姓名	王	年龄	50	学历	高中	任职时间（何年何月）	2000年
	主要谋生经营方式		个体			年在村时间	全年	年总收入 2.5万
						年职务收入 1.5万		
村班子总人数		5	村干部年工资、补助等总额及来源		6万, 上级财政			
全村中共党员总数		19	30岁以下党员人数	5	31~60岁党员人数			14
其他主要村干部情况	姓名		岗位职责		姓名	岗位职责		
	杨		村支书		杨	出纳		
	王		妇女主任		赵	监委会主任		
	张		会计					

二、资源

（单位：平方米、亩、公斤、吨等）

总面积	5000亩	耕地面积	1100亩
林地面积	无	退耕还林面积	无
荒山、荒沟、荒坡、荒滩面积	3900亩	水域面积	无

主要矿产品	种类	储量（万吨）	开采情况
	无	无	无

主要农作物	品种	亩产量（公斤）	一年种几季
	玉米		1

粮食自给率	无	村中储备粮食如遇灾荒可以食用支撑多少天	

主要蔬菜	品种	亩产量（公斤）	收获季节
	土豆		
	白菜、豆角		
	西红柿		

主要林木	经济林	果树林	其他
	无	无	无

主要中药材	野生		人工种植	
	品种	产量（公斤）	品种	亩产量（公斤）
	无	无	无	无

三、农工商贸等企业

（单位：万元）

主要种植企业	名称	无		
	年产值			
主要养殖企业	名称	无		
	年产值			
种植、养殖加工企业	名称	无		
	年产值			
主要工业企业	名称	无		
	年产值			
主要矿业企业	名称	无		
	年产值			
主要商业企业	名称	加油站		
	年收入	30		
水产品企业	名称	无		
	年产值			
主要服务业企业	名称	餐饮		
	年收入	5		
主要科技企业	名称	无		
	年产值			

四、村级集体收入和资产状况

收入的主要渠道、方式	
累计收入总金额	
收入的主要用途和支出事项	
主要固定资产	
现金保有数量和保有方式	
主要投资项目	
主要债权关系（钱物借给谁了）	
村级集体经济负债情况	

五、村民收入和资产状况

富裕家庭	数量	平均资产规模	主要致富方式
	20	80万	服务业
中等家庭	数量	平均资产规模	基本致富方式
	77	20—30万	服务业
贫困家庭	数量	大致资产状况	贫困主要原因
	20	2—3万	服务业
上年度村人均收入（元）	1万		
上年度村户均收入（元）	3万		

327

六、教育

村小学校舍	面积	房间数	操场	投资额	资金来源	建成时间	当前用途

幼儿园教师	（类别）	学历			教龄		幼儿园学生	
		本科	大专	中专及以下	5年以下	6年以上	男	女
	正式							
	代课							

小学教师	（类别）	学历			教龄		村小学几个年级	
		本科	大专	中专及以下	5年以下	6年以上		
	正式							
	代课							

在本村上学的小学生	男		外地就读的小学生	男	20
	女			女	20

中学生	本乡镇上学		外地就学		职业技校生		大学生		研究生	
	男	女	男	女	男	女	男	女	男	女
		5	5				5	5		

本村小学被合并撤销后小学生上学有何不方便	
小学生外地上学给家长的生产生活带来什么不方便	
多大范围、几个村子或方圆几里保留一个年级完整的小学比较合适	
集中合并后小学的教育质量教学水平提高还是下降了及具体表现	
如何应对撤村并镇、移民进城等城镇化带来的农村小学教育格局剧变	没有太大影响

七、文化

文化 （活动）室	面积	建成时间	投资额度	资金来源	使用率	名称
	50	2006年	10万	政府	80%	

文化广场	面积	建成时间	投资额度	资金来源	使用率	名称
	1500 平方米	2008年		政府	80%	

文化活动的 主要组织形式	扑克、乐器、舞蹈、唱歌
日常主要文化娱乐活动	广场舞、扑克、乐器
日常文娱活动主要参加人群	中老年
日常文娱活动主要场所	活动室、广场
代表性的文化人才及其专长	杨侯录、杨桃花，长调
代表性的文化专业户的特长、 人数及能否以之维持 生计	
重要文物古迹	
主要风光景致	
主要典故传说	

八、主要知名人物

为官	姓名	年代	主要事迹
	阿	80年代	旗副书记
	仁	80年代	旗人事局局长
	巴	90年代	旗政协主席
从军	姓名	年代	主要事迹
治学	姓名	年代	主要事迹
经商	姓名	年代	主要事迹
短期居住过的著名人物	姓名	年代	简要史实

九、发展思路和规划

发展的基本思路、方向	以服务业带动旅游业
因地制宜、特色鲜明、科学合理的发展规划的主要内容	以商业安置解决村民就业
发展的主要制约因素、困难和破解措施	征地遗留问题

十、其他

主要庙宇、寺院、堂观	名称	何人修建	建成时间	资金额度
	筹资方式	供奉什么	主要信奉人群	现管理使用者
祠堂有无及建、修情况			家谱有无及修、续情况	
其他值得注意、重视的事项、问题的建议	土地征收后，农民的就业问题			

（全表共8页）

内蒙古自治区乌兰察布市集宁区白海镇黄土场村民情村况信息表

问卷联系人：　　　　　　　　　　　电话：
填表联系人：　　　　　　　　　　　电话：
填写时间：2016年
（说明：1. 如所写内容较多，可以写在背面相应位置。2. 不留空格，无内容就写无。）

一、人口和村制

<table>
<tr><td rowspan="2">人口</td><td>总数</td><td>男</td><td>女</td><td rowspan="2">在居人口
（本地居家）</td><td>数量</td><td colspan="2">800</td></tr>
<tr><td>1500</td><td>800</td><td>700</td><td>老中青比例</td><td colspan="2">9：1：0</td></tr>
<tr><td colspan="2">外居人口
（本地居外）</td><td>无</td><td colspan="2">来居人口
（外地来居）</td><td>无</td><td>本村总户数</td><td>300多</td></tr>
<tr><td colspan="4">行政村直属自然村数量、名称</td><td colspan="3">李家村、武营村、罗家村、黄土场</td><td>村民小组数量</td><td>4</td></tr>
<tr><td rowspan="3">村支书</td><td>姓名</td><td>孙</td><td>年龄</td><td>45</td><td>学历</td><td>大专</td><td colspan="2">任职时间
（何年何月）</td><td>2016年7月</td></tr>
<tr><td rowspan="2">主要谋生经营方式</td><td colspan="4" rowspan="2">乡镇干部</td><td>年在村时间</td><td>常在</td><td rowspan="2">年总收入</td><td rowspan="2">在村无收入</td></tr>
<tr><td>年职务收入</td><td>兼职</td></tr>
<tr><td rowspan="3">村主任</td><td>姓名</td><td>罗</td><td>年龄</td><td>60</td><td>学历</td><td></td><td colspan="2">任职时间
（何年何月）</td><td>2016年4月</td></tr>
<tr><td rowspan="2">主要谋生经营方式</td><td colspan="4" rowspan="2">务农</td><td>年在村时间</td><td>常在</td><td rowspan="2">年总收入</td><td rowspan="2">5万</td></tr>
<tr><td>年职务收入</td><td>12000</td></tr>
<tr><td colspan="3">村班子总人数</td><td>4</td><td colspan="2">村干部年工资、补助等总额及来源</td><td colspan="4">总额5万元，乡财政拨付</td></tr>
<tr><td colspan="3">全村中共党员总数</td><td>20</td><td colspan="2">30岁以下党员人数</td><td>1</td><td colspan="2">31~60岁党员人数</td><td>19</td></tr>
<tr><td rowspan="4">其他主要村干部情况</td><td colspan="2">姓名</td><td colspan="3">岗位职责</td><td colspan="2">姓名</td><td colspan="3">岗位职责</td></tr>
<tr><td colspan="2">武</td><td colspan="3">副书记</td><td colspan="2"></td><td colspan="3"></td></tr>
<tr><td colspan="2">郭</td><td colspan="3">妇女主任</td><td colspan="2"></td><td colspan="3"></td></tr>
<tr><td colspan="2">张</td><td colspan="3">会计（委员）</td><td colspan="2"></td><td colspan="3"></td></tr>
</table>

二、资源

（单位：平方米、亩、公斤、吨等）

总面积	4800亩	耕地面积	2400亩
林地面积	200亩	退耕还林面积	1000亩
荒山、荒沟、荒坡、荒滩面积	无	水域面积	无

主要矿产品	种类	储量（万吨）	开采情况
	无		

主要农作物	品种	亩产量（公斤）	一年种几季
	玉米	400	一季
	土豆	750	一季

粮食自给率	100%	村中储备粮食如遇灾荒可以食用支撑多少天	2年

主要蔬菜	品种	亩产量（公斤）	收获季节
	无		

主要林木	经济林	果树林	其他
	杨树		
	山杏		

主要中药材	野生		人工种植	
	品种	产量（公斤）	品种	亩产量（公斤）
	无			

三、农工商贸等企业

（单位：万元）

主要种植企业	名称	无		
	年产值			
主要养殖企业	名称	无		
	年产值			
种植、养殖加工企业	名称	无		
	年产值			
主要工业企业	名称	无		
	年产值			
主要矿业企业	名称	无		
	年产值			
主要商业企业	名称	无		
	年收入			
水产品企业	名称	无		
	年产值			
主要服务业企业	名称	无		
	年收入			
主要科技企业	名称	无		
	年产值			

四、村级集体收入和资产状况

收入的主要渠道、方式	无
累计收入总金额	无
收入的主要用途和支出事项	无
主要固定资产	村委会办公房屋
现金保有数量和保有方式	无
主要投资项目	无
主要债权关系（钱物借给谁了）	无
村级集体经济负债情况	无

五、村民收入和资产状况

富裕家庭	数量	平均资产规模	主要致富方式
	30户	18万	农牧业
中等家庭	数量	平均资产规模	基本致富方式
	70户	2万	农牧业
贫困家庭	数量	大致资产状况	贫困主要原因
	200户	5000	老人无经济来源
上年度村人均收入（元）	5000~8000		
上年度村户均收入（元）	约2万		

六、教育

村小学校舍	面积	房间数	操场	投资额	资金来源	建成时间	当前用途
	无						

幼儿园教师	（类别）	学历			教龄		幼儿园学生	
		本科	大专	中专及以下	5年以下	6年以上	男	女
	正式	无						
	代课							

小学教师	（类别）	学历			教龄		村小学几个年级
		本科	大专	中专及以下	5年以下	6年以上	
	正式	无					
	代课						

在本村上学的小学生	男	无	外地就读的小学生	男
	女			女

中学生	本乡镇上学		外地就学		职业技校生		大学生		研究生	
	男	女	男	女	男	女	男	女	男	女
	无									

本村小学被合并撤销后小学生上学有何不方便	村无学龄儿童
小学生外地上学给家长的生产生活带来什么不方便	
多大范围、几个村子或方圆几里保留一个年级完整的小学比较合适	
集中合并后小学的教育质量教学水平提高还是下降了及具体表现	
如何应对撤村并镇、移民进城等城镇化带来的农村小学教育格局剧变	

七、文化

文化 （活动）室	面积	建成时间	投资额度	资金来源	使用率	名称
	50 平方米	2015年		镇政府拨款	经常用	

文化广场	面积	建成时间	投资额度	资金来源	使用率	名称
	500 平方米	2015年		镇政府拨款	经常用	

文化活动的 主要组织形式	跳舞，村组干部组织
日常主要文化娱乐活动	跳舞
日常文娱活动主要参加人群	村民
日常文娱活动主要场所	广场
代表性的文化人才及其专长	无
代表性的文化专业户的特长、 人数及能否以之维持 生计	无
重要文物古迹	无
主要风光景致	无
主要典故传说	无

八、主要知名人物

	姓名	年代	主要事迹
为官	无		

	姓名	年代	主要事迹
从军	无		

	姓名	年代	主要事迹
治学	无		

	姓名	年代	主要事迹
经商	无		

	姓名	年代	简要史实
短期居住过的著名人物	无		

九、发展思路和规划

发展的基本思路、方向	集约化耕种,农民合作经营
因地制宜、特色鲜明、科学合理的发展规划的主要内容	种植向日葵、玉米等经济作物,发展蔬菜大棚
发展的主要制约因素、困难和破解措施	缺乏资金、技术

十、其他

	名称	何人修建	建成时间	资金额度
主要庙宇、寺院、堂观	无			
	筹资方式	供奉什么	主要信奉人群	现管理使用者

祠堂有无及建、修情况	无	家谱有无及修、续情况	无
其他值得注意、重视的事项、问题的建议	整理补注:耕地种植补贴(粮食直补)每亩每年60元;耕地出租,每亩每年180元。这些数据表明当地的耕地不值钱。		

（全表共8页）

江苏省镇江市丹徒区上党镇古祠社区民情村况信息表

问卷联系人：　　　　　　　　　　　　　　电话：
填表联系人：　　　　　　　　　　　　　　电话：
填写时间：2016年
（说明：1. 如所写内容较多，可以写在背面相应位置。2. 不留空格，无内容就写无。）

一、人口和村制

人口	总数	男	女	在居人口（本地居家）	数量		3440
	3840				老中青比例		
外居人口（本地居外）		400	来居人口（外地来居）	300	本村总户数		1156
行政村直属自然村数量、名称			17个小自然村		村民小组数量		29个
村支书	姓名	陈	年龄	54	学历	高中	任职时间（何年何月）	7年
	主要谋生经营方式		种茶叶		年在村时间	常年	年总收入	3.5万
					年职务收入	月1700		
村主任	姓名		年龄		学历		任职时间（何年何月）	
	主要谋生经营方式		务农		年在村时间		年总收入	
					年职务收入			
村班子总人数		6	村干部年工资、补助等总额及来源	一是财政转移支付资金，人均每月1500元；二是三个文明考核，每年度1万元。			
全村中共党员总数		137	30岁以下党员人数		31~60岁党员人数		
其他主要村干部情况	姓名		岗位职责		姓名	岗位职责	
	庞		副书记				
	郁		副主任				
	汤		副主任				

二、资源

（单位：平方米、亩、公斤、吨等）

总面积	9.7平方千米	耕地面积		2700亩
林地面积	1300亩	退耕还林面积		
荒山、荒沟、荒坡、荒滩面积		水域面积		

主要矿产品	种类	储量（万吨）	开采情况
	无		

主要农作物	品种	亩产量（公斤）	一年种几季
	水稻	600	一季
	小麦	300	
	油菜		

粮食自给率	100%	村中储备粮食如遇灾荒可以食用支撑多少天	2年

主要蔬菜	品种	亩产量（公斤）	收获季节

主要林木	经济林	果树林	其他
	茶叶		

主要中药材	野生		人工种植	
	品种	产量（公斤）	品种	亩产量（公斤）

三、农工商贸等企业

（单位：万元）

主要种植企业	名称	无		
	年产值			
主要养殖企业	名称			
	年产值			
种植、养殖加工企业	名称			
	年产值			
主要工业企业	名称			
	年产值			
主要矿业企业	名称			
	年产值			
主要商业企业	名称			
	年收入			
水产品企业	名称			
	年产值			
主要服务业企业	名称			
	年收入			
主要科技企业	名称			
	年产值			

四、村级集体收入和资产状况

收入的主要渠道、方式	
累计收入总金额	75万
收入的主要用途和支出事项	
主要固定资产	办公楼
现金保有数量和保有方式	银行存款
主要投资项目	
主要债权关系（钱物借给谁了）	
村级集体经济负债情况	

五、村民收入和资产状况

富裕家庭	数量	平均资产规模	主要致富方式
	200	60万	多种经营
中等家庭	数量	平均资产规模	基本致富方式
	989		村里务工
贫困家庭	数量	大致资产状况	贫困主要原因
	27	15万	病
上年度村人均收入（元）			
上年度村户均收入（元）			

六、教育

村小学校舍	面积	房间数	操场	投资额	资金来源	建成时间	当前用途
	无						

幼儿园教师	（类别）	学历			教龄		幼儿园学生	
		本科	大专	中专及以下	5年以下	6年以上	男	女
	正式							
	代课							

小学教师	（类别）	学历			教龄		村小学几个年级
		本科	大专	中专及以下	5年以下	6年以上	
	正式						
	代课						

在本村上学的小学生	男	外地就读的小学生	男
	女		女

中学生	本乡镇上学		外地就学		职业技校生		大学生		研究生	
	男	女	男	女	男	女	男	女	男	女

本村小学被合并撤销后小学生上学有何不方便	交通不方便
小学生外地上学给家长的生产生活带来什么不方便	
多大范围、几个村子或方圆几里保留一个年级完整的小学比较合适	
集中合并后小学的教育质量教学水平提高还是下降了及具体表现	
如何应对撤村并镇、移民进城等城镇化带来的农村小学教育格局剧变	

七、文化

文化 （活动）室	面积	建成时间	投资额度	资金来源	使用率	名称
	800 平方米	2011年	45万	集资		

文化广场	面积	建成时间	投资额度	资金来源	使用率	名称
	5万 平方米	2012年	47万	项目		

文化活动的 主要组织形式	老年协会
日常主要文化娱乐活动	
日常文娱活动主要参加人群	60岁以上人员
日常文娱活动主要场所	
代表性的文化人才及其专长	乡镇、村: 过节气
代表性的文化专业户的特长、 人数及能否以之维持 生计	
重要文物古迹	
主要风光景致	
主要典故传说	

八、主要知名人物

	姓名	年代	主要事迹
为官			
	姓名	年代	主要事迹
从军			
	姓名	年代	主要事迹
治学			
	姓名	年代	主要事迹
经商			
	姓名	年代	简要史实
短期居住过的著名人物			

九、发展思路和规划

发展的基本思路、方向	一是发展高效观光休闲农业园。二是发展高产循环农业区。三是着力打造生态宜居村庄。
因地制宜、特色鲜明、科学合理的发展规划的主要内容	
发展的主要制约因素、困难和破解措施	一是城乡差别,财政扶持力度。二是地方政府要规划农村建设。

十、其他

主要庙宇、寺院、堂观	名称	何人修建	建成时间	资金额度
	筹资方式	供奉什么	主要信奉人群	现管理使用者

祠堂有无及建、修情况		家谱有无及修、续情况	

其他值得注意、重视的事项、问题的建议	补充两条信息:一是北京汽车集团公司在村里征地6000多亩,每亩补偿2000元,村里一次性收入有1200多万元。北汽还要优先安排村民在汽车厂就业。 二是村支书个人有多个收入渠道。4000多平方米的房产,年租金40万元。一个茶园,年收入以5万元计。

（全表共8页）

四川省泸州市合江县尧坝镇白村民情村况信息表

问卷联系人：　　　　　　　　　　　　电话：

填表联系人：　　　　　　　　　　　　电话：

填写时间：2018年

（说明：1. 如所写内容较多，可以写在背面相应位置。2. 不留空格，无内容就写无。）

一、人口和村制

<table>
<tr><td rowspan="2">人口</td><td>总数</td><td>男</td><td>女</td><td rowspan="2">在居人口
（本地居家）</td><td>数量</td><td colspan="2">1870</td></tr>
<tr><td>3264</td><td>1750</td><td>1514</td><td>老中青比例</td><td colspan="2">20：32：48</td></tr>
<tr><td colspan="2">外居人口
（本地居外）</td><td colspan="2">480</td><td>来居人口
（外地来居）</td><td>230</td><td>本村总户数</td><td>964</td></tr>
<tr><td colspan="4">行政村直属自然村数量、名称</td><td colspan="3">合江县尧坝镇白村社区村民委员会</td><td>村民小组数量</td><td>16</td></tr>
<tr><td rowspan="3">村支书</td><td>姓名</td><td>王</td><td>年龄</td><td>47</td><td>学历</td><td>大专</td><td>任职时间
（何年何月）</td><td>2000年2月</td></tr>
<tr><td rowspan="2">主要谋生经营方式</td><td colspan="4" rowspan="2">经营小型白酒作坊</td><td>年在村时间</td><td>18</td><td rowspan="2">年总收入</td><td rowspan="2">4万</td></tr>
<tr><td>年职务收入</td><td>15840</td></tr>
<tr><td rowspan="3">村主任</td><td>姓名</td><td>陈</td><td>年龄</td><td>62</td><td>学历</td><td>高中</td><td>任职时间
（何年何月）</td><td>1984年2月</td></tr>
<tr><td rowspan="2">主要谋生经营方式</td><td colspan="4" rowspan="2">村干部工资和养老保险工资</td><td>年在村时间</td><td>34</td><td rowspan="2">年总收入</td><td rowspan="2">2.7万</td></tr>
<tr><td>年职务收入</td><td>15120</td></tr>
<tr><td colspan="3">村班子总人数</td><td>5</td><td colspan="2">村干部年工资、补助等总额及来源</td><td colspan="3">村干部工资：69120元，年终补助：1万元，上级补贴</td></tr>
<tr><td colspan="3">全村中共党员总数</td><td>75</td><td colspan="2">30岁以下党员人数</td><td>8</td><td>31~60岁党员人数</td><td>67</td></tr>
<tr><td rowspan="4">其他主要村干部情况</td><td colspan="2">姓名</td><td colspan="2">岗位职责</td><td>姓名</td><td colspan="3">岗位职责</td></tr>
<tr><td colspan="2">王</td><td colspan="2">村副主任</td><td>杨</td><td colspan="3">后备干部</td></tr>
<tr><td colspan="2">赵</td><td colspan="2">村文书</td><td></td><td colspan="3"></td></tr>
<tr><td colspan="2">陈</td><td colspan="2">村监委主任</td><td></td><td colspan="3"></td></tr>
</table>

二、资源

（单位：平方米、亩、公斤、吨等）

总面积	5平方千米	耕地面积	2813	
林地面积	1500亩	退耕还林面积	无	
荒山、荒沟、荒坡、荒滩面积	15亩	水域面积	20亩	
主要矿产品	种类	储量（万吨）	开采情况	
	无			
主要农作物	品种	亩产量（公斤）	一年种几季	
	水稻	500	一季	
	玉米	400	一季	
	红薯	350	一季	
粮食自给率	90	村中储备粮食如遇灾荒可以食用支撑多少天	半年	
主要蔬菜	品种	亩产量（公斤）	收获季节	
	辣椒	1000	夏季、秋季	
	长豆	1500	夏季、秋季	
	白菜	2000	春季、冬季	
主要林木	经济林	果树林	其他	
	无			
主要中药材	野生		人工种植	
	品种	产量（公斤）	品种	亩产量（公斤）
	无			

三、农工商贸等企业

（单位：万元）

主要种植企业	名称	无		
	年产值			
主要养殖企业	名称	无		
	年产值			
种植、养殖加工企业	名称	无		
	年产值			
主要工业企业	名称	汉康酒厂		
	年产值	1000		
主要矿业企业	名称	无		
	年产值			
主要商业企业	名称	无		
	年收入			
水产品企业	名称	无		
	年产值			
主要服务业企业	名称	无		
	年收入			
主要科技企业	名称	无		
	年产值			

四、村级集体收入和资产状况

收入的主要渠道、方式	土地流转服务费、房屋租赁、幼儿园出租
累计收入总金额	3.6万
收入的主要用途和支出事项	用于维修公路、看望慰问困难党员群众
主要固定资产	村办公室一栋
现金保有数量和保有方式	村账镇管,银行存款方式保管
主要投资项目	准备
主要债权关系(钱物借给谁了)	无
村级集体经济负债情况	无

五、村民收入和资产状况

富裕家庭	数量	平均资产规模	主要致富方式
	10	10000元/月	外出做生意
中等家庭	数量	平均资产规模	基本致富方式
	946	1000元/月	外出务工,种养殖
贫困家庭	数量	大致资产状况	贫困主要原因
	8	300元/月	因病、缺乏劳动力
上年度村人均收入(元)	900元/月		
上年度村户均收入(元)	3000元/月		

六、教育

村小学校舍	面积	房间数	操场	投资额	资金来源	建成时间	当前用途
	无						

幼儿园教师	（类别）	学历			教龄		幼儿园学生	
		本科	大专	中专及以下	5年以下	6年以上	男	女
	正式	无	无	无	无	无	58	62
	代课	无	6	1	无	7		

小学教师	（类别）	学历			教龄		村小学几个年级
		本科	大专	中专及以下	5年以下	6年以上	
	正式						无村小
	代课						

在本村上学的小学生	男	无	外地就读的小学生	男	12
	女			女	10

中学生	本乡镇上学		外地就学		职业技校生		大学生		研究生	
	男	女	男	女	男	女	男	女	男	女
	65	32	13	10	14	9	18	16	0	1

本村小学被合并撤销后小学生上学有何不方便	无村小
小学生外地上学给家长的生产生活带来什么不方便	无
多大范围、几个村子或方圆几里保留一个年级完整的小学比较合适	无
集中合并后小学的教育质量教学水平提高还是下降了及具体表现	无
如何应对撤村并镇、移民进城等城镇化带来的农村小学教育格局剧变	无

七、文化

文化 （活动）室	面积	建成时间	投资额度	资金来源	使用率	名称
	60	2018年	6万	上级下拨	100%	大会议室

文化广场	面积	建成时间	投资额度	资金来源	使用率	名称
	60	2017年	5万	上级下拨	100%	尧坝驿擂台广场

文化活动的 主要组织形式	电话通知
日常主要文化娱乐活动	广场舞
日常文娱活动主要参加人群	中老年人
日常文娱活动主要场所	尧坝驿文化广场
代表性的文化人才及其专长	拉丁舞、广场舞
代表性的文化专业户的特长、 人数及能否以之维持 生计	无
重要文物古迹	无
主要风光景致	尧坝驿夜景
主要典故传说	无

八、主要知名人物

为官	姓名	年代	主要事迹
	无		

从军	姓名	年代	主要事迹
	无		

治学	姓名	年代	主要事迹
	无		

经商	姓名	年代	主要事迹
	无		

短期居住过的著名人物	姓名	年代	简要史实
	无		

九、发展思路和规划

发展的基本思路、方向	种植荔枝、真龙柚、花椒
因地制宜、特色鲜明、科学合理的发展规划的主要内容	白村1社—6社种植荔枝、真龙柚；7社、11社种植花椒；8社种植荔枝；10社—16社种植荔枝真龙柚。
发展的主要制约因素、困难和破解措施	群众管护荔枝、真龙柚技术不过关，加大农业技术培训。

十、其他

主要庙宇、寺院、堂观	名称	何人修建	建成时间	资金额度
	无			
	筹资方式	供奉什么	主要信奉人群	现管理使用者
祠堂有无及建、修情况	无		家谱有无及修、续情况	无
其他值得注意、重视的事项、问题的建议	无			

（全表共8页）

四川省泸州市合江县尧坝镇团结村民情村况信息表

问卷联系人：　　　　　　　　　　　　　电话：
填表联系人：　　　　　　　　　　　　　电话：
填写时间：2018年
（说明：1. 如所写内容较多，可以写在背面相应位置。2. 不留空格，无内容就写无。）

一、人口和村制

人口	总数	男	女	在居人口（本地居家）	数量	2193
	3616	1919	1697		老中青比例	1：3：1

外居人口（本地居外）	1423	来居人口（外地来居）	21	本村总户数	1074

行政村直属自然村数量、名称	合江县尧坝镇团结社区村民委员会	村民小组数量	17

村支书	姓名	任	年龄	64	学历	初中	任职时间（何年何月）	2016年11至今
	主要谋生经营方式	种植荔枝			年在村时间		年总收入	3万
					年职务收入	1.3万		

村主任	姓名	王	年龄	47	学历	本科	任职时间（何年何月）	2017年2月
	主要谋生经营方式	学校校长			年在村时间		年总收入	3.5万
					年职务收入	1.3万		

村班子总人数	6	村干部年工资、补助等总额及来源	村干部年工资、补助总额1.2万左右，镇政府财政所下拨

全村中共党员总数	83	30岁以下党员人数	14	31~60岁党员人数	69

其他主要村干部情况	姓名	岗位职责	姓名	岗位职责
	任	村副主任	任	村后备干部
	张	村文书		
	何	村监委主任		

二、资源

（单位：平方米、亩、公斤、吨等）

总面积	8.5平方千米	耕地面积		3421.37亩
林地面积		退耕还林面积		45亩
荒山、荒沟、荒坡、荒滩面积		水域面积		无
主要矿产品	种类	储量（万吨）		开采情况
	无			
主要农作物	品种	亩产量（公斤）		一年种几季
	水稻	400		1
	玉米	300		1
	红薯	350		1
粮食自给率	95%	村中储备粮食如遇灾荒可以食用支撑多少天		无
主要蔬菜	品种	亩产量（公斤）		收获季节
	白菜	100		春、冬季
	青菜	125		春季
	萝卜	110		冬季
主要林木	经济林	果树林		其他
	竹子	荔枝		
	杂木树	真龙柚		
		柑橘		
主要中药材	野生		人工种植	
	品种	产量（公斤）	品种	亩产量（公斤）
	无			

三、农工商贸等企业

（单位：万元）

主要种植企业	名称	荔枝专合社		
	年产值	4		
主要养殖企业	名称	生猪		
	年产值	5		
种植、养殖加工企业	名称	无	无	无
	年产值	无	无	无
主要工业企业	名称	无	无	无
	年产值	无	无	无
主要矿业企业	名称	无	无	无
	年产值	无	无	无
主要商业企业	名称	无	无	无
	年收入	无	无	无
水产品企业	名称	龙虾养殖		
	年产值	3		
主要服务业企业	名称	无	无	无
	年收入	无	无	无
主要科技企业	名称	无	无	无
	年产值	无	无	无

四、村级集体收入和资产状况

收入的主要渠道、方式	公路劳务服务费,三平塘承包 ,土地流转等
累计收入总金额	7.2万
收入的主要用途和支出事项	未支出
主要固定资产	三平塘承包
现金保有数量和保有方式	储存银行
主要投资项目	未投资
主要债权关系(钱物借给谁了)	无
村级集体经济负债情况	未负债

五、村民收入和资产状况

	数量	平均资产规模	主要致富方式
富裕家庭	15		种养殖业
	数量	平均资产规模	基本致富方式
中等家庭	952		务工,种养殖业
	数量	大致资产状况	贫困主要原因
贫困家庭	107户		缺技术,因病,因学
上年度村人均收入(元)			
上年度村户均收入(元)	3600元		

六、教育

村小学校舍	面积	房间数	操场	投资额	资金来源	建成时间	当前用途
	1800	14	1个	100万	政府	2001.08	教学

幼儿园教师	（类别）	学历			教龄		幼儿园学生	
		本科	大专	中专及以下	5年以下	6年以上	男	女
	正式							2
	代课		2			2		

小学教师	（类别）	学历			教龄		村小学几个年级
		本科	大专	中专及以下	5年以下	6年以上	
	正式	4				4	6
	代课	3				3	

在本村上学的小学生			外地就读的小学生		
	男	87		男	15
	女	80		女	10

中学生	本乡镇上学		外地就学		职业技校生		大学生		研究生	
	男	女	男	女	男	女	男	女	男	女
	46	32	10	15	65	72	71	63	15	13

本村小学被合并撤销后小学生上学有何不方便	上学路程较远
小学生外地上学给家长的生产生活带来什么不方便	无
多大范围、几个村子或方圆几里保留一个年级完整的小学比较合适	两个村保留一个年级完整的小学比较合适
集中合并后小学的教育质量教学水平提高还是下降了及具体表现	现未合并
如何应对撤村并镇、移民进城等城镇化带来的农村小学教育格局剧变	无

七、文化

文化 （活动）室	面积	建成时间	投资额度	资金来源	使用率	名称
	60	2011年	4万元	政府		团结村十二社
文化广场	面积	建成时间	投资额度	资金来源	使用率	名称
	无	无	无	无	无	无

文化活动的 主要组织形式	乒乓球、图书、象棋等
日常主要文化娱乐活动	无
日常文娱活动主要参加人群	无
日常文娱活动主要场所	无
代表性的文化人才及其专长	无
代表性的文化专业户的特长、 人数及能否以之维持 生计	无
重要文物古迹	无
主要风光景致	
主要典故传说	

八、主要知名人物

为官	姓名	年代	主要事迹
	刘	70	国务院扶贫办

从军	姓名	年代	主要事迹
	任	70	国防科大
	王	50	公安部某司司长

治学	姓名	年代	主要事迹
	无		

经商	姓名	年代	主要事迹
	任	70	开办建筑公司
	任	70	开办建筑公司
	任	60	昆明经营药材

短期居住过的著名人物	姓名	年代	简要史实
	无	无	无

九、发展思路和规划

发展的基本思路、方向	发展荔枝种植,改变传统的种植业,定期进行技术指导,从而增加群众的收入
因地制宜、特色鲜明、科学合理的发展规划的主要内容	全面建成小康社会,使广大农民群众生活更加富裕,对目标进行规划,保护耕地,保护环境,多方面发展种养殖业,
发展的主要制约因素、困难和破解措施	发展的主要制约因素是交通不便,各项种养殖技术有待加强学习提升。

十、其他

主要庙宇、寺院、堂观	名称	何人修建	建成时间	资金额度
	无	无	无	无
	筹资方式	供奉什么	主要信奉人群	现管理使用者
	无	无	无	无

祠堂有无及建、修情况	无	家谱有无及修、续情况	无

其他值得注意、重视的事项、问题的建议	无

(全表共8页)

广东省开平市赤坎镇小海村民情村况信息表

问卷联系人：　　　　　　　　　　　电话：
填表联系人：　　　　　　　　　　　电话：
填写时间：2021年
（说明：1. 如所写内容较多，可以写在背面相应位置。2. 不留空格，无内容就写无。）

一、人口和村制

人口	总数	男	女	在居人口 （本地居家）	数量		886	
	1919	956	963		老中青比例			
外居人口 （本地居外）	1033		来居人口 （外地来居）	32	本村总户数		535	
行政村直属自然村数量、名称			小海村民委员会		村民小组数量		17	

村支书	姓名	邓	年龄	33	学历	大专在读	任职时间 （何年何月）		2020.10
	主要谋生经营方式					年在村时间		年总收入	
						年职务收入	48000		
村主任	姓名	同上	年龄	33	学历	大专在读	任职时间 （何年何月）		2021.1
	主要谋生经营方式					年在村时间		年总收入	
						年职务收入			

| 村班子总人数 | 5 | 村干部年工资、补助等总额及来源 | 228000元，市、镇两级 |
| 全村中共党员总数 | 39 | 30岁以下党员人数 | 2 | 31~60岁党员人数 | 37 |

其他主要村干部情况	姓名	岗位职责	姓名	岗位职责
	邓	书记、主任	黄	党支部委员
	关	副书记	张	聘用干部
	邓	委员		

二、资源

（单位：平方米、亩、公斤、吨等）

总面积	约4平方千米	耕地面积	1484.58亩
林地面积	1730.4亩	退耕还林面积	
荒山、荒沟、荒坡、荒滩面积		水域面积	810.89亩

	种类	储量（万吨）	开采情况
主要矿产品			

	品种	亩产量（公斤）	一年种几季
主要农作物	水稻	385	2

粮食自给率	95%	村中储备粮食如遇灾荒可以食用支撑多少天	无

	品种	亩产量（公斤）	收获季节
主要蔬菜	白菜	80	秋、冬

	经济林	果树林	其他
主要林木	桉树		

	野生		人工种植	
主要中药材	品种	产量（公斤）	品种	亩产量（公斤）

三、农工商贸等企业

（单位：万元）

主要种植企业	名称			
	年产值			
主要养殖企业	名称			
	年产值			
种植、养殖加工企业	名称			
	年产值			
主要工业企业	名称			
	年产值			
主要矿业企业	名称			
	年产值			
主要商业企业	名称			
	年收入			
水产品企业	名称			
	年产值			
主要服务业企业	名称			
	年收入			
主要科技企业	名称			
	年产值			

四、村级集体收入和资产状况

收入的主要渠道、方式	发包山地和鱼塘
累计收入总金额	约15万
收入的主要用途和支出事项	村委会的日常开支
主要固定资产	鱼塘
现金保有数量和保有方式	
主要投资项目	
主要债权关系（钱物借给谁了）	
村级集体经济负债情况	

五、村民收入和资产状况

	数量	平均资产规模	主要致富方式
富裕家庭			
	数量	平均资产规模	基本致富方式
中等家庭			
	数量	大致资产状况	贫困主要原因
贫困家庭	6		残疾、患病
上年度村人均收入（元）			
上年度村户均收入（元）			

六、教育

村小学校舍	面积	房间数	操场	投资额	资金来源	建成时间	当前用途

幼儿园教师	（类别）	学历			教龄		幼儿园学生	
		本科	大专	中专及以下	5年以下	6年以上	男	女
	正式							
	代课							

小学教师	（类别）	学历			教龄		村小学几个年级
		本科	大专	中专及以下	5年以下	6年以上	
	正式						
	代课						

在本村上学的小学生	男	外地就读的小学生	男
	女		女

中学生	本乡镇上学		外地就学		职业技校生		大学生		研究生	
	男	女	男	女	男	女	男	女	男	女

本村小学被合并撤销后小学生上学有何不方便	
小学生外地上学给家长的生产生活带来什么不方便	
多大范围、几个村子或方圆几里保留一个年级完整的小学比较合适	
集中合并后小学的教育质量教学水平提高还是下降了及具体表现	
如何应对撤村并镇、移民进城等城镇化带来的农村小学教育格局剧变	

七、文化

文化 （活动）室	面积	建成时间	投资额度	资金来源	使用率	名称
	80	1985年				

文化广场	面积	建成时间	投资额度	资金来源	使用率	名称

文化活动的 主要组织形式	
日常主要文化娱乐活动	九九重阳节
日常文娱活动主要参加人群	55岁以上人员
日常文娱活动主要场所	晚景邓公祠
代表性的文化人才及其专长	
代表性的文化专业户的特长、 人数及能否以之维持 生计	
重要文物古迹	
主要风光景致	
主要典故传说	

八、主要知名人物

为官	姓名	年代	主要事迹

从军	姓名	年代	主要事迹

治学	姓名	年代	主要事迹

经商	姓名	年代	主要事迹

短期居住过的著名人物	姓名	年代	简要史实

九、发展思路和规划

发展的基本 思路、方向	
因地制宜、特色 鲜明、科学合理的 发展规划的 主要内容	
发展的主要 制约因素、困难和 破解措施	

十、其他

	名称	何人修建	建成时间	资金额度
主要庙宇、寺院、堂观				
	筹资方式	供奉什么	主要信奉人群	现管理使用者

祠堂有无及 建、修情况		家谱有无及 修、续情况	
其他值得注 意、重视的 事项、问题的 建议			

（全表共8页）

福建省南平市武夷山市吴屯乡际村民情村况信息表

问卷联系人：　　　　　　　　　　　　电话：
填表联系人：　　　　　　　　　　　　电话：
填写时间：2022年
（说明：1. 如所写内容较多，可以写在背面相应位置。2. 不留空格，无内容就写无。）

一、人口和村制

人口	总数	男	女	在居人口 （本地居家）	数量		538
	627	317	310		老中青比例		

外居人口 （本地居外）	89	来居人口 （外地来居）	4	本村总户数	177

行政村直属自然村数量、名称		际村	村民小组数量	8

村支书	姓名	余	年龄	43	学历	中专	任职时间 （何年何月）		2021.10
	主要谋生经营方式		工作		年在村时间	全年	年总收入		4.8万
					年职务收入	4.8万			

村主任	姓名	同上	年龄	43	学历	中专	任职时间 （何年何月）		2021.12
	主要谋生经营方式		工作		年在村时间	全年	年总收入		4.8万
					年职务收入	4.8万			

村班子总人数	5	村干部年工资、补助等总额及来源	13万，来源：上级补助

全村中共党员总数	29	30岁以下党员人数	1	31～60岁党员人数	16

其他主要村干部情况	姓名	岗位职责	姓名	岗位职责
	吴	支委	江	村委
	刘	支委		
	祝	副主任		

二、资源

（单位：平方米、亩、公斤、吨等）

总面积	7.24平方千米	耕地面积	1442亩
林地面积	8556亩	退耕还林面积	0
荒山、荒沟、荒坡、荒滩面积	0	水域面积	35亩

主要矿产品	种类	储量（万吨）	开采情况
	无		

主要农作物	品种	亩产量（公斤）	一年种几季
	水稻	450	1
	烟叶	165	1

粮食自给率	100%	村中储备粮食如遇灾荒可以食用支撑多少天	200天

主要蔬菜	品种	亩产量（公斤）	收获季节
	芋子	750	冬季

主要林木	经济林	果树林	其他
	茶山	无	无
	毛竹		

主要中药材	野生		人工种植	
	品种	产量（公斤）	品种	亩产量（公斤）
			中药	

三、农工商贸等企业

（单位：万元）

主要种植企业	名称	无		
	年产值			
主要养殖企业	名称	"康之源"生态农业		
	年产值	30		
种植、养殖加工企业	名称	森林公园茶厂	瑞庭生态茶业	武夷山市瑞岩高山云雾茶业有限公司
	年产值	100	80	320
主要工业企业	名称	无		
	年产值			
主要矿业企业	名称	无		
	年产值			
主要商业企业	名称	无		
	年收入			
水产品企业	名称	无		
	年产值			
主要服务业企业	名称	章炳珠小卖部		
	年收入	1		
主要科技企业	名称	无		
	年产值			

四、村级集体收入和资产状况

收入的主要渠道、方式	烟叶返利、电商基地
累计收入总金额	20万
收入的主要用途和支出事项	管理费
主要固定资产	村部
现金保有数量和保有方式	3000以内
主要投资项目	无
主要债权关系（钱物借给谁了）	无
村级集体经济负债情况	无

五、村民收入和资产状况

富裕家庭	数量	平均资产规模	主要致富方式
	30	20万	茶厂
中等家庭	数量	平均资产规模	基本致富方式
	80	5万	劳务
贫困家庭	数量	大致资产状况	贫困主要原因
	67	2万	年老体弱多病
上年度村人均收入（元）	1.5万		
上年度村户均收入（元）	4.5万		

六、教育

村小学校舍	面积	房间数	操场	投资额	资金来源	建成时间	当前用途
	无						

幼儿园教师	(类别)	学历			教龄		幼儿园学生	
		本科	大专	中专及以下	5年以下	6年以上	男	女
	正式							
	代课							

小学教师	(类别)	学历			教龄		村小学几个年级
		本科	大专	中专及以下	5年以下	6年以上	
	正式						
	代课						

在本村上学的小学生	男	外地就读的小学生	男
	女		女

中学生	本乡镇上学		外地就学		职业技校生		大学生		研究生	
	男	女	男	女	男	女	男	女	男	女

本村小学被合并撤销后小学生上学有何不方便	路途远。
小学生外地上学给家长的生产生活带来什么不方便	路途远,需要长期接送,或者外地租房。
多大范围、几个村子或方圆几里保留一个年级完整的小学比较合适	一个行政村一个小学。
集中合并后小学的教育质量教学水平提高还是下降了及具体表现	不清楚。
如何应对撤村并镇、移民进城等城镇化带来的农村小学教育格局剧变	

七、文化

文化(活动)室	面积	建成时间	投资额度	资金来源	使用率	名称
	120	2017年			100%	

文化广场	面积	建成时间	投资额度	资金来源	使用率	名称
	360	2017年			100%	议事亭

文化活动的主要组织形式	自发
日常主要文化娱乐活动	广场舞、棋牌、球类运动。
日常文娱活动主要参加人群	在村妇女、棋牌爱好者、部分中青年
日常文娱活动主要场所	陈宋小公园、幸福院、新时代文明实践站活动中心
代表性的文化人才及其专长	无
代表性的文化专业户的特长、人数及能否以之维持生计	无
重要文物古迹	无
主要风光景致	辖区内有跃龙湾瀑布、狐仙洞、鲤鱼溪、东岳观、明清古建筑等自然人文景观。
主要典故传说	《"茅山道士"大战狐仙》

八、主要知名人物

	姓名	年代	主要事迹
为官	无		
从军	姓名	年代	主要事迹
	无		
治学	姓名	年代	主要事迹
	无		
经商	姓名	年代	主要事迹
	无		
短期居住过的著名人物	姓名	年代	简要史实
	无		

九、发展思路和规划

发展的基本思路、方向	发展定位是"近郊乡村体验游"。
因地制宜、特色鲜明、科学合理的发展规划的主要内容	1.党建引领，分步推进。成立乡村振兴工作领导小组，在上级政府的指导下，深入分析自身优势，因地制宜，提出以"近郊乡村体验游"为突破口，努力打造"微旅游"精品。围绕"产业兴旺、生态宜居、乡风文明、治理有效、生活富裕"的总体目标，进一步加强组织建设、完善基础设施、传承民俗文化、促进产业发展，夯实际村发展基础。同时扎实落实"四个一百"工作机制，汇聚部门单位工作合力，促进本村产业和经济社会稳步向前发展。 2.因地制宜，完善基础。围绕村级生产生活基础设施、壮大村级集体经济、农村文化公益项目等发展目标，统筹安排发展事项。建设公厕3个，分别位于中心广场、陈小组和路小组；停车场2处，在中心广场和陈小组；村民休闲娱乐场所4处，分别为际村幸福院活动室、祝家议事亭、摆茶长廊、小公园；新建民俗文化展示中心，建筑面积约800平方米，现已完成一期建设，二期建设正在筹备中。 3.传承文化，提升品牌。全面贯彻落实习近平总书记来闽来武夷山考察重要讲话精神，大力弘扬茶文化，统筹做好"三茶"文章。一是打造际村千亩生态茶园示范片，实现茶叶提质增效。二是全面普及茶科技，将村内规模较大的茶厂进行技改提升，建成全自动化生产流水线。三是组建摆茶队伍，传承和弘扬摆茶习俗，接纳八方游客到小际唱茶歌、品茶点、听讲习俗故事。 4.壮大产业，实现振兴。一是开发乡村旅游业。把农业生产与农事活动体验、旅游观光结合起来。际村有丰富的生态旅游资源，如：跃龙桥、大瀑布、狐仙洞、狮子岩、变石鱼等，是写生、摄影的好地方。依托自然生态环境和农业文化，建设农事体验园区、田园观光区、垂钓区，提供挖笋、采摘、摸田螺、捉泥鳅、抓稻花鱼、垂钓等服务，旅游观光与网红打卡为一体，创造就业机会，增加农民收入。二是建立农产品电商销售直播平台。在民俗文化展示中心专设电商直播基地，邀请乡贤江某带领其电商运营团队入驻，"电商+直播+产业"，统筹吴屯及武夷山特色农产品和产业资源，拓展农产品销售流通渠道，"线上线下"双助力乡村产业振兴。三是党建引领村企合作共赢，以壮大村集体经济为目标，创新"党支部+公司"模式，通过武夷山野岩下生态农业发展有限公司进行项目谋划、落地、实施，凝聚专业人才智慧和力量，推动乡村振兴产业实现跨越式发展。
发展的主要制约因素、困难和破解措施	资金缺口较大，人才引进力量不足，缺少外部资金的注入。

十、其他

主要庙宇、寺院、堂观	名称	何人修建	建成时间	资金额度
	无			
	筹资方式	供奉什么	主要信奉人群	现管理使用者

祠堂有无及建、修情况		家谱有无及修、续情况	
其他值得注意、重视的事项、问题的建议	无		

（全表共8页）

福建省南平市武夷山市星村镇星村民情村况信息表

问卷联系人：   电话：
填表联系人：   电话：
填写时间：2022年
（说明：1. 如所写内容较多，可以写在背面相应位置。2. 不留空格，无内容就写无。）

一、人口和村制

人口	总数	男	女	在居人口 （本地居家）	数量		1500
	1620	822	798		老中青比例		3：8：4

外居人口 （本地居外）	120	来居人口 （外地来居）	2	本村总户数	385

行政村直属自然村数量、名称		11个（自然村名略）		村民小组数量	17

村支书	姓名	华	年龄	38	学历	高中	任职时间 （何年何月）		2021年10月	
	主要谋生经营方式		自媒体			年在村时间	300天	年总收入	25万元	
						年职务收入	42600元			

村主任	姓名	同上	年龄	38	学历	高中	任职时间 （何年何月）		2021年12月	
	主要谋生经营方式		自媒体			年在村时间	300天	年总收入	25万元	
						年职务收入	42600元			

村班子总人数	7	村干部年工资、补助等总额及来源	村干部年工资总额138600元	

全村中共党员总数	54	30岁以下党员人数	5	31～60岁党员人数	34

其他主要村干部情况	姓名	岗位职责	姓名	岗位职责
	周	驻村第一书记	周	村委会副主任
	卓	组织委员	吴	妇联主席
	梅	纪检委员	彭	村委

二、资源

（单位：平方米、亩、公斤、吨等）

总面积	516300平方米	耕地面积		3300 亩	
林地面积	6.9万亩	退耕还林面积		无	
荒山、荒沟、荒坡、荒滩面积	无	水域面积			
主要矿产品	种类	储量（万吨）		开采情况	
	无				
	无				
	无				
主要农作物	品种	亩产量（公斤）		一年种几季	
	茶叶	350		1	
粮食自给率	0	村中储备粮食如遇灾荒可以食用支撑多少天			15
主要蔬菜	品种	亩产量（公斤）		收获季节	
	无				
	无				
	无				
主要林木	经济林	果树林		其他	
	杉木	无			
	松树				
主要中药材	野生		人工种植		
	品种	产量（公斤）	品种		亩产量（公斤）
	无		无		

三、农工商贸等企业

（单位：万元）

主要种植企业	名称	茶叶		
	年产值	3000		
主要养殖企业	名称	无		
	年产值	无		
种植、养殖加工企业	名称	无		
	年产值	无		
主要工业企业	名称	无		
	年产值	无		
主要矿业企业	名称	无		
	年产值	无		
主要商业企业	名称	无		
	年收入	无		
水产品企业	名称	无		
	年产值	无		
主要服务业企业	名称	红星餐馆	红星闪闪餐馆	谷雨民宿
	年收入	30	20	20
主要科技企业	名称	无		
	年产值	无		

四、村级集体收入和资产状况

收入的主要渠道、方式	茶山、竹山、景点收租
累计收入总金额	82万元
收入的主要用途和支出事项	村保洁费、村集体公益事业、村民福利、村干部工资
主要固定资产	村集体茶山
现金保有数量和保有方式	约300万元，存银行
主要投资项目	无
主要债权关系（钱物借给谁了）	无
村级集体经济负债情况	无

五、村民收入和资产状况

	数量	平均资产规模	主要致富方式
富裕家庭			
	10	500	互联网、自媒体、茶叶
中等家庭	数量	平均资产规模	基本致富方式
	30	260	自媒体、茶叶
贫困家庭	数量	大致资产状况	贫困主要原因
	21		缺少劳动力
上年度村人均收入（元）	18500		
上年度村户均收入（元）	10万		

六、教育

村小学校舍	面积	房间数	操场	投资额	资金来源	建成时间	当前用途
	4670	6	1	200	市财政	1982	闲置

幼儿园教师	（类别）	学历			教龄		幼儿园学生	
		本科	大专	中专及以下	5年以下	6年以上	男	女
	正式	无	无	无	无	无	无	无
	代课	无	无	无	无	无		

小学教师	（类别）	学历			教龄		村小学几个年级
		本科	大专	中专及以下	5年以下	6年以上	
	正式	无	无	无	无	无	无
	代课	无	无	无	无	无	

在本村上学的小学生	男	无	外地就读的小学生	男	40
	女	无		女	40

中学生	本乡镇上学		外地就学		职业技校生		大学生		研究生	
	男	女	男	女	男	女	男	女	男	女
	11	12	60	60	10	11	12	11	1	

本村小学被合并撤销后小学生上学有何不方便	就学不方便，需要去镇区上学
小学生外地上学给家长的生产生活带来什么不方便	增加生活开销，人口外流
多大范围、几个村子或方圆几里保留一个年级完整的小学比较合适	方圆3.5公里，1个村庄
集中合并后小学的教育质量教学水平提高还是下降了及具体表现	提高
如何应对撤村并镇、移民进城等城镇化带来的农村小学教育格局剧变	进城、进乡镇务工创业等

七、文化

文化 （活动）室	面积	建成时间	投资额度	资金来源	使用率	名称
	20	2016年	2	村集体	100%	无

文化广场	面积	建成时间	投资额度	资金来源	使用率	名称
	1000	2016年	110	市财政	100%	星村 文化 广场

文化活动的 主要组织形式	市文化活动下乡、村客家人活动等
日常主要文化娱乐活动	跳广场舞、业务学习等
日常文娱活动主要参加人群	党员、村民
日常文娱活动主要场所	星村文化广场
代表性的文化人才及其专长	无
代表性的文化专业户的特长、 人数及能否以之维持 生计	无
重要文物古迹	无
主要风光景致	星村网红水坝、玉龙谷景点、翡翠谷、青龙瀑布
主要典故传说	无

八、主要知名人物

	姓名	年代	主要事迹
为官	无		
	姓名	年代	主要事迹
从军	无		
	姓名	年代	主要事迹
治学	无		
	姓名	年代	主要事迹
经商	廖	2015	主要从事自媒体,年产值1000万元,带动30余位村民从事自媒体创业
	姓名	年代	简要史实
短期居住过的著名人物	沈	60	"文革时期"下放崇安县(今武夷山市)星村公社长涧洲生产队劳动,坚持在逆境中绘画创作,搜集、积累大量武夷山珍稀禽鸟、花卉、草虫素材,自号"武夷山翁"为乐。

九、发展思路和规划

发展的基本思路、方向	依托环武夷山国家公园示范带,打造有特色的、有生态的入口社区,集合村里的抖音直播资源打造电商基地等。
因地制宜、特色鲜明、科学合理的发展规划的主要内容	一、武夷山国家公园茶文化发展园 1.以塘角客家人文化,打造客家人民俗文化场所,客家人舞龙及制作舞龙的步骤的展示,客家人花鼓戏技艺的传承和录制。 2.依托环武夷山国家公园示范带,红星网红打卡点(红星水坝),依托水坝、自然生态美景,建设户外直播间、休闲长廊、泡茶点、拍照打卡等,宣传武夷山国家公园、茶文化等,通过租用户外直播间带动村财增收。 3.通过九曲溪二期建设(星村村口至红星小学生态护堤建设),依托河岸的树木、自然环境打造户外武夷岩茶体验区和泡茶室(共享茶室)、亲水区、摄影点等,可以通过租用的方式带动村财增收。 二、国家公园茶科技管理示范园 1.打造星村生态茶园示范点(参照燕子窠),利用星村集体茶山套种樱花,修建步道、修建户外泡茶亭子等,利用好茶科技管理好茶山。 三、国家公园茶产业电商创业园 1.以星村幸福院、星村礼堂或者红星小学打造电商直播间基地,做好直播间,星村现有20人左右在从事抖音直播、拍短视频,整合资源可以通过租赁合作入股的形式让他们来村里的电商直播基地,也可以让外面的人来星村直播、拍抖音等。 2.成立武夷山市星禾种植农民专业合作社,通过线下帮助村民卖茶,线上宣传星村山山水水、星村茶叶;做好泡袋、礼盒的设计,用于前期宣传,创建星村生态茶叶品牌。
发展的主要制约因素、困难和破解措施	缺少建设用地、项目资金等;破解措施:积极盘活闲置资产、利用现有资源、依托自然资源等向上级部门争取资金

十、其他

主要庙宇、寺院、堂观	名称	何人修建	建成时间	资金额度
	无			
	筹资方式	供奉什么	主要信奉人群	现管理使用者
	无			

祠堂有无及建、修情况	无	家谱有无及修、续情况	无
其他值得注意、重视的事项、问题的建议			

(全表共8页)

重庆市巫山县双龙镇巴村民情村况信息表

问卷联系人：   电话：
填表联系人：   电话：
填写时间：2022年
（说明：1. 如所写内容较多，可以写在背面相应位置。2. 不留空格，无内容就写无。）

一、人口和村制

人口		总数	男	女	在居人口 （本地居家）		数量		187
		731	368	363			老中青比例		
外居人口 （本地居外）		544	来居人口 （外地来居）		62	本村总户数			271
行政村直属自然村数量、名称						村民小组数量			3
村支书	姓名	丁	年龄	57	学历	高中	任职时间 （何年何月）		2021年2月
	主要谋生经营 方式		补贴+务农			年在村时间	300天	年总收入	3.6万
						年职务收入	34320		
村主任	姓名	同上	年龄	57	学历	高中	任职时间 （何年何月）		2021年2月
	主要谋生经营 方式		补贴+务农			年在村时间	300天	年总收入	3.6万
						年职务收入	34320		
村班子总人数		5	村干部年工资、 补助等总额及 来源		村干部年补贴为150600元， 由县财政支付				
全村中共党员总数		20	30岁以下党员人数		4	31~60岁党员人数			13
其他主要村干部情况	姓名	岗位职责		姓名	岗位职责				
	丁	支书兼主任		王	副支书兼民兵连长				
	靳	综服专干兼团支部书记		方	副主任、综治专干兼 妇联主席				
	王	挂职干部							

二、资源

（单位：平方米、亩、公斤、吨等）

总面积	8.8平方千米	耕地面积	738亩
林地面积	7380亩	退耕还林面积	925亩
荒山、荒沟、荒坡、荒滩面积	858亩	水域面积	1280亩

主要矿产品	种类	储量（万吨）	开采情况
	无		
	无		
	无		

主要农作物	品种	亩产量（公斤）	一年种几季
	玉米	420	1
	马铃薯	1200	2
	红苕	1300	1

粮食自给率	50%	村中储备粮食如遇灾荒可以食用支撑多少天	180

主要蔬菜	品种	亩产量（公斤）	收获季节
	白菜	500	冬季
	莴笋	200	冬季
	青菜	250	冬季

主要林木	经济林	果树林	其他
	柏树	脆李	枇杷树
	丛树	柑橘	桃树
		柚子	

主要中药材	野生		人工种植	
	品种	产量（公斤）	品种	亩产量（公斤）
	无			

三、农工商贸等企业

（单位：万元）

主要种植企业	名称	浙乐公司		
	年产值	5		
主要养殖企业	名称	无		
	年产值			
种植、养殖加工企业	名称	无		
	年产值			
主要工业企业	名称	无		
	年产值			
主要矿业企业	名称	无		
	年产值			
主要商业企业	名称	无		
	年收入			
水产品企业	名称	无		
	年产值			
主要服务业企业	名称	无		
	年收入			
主要科技企业	名称	无		
	年产值			

四、村级集体收入和资产状况

收入的主要渠道、方式	光伏、劳务派遣
累计收入总金额	10万元
收入的主要用途和支出事项	劳务费支出
主要固定资产	100万元
现金保有数量和保有方式	5万元、村集体账户
主要投资项目	无
主要债权关系（钱物借给谁了）	无
村级集体经济负债情况	无

五、村民收入和资产状况

富裕家庭	数量	平均资产规模	主要致富方式
	25	20万元	经商
中等家庭	数量	平均资产规模	基本致富方式
	195	2万元	务工
贫困家庭	数量	大致资产状况	贫困主要原因
	51	1万元	因病、因学
上年度村人均收入（元）	1.2万		
上年度村户均收入（元）	3.5万		

六、教育

村小学校舍	面积	房间数	操场	投资额	资金来源	建成时间	当前用途
	无						

幼儿园教师	（类别）	学历			教龄		幼儿园学生	
		本科	大专	中专及以下	5年以下	6年以上	男	女
	正式							
	代课							

小学教师	（类别）	学历			教龄		村小学几个年级
		本科	大专	中专及以下	5年以下	6年以上	
	正式						
	代课						

在本村上学的小学生	男	外地就读的小学生	男
	女		女

中学生	本乡镇上学		外地就学		职业技校生		大学生		研究生	
	男	女	男	女	男	女	男	女	男	女

本村小学被合并撤销后小学生上学有何不方便	
小学生外地上学给家长的生产生活带来什么不方便	
多大范围、几个村子或方圆几里保留一个年级完整的小学比较合适	
集中合并后小学的教育质量教学水平提高还是下降了及具体表现	
如何应对撤村并镇、移民进城等城镇化带来的农村小学教育格局剧变	

七、文化

文化 （活动）室	面积	建成时间	投资额度	资金来源	使用率	名称
	无					

文化广场	面积	建成时间	投资额度	资金来源	使用率	名称
	无					

文化活动的 主要组织形式	无
日常主要文化娱乐活动	无
日常文娱活动主要参加人群	无
日常文娱活动主要场所	无
代表性的文化人才及其专长	无
代表性的文化专业户的特长、 人数及能否以之维持 生计	无
重要文物古迹	无
主要风光景致	黄莲树观景平台
主要典故传说	无

八、主要知名人物

为官	姓名	年代	主要事迹
	无		

从军	姓名	年代	主要事迹
	无		

治学	姓名	年代	主要事迹
	无		

经商	姓名	年代	主要事迹
	无		

短期居住过的著名人物	姓名	年代	简要史实
	无		

九、发展思路和规划

发展的基本思路、方向	发展产业、提升人居环境质量
因地制宜、特色鲜明、科学合理的发展规划的主要内容	在产业方面结合我村实际,到2025年发展柑橘500亩,产值达到200万元,脆李200亩,产值达到60万元。
发展的主要制约因素、困难和破解措施	存在的主要问题是技术和销售,破解措施是联建冷藏物流公司,确保产品质量,达到有序销售的目的。

十、其他

主要庙宇、寺院、堂观	名称	何人修建	建成时间	资金额度
	无			
	筹资方式	供奉什么	主要信奉人群	现管理使用者

祠堂有无及建、修情况		家谱有无及修、续情况	

其他值得注意、重视的事项、问题的建议	无

(全表共8页)

重庆市巫山县抱龙镇洛村民情村况信息表

问卷联系人：　　　　　　　　　　电话：

填表联系人：　　　　　　　　　　电话：

填写时间：2022年

（说明：1. 如所写内容较多，可以写在背面相应位置。2. 不留空格，无内容就写无。）

一、人口和村制

人口	总数	男	女	在居人口（本地居家）	数量		535
	1723	996	727		老中青比例		6：2：2

外居人口（本地居外）	350	来居人口（外地来居）	126	本村总户数	667

行政村直属自然村数量、名称		洛村	村民小组数量	6

村支书	姓名	万	年龄	34	学历	大专	任职时间（何年何月）		2018年10月
	主要谋生经营方式		务农		年在村时间	12月	年总收入		3.4万
					年职务收入	3.4万			

村主任	姓名		年龄		学历		任职时间（何年何月）		
	主要谋生经营方式				年在村时间		年总收入		
					年职务收入				

村班子总人数	6	村干部年工资、补助等总额及来源	村干部年补贴为150600元，由县财政支付

全村中共党员总数	51	30岁以下党员人数	5	31～60岁党员人数	31

其他主要村干部情况	姓名	岗位职责	姓名	岗位职责
	姚	副支书	向	副主任
	樊	综服专干	向	综服专干

二、资源

（单位：平方米、亩、公斤、吨等）

总面积	9.16平方千米	耕地面积	3456.9亩
林地面积	8528.4亩	退耕还林面积	
荒山、荒沟、荒坡、荒滩面积		水域面积	0

主要矿产品	种类	储量（万吨）	开采情况
	煤		探采

主要农作物	品种	亩产量（公斤）	一年种几季
	玉米	230	1
	红薯	3000	1
	土豆	1500	1

粮食自给率	35%	村中储备粮食如遇灾荒可以食用支撑多少天	120

主要蔬菜	品种	亩产量（公斤）	收获季节
	白菜		

主要林木	经济林	果树林	其他
	松树	柚子	
		脆李	

主要中药材	野生		人工种植	
	品种	产量（公斤）	品种	亩产量（公斤）

三、农工商贸等企业

（单位：万元）

主要种植企业	名称			
	年产值			
主要养殖企业	名称			
	年产值			
种植、养殖加工企业	名称			
	年产值			
主要工业企业	名称			
	年产值			
主要矿业企业	名称			
	年产值			
主要商业企业	名称			
	年收入			
水产品企业	名称			
	年产值			
主要服务业企业	名称			
	年收入			
主要科技企业	名称			
	年产值			

四、村级集体收入和资产状况

收入的主要渠道、方式	光伏发电
累计收入总金额	5万元
收入的主要用途和支出事项	
主要固定资产	村委会固定设施设备
现金保有数量和保有方式	
主要投资项目	
主要债权关系（钱物借给谁了）	
村级集体经济负债情况	

五、村民收入和资产状况

	数量	平均资产规模	主要致富方式
富裕家庭			
	130	260万	务工
中等家庭	数量	平均资产规模	基本致富方式
	350	85万	务工
贫困家庭	数量	大致资产状况	贫困主要原因
上年度村人均收入（元）	1.6万		
上年度村户均收入（元）	3.8万		

六、教育

村小学校舍	面积	房间数	操场	投资额	资金来源	建成时间	当前用途

幼儿园教师	（类别）	学历			教龄		幼儿园学生	
		本科	大专	中专及以下	5年以下	6年以上	男	女
	正式							
	代课							

小学教师	（类别）	学历			教龄		村小学几个年级
		本科	大专	中专及以下	5年以下	6年以上	
	正式						
	代课						

在本村上学的小学生	男	外地就读的小学生	男
	女		女

中学生	本乡镇上学		外地就学		职业技校生		大学生		研究生	
	男	女	男	女	男	女	男	女	男	女

本村小学被合并撤销后小学生上学有何不方便	
小学生外地上学给家长的生产生活带来什么不方便	
多大范围、几个村子或方圆几里保留一个年级完整的小学比较合适	
集中合并后小学的教育质量教学水平提高还是下降了及具体表现	
如何应对撤村并镇、移民进城等城镇化带来的农村小学教育格局剧变	

七、文化

文化（活动）室	面积	建成时间	投资额度	资金来源	使用率	名称
文化广场	面积	建成时间	投资额度	资金来源	使用率	名称
	680	2020年	65			

文化活动的主要组织形式	自主、集体
日常主要文化娱乐活动	坝坝舞
日常文娱活动主要参加人群	老、中、青
日常文娱活动主要场所	
代表性的文化人才及其专长	
代表性的文化专业户的特长、人数及能否以之维持生计	
重要文物古迹	
主要风光景致	
主要典故传说	"五龙戏珠"

八、主要知名人物

为官	姓名	年代	主要事迹

从军	姓名	年代	主要事迹

治学	姓名	年代	主要事迹

经商	姓名	年代	主要事迹

短期居住过的著名人物	姓名	年代	简要史实

九、发展思路和规划

发展的基本思路、方向	发展集体经济
因地制宜、特色鲜明、科学合理的发展规划的主要内容	
发展的主要制约因素、困难和破解措施	基础设施薄弱、地理位置

十、其他

主要庙宇、寺院、堂观	名称	何人修建	建成时间	资金额度
	筹资方式	供奉什么	主要信奉人群	现管理使用者

祠堂有无及建、修情况		家谱有无及修、续情况	

其他值得注意、重视的事项、问题的建议	

（全表共8页）